최고의 결정

최고의 결정

호황과 불황을 넘나든 50년 경제전문가의 전략적 의사결정법

로버트 루빈 지음 | 박혜원 옮김

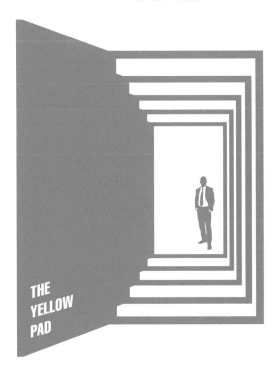

THE
YELLOW
PAD

RHK
알에이치코리아

내 손자들에게
엘리자, 엘리너, 헨리 그리고 밀리

유일하게 확실한 건 그 무엇도 확실하지 않다는 것이다.

플리니우스 Pliny the Elder

의심하는 것이 유쾌한 일은 아니다.
하지만 확신하는 것은 어리석은 일이다.

볼테르 Voltaire

서문

불확실한 세계

"대단히 복잡하고 불확실한 세계에서 어떻게 하면
마주한 문제를 최대한 깊이 이해할 수 있을까?
그리고 긴박한 순간에 어떻게 하면 최고의 결정을 내릴 수 있을까?"

나는 지난 반세기가 넘는 시간 동안 마켓과 비즈니스, 정부, 정치권 분야에서 일했다. 운이 좋았을뿐더러 여러 가지 요인 덕에 한 시대를 풍미한 대단한 인물들과 알고 지내며 함께 일할 수 있었다. 그러면서 수백만 명, 때로는 수억 명의 삶에 영향을 미치는 의사결정 과정에 참여해 왔다.

오늘날 사람들은 나처럼 살아가려면 어떤 준비를 해야 하는지 묻고는 한다. 이들은 대개 재무, 경제 혹은 정치학 강좌의 이름을 알려주기를 바라는 눈치다.

하지만 내게 가장 큰 영향을 준 것은 입문 철학 강의였다.

담당 교수님의 성함은 라파엘 데모스Raphael Demos였다. 나는 아직도 그분의 모습을 생생히 기억한다. 백발의 교수님은 자그만 체구에, 참 다정한 분이셨다. 강단에서 커다란 쓰레기통을 뒤집어 강의대로 사용하셨고, 강의실을 가득 채운 열정 넘치는 학생들을 가르치셨다.

나는 그 강의를 듣기 1년 전인 1956년 하버드에 입학했다. 당시 나는 학업 스트레스가 상당히 심했다. 사립학교 출신으로 혹독한 훈련을 받고 온 친구들과 달리 나는 북쪽의 명문대에 졸업생을 거의 보내지 않던 플로리다 공립학교 출신이었기 때문이다. 그렇지만 학업적 준비가 부족한 상태로 하버드에 입학해서 좋았던 점 하나는 이전에는 절대 생각해 보지 않은 문제에 대해 생각할 수 있었다는 것이다. 그리고 다른 그 어떤 강의도 아닌 입문 철학 강의로 인해 나는 세상의 온갖 가설에 의문을 품게 됐다.

하버드 앨퍼드 교수[1]로, 자연종교, 도덕철학, 시민정치를 가르치던 데모스 교수님은 고전학자였다. 학생들은 교수님과 함께 플라톤을 비롯한 많은 위대한 철학자의 글을 읽었다. 하지만 시간이 점점 흐르면서 나는 데모스 교수님이 가르치는 것은 책이나 논문의 내용이 아니라, 생각에 대해 생각하는 법이라는 걸 깨달았다. 내가 보기에 교수님의 근본적인 목표는 — 이 주제는 전반적인 강의 내용과 함께 엮여 있었다 — 그 어떤 것도 완벽하게 증명될 수 없다는 사실을 입증하는 것이었다. 교수님은 위대한 사상가들의 관점으로 명제 하

---

1 앨퍼드 교수Alford professor: 하버드 대학의 앨퍼드 교수직은 1836년 매사추세츠의 사업가였던 헨리 앨포드의 유산을 통해 설립되었으며, 대학 교수직 중에서 가장 명예로운 자리다.

나하나에 접근하면서 그 어떤 것도 확실하게 증명하는 건 불가능하다는 점을 가르쳐 주셨다.

이것이 내가 이전에는 생각해 보지 않았던 '불확실성'의 정의이다. 물론 당최 무엇을 해야 할지 모르겠다는 느낌이 어떤 것인지는 알았다. 지정학적 상태와 개인적 상황이 불확실하다고 설명될 수 있다는 것도 알았다. 하지만 모든 것이 불확실하다는 가능성에 대해서는 한 번도 진지하게 생각해 보지 않았다. 예측, 결과 혹은 주장 각각의 가능성은 다양하겠지만 그 가능성은 결코 100퍼센트에 이르지 않는다. 나는 이것이 데모스 교수님이 강의에서 말하고자 하는 궁극적인 요점이라는 걸 깨달았다.

그 어떤 것도 절대 입증할 수 없다고 주장하는 데모스 교수님의 시각 때문에 교수님이 냉소적이거나 허무주의적일 거라고 짐작할지도 모르겠다. 하지만 그와 반대로 교수님은 그가 연구해 온 철학자들처럼 무언가를 이해하려고 노력하는 순간을 진심으로 즐기셨다. 교수님은 비판적으로 사고함으로써, 세계의 복잡성을 인정하면서도 우리만의 길을 찾을 수 있다는 것을 보여 주셨다.

나는 여러 기회로 글을 쓸 때마다 데모스 교수님의 말씀을 인용했다. 하지만 대학을 졸업하고 58년이 지난 2018년에야, 내 인생에 중대한 충격을 준 이 강의에 대한 에세이를 쓸 수 있었다. 그 에세이는 짧은 글이었고, 솔직히 많은 이들에게 그다지 흥미로울 것 같지 않았다. 무엇보다 내가 자주 쓰는 주제인 공공 정책, 재정과 같은 문제를 다른 글도 아니었으니까. 그 글을 출간하려고 마음먹었을 때, 하버드 학생들이 운영하는 교내 신문 「하버드 크림슨」에 투고하자는 생각이 가장 먼저 들었다. 그곳의 사무실은 데모스 교수님의 강의를 처음 들었던 곳에서 멀지 않았다.

당시 하버드 총장이던 친구 드류 파우스트Drew Faust는 나에게 더 폭넓은 독자층을 겨냥하라고 격려해 주었다. 하지만 나는 회의적이었다. 신문사가 내 글을 실어 줄 거라고 생각하지도 못했고 대부분의 사람은 신경도 쓰지 않으리라 생각했다. 그래서 「뉴욕타임스」가 그 글을 싣고 싶다는 메일을 보내왔을 때 적잖이 놀랐다.

그런데 글이 신문에 실리고 나자 더 놀라운 일이 벌어졌다. 그 에세이는 지금까지 내가 써온 모든 글 중에 가장 널리 읽힌 사설이 되었다. 타임스 웹사이트의 오피니언 섹션뿐 아니라 모든 카테고리에서 가장 인기 있는 기사로 올라 있다는 말을 듣기도 했다. 그리고 나는 그 어떤 글을 썼을 때보다 더 많은 이메일을 받았다.

내가 주로 쓰는 글의 주제 — 형사법 개혁의 경제학, 아동 세금 공제의 중요성, 재정 정책, 통화 정책 등 — 가 대중성이 있다고 말하긴 힘들다. 하지만 드와이트 D. 아이젠하워Dwight D. Eisenhower가 총장이던 시절 누군가가 자신이 가장 좋아했던 강의를 회고하는 글이 대중에게 어필될 것이라고는 상상도 하지 못했다.

기사가 올라가고 나서 몇 주 동안 나는 내 글을 읽었다는 많은 사람의 반응에 흐뭇했다. 수많은 독자가 그 글이 자신에게 도움이 되었다고 말하며 그들의 삶과 연관 지어 생각하는 걸 보고 기쁜 한편, 궁금해지기도 했다. 라파엘 데모스 교수님의 강의를 들어 본 적도 없고 그를 알지도 못했던 이들이 그토록 뜨거운 반응을 보인 이유는 무엇일까?

마침내 도달한 결론은 이것이다. 나는 교수님 한 분에게 들었던 한 개의 강의, 그 순간에 관해 썼을 뿐이지만, 내 모든 커리어와 삶을 통틀어 내가 늘 초점을 맞춘 질문을 다루기도 했다는 것. 대단히 복잡하고 불확실한 세계에서 어떻게 하면 마주한 문제를 최대한 깊이 이해할 수 있을까? 그리고 긴박한 순간에 어떻게 하면 최고의 결정을 내릴 수 있을까?

두 개의 나쁜 선택지

나는 50년이 넘도록 이 질문에 다양한 방법으로 접근했다. 이는 내가 재무장관 자리에서 내려오고 얼마 지나지 않아 첫 책『불확실한 세상에서 *In an Uncertain World*』를 집필한 이유였다. 하지만 그 책이 출판된 2003년과 비교하면 지금의 세상은 훨씬 더 불확실해졌다.

그렇다고 지난 20년을 돌아봤을 때 인류가 중대한 진보를 이루지 못했다는 말은 아니다. 지구 곳곳의 수천만 명이 가난에서 벗어났고, 거대한 신기술이 우리가 살아가고 일하는 방식을 바꾸었다. 의학은 간염, HIV/AIDS로 발병하는 질병 치료에 커다란 발전을 이뤘다. 최근에는 코비드-19 팬데믹이 시작된 지 1년도 채 되지 않아 백신을 개발했다. 이런 성과들은 대단히 놀랍다고 할 수 있다.

우리는 또한 중요한 문화적 발전을 목도했다. 내가 사회생활을 했던 기간에는 소위 중요한 일을 결정하는 회의실 안에서 백인 남성이 아닌 사람을 보기 힘들었다. 우리가 이 상황을 바꾸기 위해 해야 할 일은 여전히 많이 남아 있고 이는 복잡한 문제이기도 하다. 하지만 최근 몇십 년간 젠더, 섹슈얼리티, 민족이나 인종에 상관없이 더 다양한 사람들에게 그들의 재능을 최대한 활용할 기회를 줄 수 있었다. 이것은 경제적인 문제만큼이나 우리 사회에 중요하다.

하지만 우리가 이룩해 낸 커다란 발전에도 불구하고 상황은 그 어느 때보다 더 불안정하다. 정치적 혼란과 역기능은 근래 주목할 만한 입법 성과에도 불구하고 좋아지기는커녕 오히려 더 나빠졌다. 21세기 들어 그 어느 때보다 심각한 세계적 불황, 사회의 거의 모든 것을 뒤집어 놓은 글로벌 팬데믹, 2020년 대통령 선거의 인준을 막으려는 국회의사당 무력 점거 사건, 그리고 제2차 세계대전 후 질서를 깨뜨리려 유럽에서 발발한 지상전에 전 세계가 뒤흔들리고 있다.

그러는 동안 세계화와 기술 발전이 소비자와 생산자에게 여러 면으로 이익을 가져다주었지만, 동시에 일자리와 임금을 위협하는 원인이 되기도 했다. 미국과 세계 곳곳에서 노동자의 수입 증가 속도가 더뎌지고 소득불평등이 커지고 있다. 민주주의는 국내외에서 전례 없는 위협에 직면했다. 이미 심각한 기후변화의 여파는 중단기적으로 더욱 악화할 것이고 꽤 장기간에 걸쳐 우리가 알고 있는 인간의 삶을 크게 위협할 것이다. 심지어 아직도 우리가 코비드-19의 영향에서 벗어나지 못한 상태임에도, 코비드가 전 세계적으로 확산한 여러 가지 조건을 보면 새로운 글로벌 팬데믹이 등장할 수도 있다. 이런 목록은 끝도 없이 계속된다.

나는 백악관, 골드만삭스, 재무부와 여타 기관에 재임하는 동안 심각한 위기 상황을 해결하는 팀에서 일했다. 하지만 내 자녀들과 손자들이 직면할 위협은 지금 세대가 겪었던 것보다 훨씬 더 복잡하고 심각한 결과를 불러올 것이다. 동시에 내 세대가 위험 상황일 때 도움을 청할 수 있던 국가 및 초국가 정치 시스템의 기능은 오히려 떨어졌다. 우리의 세계는 언제나 불확실했지만, 지금처럼 불확실한 적은 없었다.

가장 우려되는 점은 오늘날 많은 젊은이가 평화와 번영이 당연하던 시기를 떠올릴 수 없다는 것이 아닐까 싶다. 클린턴 정부 시절 미국 경제는 2,250만 개 이상의 일자리를 확보했다. 빈곤층 수는 7백만 명으로 떨어졌다. 경제 스펙트럼 전반에 걸친 미국인의 소득이 증가했고 그 중 하위 20퍼센트의 소득이 가장 큰 비율로 증가했다. 연방 정부는 29년 만에 처음으로 연말 흑자를 달성했다. 이는 미국과 다른 국가들이 주도한, 전 세계를 안정화하는 민주주의 시스템 덕분이었다. 내가 백악관을 떠난 1999년 2월, 여론조사기관 갤럽Gallup에 따르면 71퍼센트의 미국인이 국가 운영 방식에 만족한다고 답했다. 이는 역대 최고 수치였고 오늘날에는 상상하기 힘든 숫자다. — 이 글을 쓰는 지금은 13퍼센트를 기록하고 있다.

상황이 잘 풀렸을 때 공직자들이 더 후한 평가를 받는다는 걸 경험으로 알고 있다. 하지만 1990년대의 성공이 훌륭한 의사결정 덕분이라는 것도 알고 있다. 내가 우려하는 바는 세계적인 변화와 불안, 위험이 넘쳐 나는 이 순간 위기를 당면하고 휘청거릴 때, 많은 미국인은 나라의 미래가 번영과 낙관주의로 가득하던 시기를 기억하지 못한다는 점이다.

이런 점을 고려하면 한때 완전히 마무리된 논쟁이 다시 수면 위로 올라와도 놀랄 일은 아닐 것이다. 민주주의가 과연 최선의 정치 형태인가, 그리고 앞으로도 지속될 것인가? 자본주의가 보편적이고 경제적인 복지와 성장 모두를 촉진하면서 그 역할을 잘 해낼 수 있을까? 사회에서 비즈니스의 역할은 무엇일까? 언론의 자유는 얼마나 중요한가? 부채는 정말 중요한가? 21세기가 시작되고 내가 재무부를 떠났을 무렵, 세계 곳곳의 정치적 리더들은 이러한 질문에 이미 답했다고 믿는 듯했다. 하지만 지금, 오래된 논쟁이 다시 고개를 들고 있다.

내 세대 중 일부는 지나간 논쟁을 다시 끌어 올리는 걸 안 좋게 여길 수 있다. 그러나 나는 그렇게 생각하지 않는다. 좋은 결론에 도달하는 최고의 방법은 언제나 자유로운 의견 교환을 수반한다. 그리고 누군가가 당신이 강력하게 반대하는 의견을 제시했을 때 최선의 대책은 그런 의견을 주장하는 이유를 이해하는 것이다.

나와 다른 의견을 가진 사람들과 오랜 시간 동안 대화를 나눈 덕에 나의 사고방식은 지난 20여 년간 커다란 변화를 겪었다. 예를 들면, 나는 한때 사회의 모든 면이 경제적으로 성장하고 있다면 소득불평등은 위협이 되지 않는다고 판단했다. 지금은 경제가 성장 가도를 달리고 있다고 해도, 소득불평등은 사회에 역효과를 내는 요소라고 본다. 또 다른 예는 기후변화다. 기후변화가 굉장히 심각한 문제라는 건 상당히 일찍 인지하긴 했지만, 실존하는 긴급성과 규모를 제대로 이해한 건 나중이었다. 내 시각이 변하면서 20년 전에는 상상도 하지 못했던 방식으로 이런 문제들에 관여하게 되었다.

하지만 어떤 문제들에 대한 나의 의견은 여전히 변하지 않았다. 부채가 큰 문제가 아니라는 인식이 떠오르고 있지만 나는 부채가 문제라고 생각한다. 우파는 대개 경제적 성장에 초점을 맞추고 좌파는 대체로 보편적 경제 복지와 소득불평등을 줄이는 데 집중하지만, 나는 이러한 우선순위는 상호의존적이며 하나가 없이는 다른 하나도 가질 수 없다고 본다. 끝으로 지금까지 내내 민주당원이던 나는 민주당의 광범위한 정치 목표, 예를 들면 부유한 개인과 기업의 세금을 높여 공공 프로그램의 자금을 마련하는 것부터 기후변화에 대응하고 사회 안전망을 확장하는 정책까지 대체로 동의하지만, 이런 정책을 펼치기 위해 제안된 특정한 해결법을 늘 지지하는 편은 아니다.

시간이 흐르고 상황이 변하면, 어떤 결론에 도달하는지에 상관없이 중대한 문제에 관한 오래된 토론을 다시 시작해 보는 것이 좋다고 생각한다. 나는 언제나 가설들을 점검하고 나의 입장을 다시 생각해 봐야 한다고 믿었다. 내가 지금까지 의심하지 않던 가설이라 해도 말이다. 대단히 혼란스러운 순간에는 특히 그렇다. 만약 우리가 커다란 논쟁을 해결하고 우리에게 닥친 문제를 풀어내려면 반드시 열린 마음, 진지한 목적의식, 그리고 지적 정직성[2]이 필요하다.

안타깝게도 오늘날의 토론은 상당히 과열되어 있기만 하고 딱히 건설적이지 않은 경우가 허다하다. 내가 보기에 부족한 건 두 가지다. 첫째로, 우리에겐 생각하는 법에 대한 효과적인 지적 프레임워크가 필요하다. 다시 말해 복잡함과 불확실성을 인지하면서도 최선의 결정을 내릴 수 있는 접근법이 있어야 한다. 둘째로 비록 민주주의의 정치인들은 항상 선거를 염두에 두고 행동하며 정치는 늘 지저분하고 비효율적일 테지만 우리에게는 선출된 의원들과 사회 전반의 리더들이 필요하다. 이들은 당파적, 정책적, 지적 분열을 넘어 함께 일하면서 사실과 분석에 집중할 수 있는 사람들이어야 한다.

2　지적 정직성intellectual honesty: 아이디어의 습득, 분석, 전달에서 정직한 것. 문제 해결의 응용 방법이라 할 수 있으며 편견을 갖지 않고 정직한 태도로 사실만을 추구하기, 사실을 추구하는 데 개인적 신념이나 정치를 개입시키지 않기, 자신이 모르는 내용은 솔직히 모른다고 인정하며 실수를 기꺼이 인정하기, 전문가가 아닌 분야에 전문가처럼 행동하지 않기 등의 특징이 있다.

만약 우리가 이러한 두 개의 주요 사항을 제대로 해결하지 못한다면 훌륭한 결정을 내리는 집단 능력은 더 후퇴할 것이다. 비즈니스, 정치와 정부의 리더들만 복잡성과 불확실성의 압박감을 느끼는 건 아니다. 이는 코비드-19로 잘 설명할 수 있다. 우리는 팬데믹으로 인해 어쩔 수 없이 중요한 의사결정권자가 됐다. 리스크를 계산하고 광범위한 결과를 예상하고, 불완전한 정보로 선택을 내려야 했다. 많은 사람이 이 상황을 혼란스러워하는 것도 놀라운 일이 아니다.

하지만 내가 우려하는 점은 불확실한 일을 마주한 너무 많은 사람과 기관이, 완벽해 보이고 단순한 해결책을 향해 성급히 나아갔다는 것이다. 우리는 진실하고 세심하면서도 진지한 태도로 위기를 평가하지 않고, 손쉬운 해결책을 약속하는 리더들이 눈에 띄게 늘어나는 걸 목격했다. 워싱턴 정치계뿐 아니라 미국인의 일상 전반에서 보이는 모 아니면 도라는 식의 양극화 현상 때문에 중요한 정책 과제를 적절히 다루지 못했고 잘 타협하지도 못했으며 함께 토론하는 일을 두려워하거나 기피하게 되었다.

게다가 우리 앞에는 두 개의 나쁜 선택지만 남은 것 같다. 우리에게 닥친 문제가 너무 복잡하니 무력해지거나 복잡성은 무시하고 절대적이고 단순한 접근법으로 향하는 형편없는 선택을 하는 것이다.

이제, 데모스 교수님의 강의에서 배운 가장 중요한 교훈을 이야기하고자 한다. 그건 바로 더 나은 방법이 있다는 것이다. 돌아보면 나는 기질적으로나 심리적으로 의사결정에 내재한 복잡성, 불확실성과 더불어 살아가는 게 잘 맞는 편이긴 하지만 입문 철학 강의, 늦은 밤 다양한 주제를 놓고 벌이던 지적인 토론, 대학과 대학원, 로스쿨에서의 경험이 복잡한 세상을 충분히 숙려하도록 하는 기반이 됐다.

더욱이 나는 당신이 천성적으로 불확실성을 잘 받아들이지 못하더라도 단순한 입장이나 비현실적인 아이디어에 의존할 필요가 절대 없다고 믿는다. 라파엘 데모스 교수님이 설명했듯 누구든 복잡한 아이디어로 사고할 수 있고 누구든 그래야 한다.

물론 아무리 비판적 사고를 많이 한다고 한들 당신의 선택이 예상하거나 기대한 그대로 될 거라는 보장은 없다. 판단을 내릴 때 누구나 실수와 오류를 저지를 수 있다. 게다가 훌륭한 결정도 긍정적인 결과를 보장하지 않는다. 그러나 심각하고 어려운 문제일수록 성공적으로 해결하기 위해서 신중하고 철저한 방식으로 접근해야 한다.

쉽게 말하자면 상황이 위태롭고 결과가 불확실하더라도 세상을 항해할 수 있다. 바로 이것이 내가 일생 최선을 다해 노력했던 일이다. 불확실성과 살아가는 완벽한 접근법이란 없다. 하지만 오랜 세월 나에게 잘 통했던 접근법이니, 다른 사람에게도 유용하길 바라는 마음으로 소개하려고 한다. 또한 미국에 닥친 주요 정책 과제 그리고 투자, 관리와 관련된 문제, 필연적인 스트레스와 삶의 굴곡에 대처할 때도 이 접근법을 적용할 수 있을 것이다.

확률적 사고

　복잡한 문제를 이해하기 위한 내 접근법의 기초는 '확률적 사고'이다. 확률적 사고의 본질은 만약 그 무엇도 온전히 확실하지 않다면 의견은 확률로만 설명될 수 있다는 것이다. 인생에서, 마켓에서, 정계에서 절대적인 의미의 '옳은' 길을 선택하는 건 결코 내 목표가 아니었다. 대신 나는 발생할 수 있는 다양한 결과를 고려하고, 각 경우의 확률을 계산해 비용 편익의 균형을 저울질한 다음, 최선의 결과가 나올 것 같은 선택지를 골랐다.

　내가 젊었을 때 잘 쓰이지 않던 확률적 사고가 이제 점점 더 널리 인지되고 있다. 다양한 콘퍼런스에서 많은 사람이 확률적 사고의 장점을 찬양하는 걸 자주 들었을 것이다. 확률론적 사상가가 되려는 사람들을 위한 온라인 기사와 가이드는 물론 사람들이 생각하는 방식을 더 면밀히 점검하고 세밀히 가다듬을 수 있게 돕는 유명한 책들 ― 예를 들면, 『생각에 관한 생각*Thinking, Fast and Slow*』과 『결정, 흔들리지 않고 마음먹은 대로*Think in Bets*』 같은 책 ― 도 시중에 나와 있다. 예를 들어, 스포츠 전문 분석가나 데이터를 토대로 한 정치 보도 같은 경우 그 논의의 주된 기반은 확률이다.

　하지만 내 경험상, 확률론적으로 사고하는 사람은 여전히 극소수다. 의사결정과 확률의 관계를 인지하지 못하는 사람도 있다. 어떤 이들은 확률의 중요성은 인지하나 자기 것으로 습득하지는 못하기도 한다.

이유는 꽤 간단하다. 확률적 사고는 지적 정직성을 활용해야 하고 완벽한 답은 없다는 사실을 받아들여야 하는 일이라 쉽지 않기 때문이다. 인간의 본성은 복잡성과 불확실성을 받아들이기 싫어한다.

게다가 확률을 철저히 계산하려면 훈련이 필요하다. 처음 생각했던 것과 다른 사실과 결정을 받아들이려는 의지와 시간이 필요하며, 아무리 철저하게 생각했다 해도 당신이 내린 결정이 기대한 결과를 불러오지 않을 수 있다는 점을 알고도 나아갈 수 있는 심리적 강인함이 필요하다. 복잡성 앞에 무력화되기는 너무 쉽다. 복잡한 상황을 무시하고 그저 간단한 해답을 찾는다면 노력할 필요도 없을 것이다. 하지만 불완전한 정보를 기반으로 복잡성과 씨름해서 결론을 내는 확률론적 사고방식은 의식적으로 부단히 노력하고 실천해서 배워야만 하는 것이다.

직장 생활을 시작하고 몇십 년간, 나는 나를 둘러싼 주변 세상을 확률적으로 분석하기 위해 꼭 필요한 도구가 있다는 사실을 깨달았다. 그건 바로 옐로우 노트다. 나는 한쪽 열에는 가능한 결과들을, 다른 열에는 각 결과의 추정 확률들을 손으로 적어 내려갔다. 내가 주식 시장에서 일할 때는 예상 결과를 대개 달러로 표시할 수 있었다. 그래서 각각 가능한 결과에 확률을 곱하고 그 숫자들을 합산해 경제학자들이 '기댓값'이라고 하는 숫자를 계산해 냈다.

어떤 경우는 기댓값을 수량화하기 훨씬 더 어렵다. 예를 들어, 정책 결과의 비용과 이득이 언제나 달러와 센트로 표시될 수 있는 건 아니다. 하지만 그런 때에도 옐로우 노트는 다른 행동 방침과 잠재적 결과를 비교하는 도구로 여전히 유용하다. 분석에 수량화할 수 없는 요소도 포함할 수 있기 때문이다. 이런 이유로 옐로우 노트는 단순히 달러와 센트의 계산이 아니다. '비용'과 '이득'을 재는 것은 한 사람의 도덕적인 신념에 크게 좌우될 수 있다. 두 사람이 유사한 확률과 결과의 추정치를 낸다 해도, 그들의 가치관에 근거해 완전히 다른 결정에 도달할 수도 있다. 하지만 그럴 때조차도 옐로우 노트는 유용성을 증명할 것이다. 옐로우 노트는 서로 다른 신념과 우선순위가 갈등을 빚을 때 균형을 잡는 법, 그리고 다양한 의견을 가진 사람들과 의사결정 방안을 분석하는 공통의 프레임워크를 제공하기 때문이다. 다시 말해 옐로우 노트는 단순한 계산 도구 그 이상이다. 옐로우 노트는 데모스 교수님의 강의실에서 시작했던 다양한 의사결정의 개인적 철학을 표현하는 나만의 방식이며 내가 직면한 현실 세계의 문제를 해결하기 위한 접근법이다.

최근 들어 옐로우 노트는 종종 아이패드가 되고는 한다. 그리고 더 자주 글자 그대로 노트라기보다는 비유적인 표현이 된다. 결과와 확률을 계산하는 경험이 쌓일수록 머릿속으로도 계산할 수 있게 되기 때문이다. 하지만 사고하는 방법은 변하지 않는다. 그리고 시간이 있다면 또 문제가 매우 중대한 결과를 가져올 경우, 내 생각을 노트에 적고 이를 최대한 숫자로 표현하는 편이 더 철저하고 정확한 사고

방법이다.

주변 사람들이 숫자로 생각하도록 독려하면 문제를 더 명료히 하고 결정과 토론의 질을 높이는 데 도움이 된다는 사실도 알게 되었다. 누군가가 나에게 어떤 일이 일어날 것 같다고 말하면 — 예를 들면, 급격한 경제 성장이 내년에도 이어질 것이라고 하면 — 나는 그 의견에 숫자를 추가해 보라고 요구한다. — 확률은 어떻게 되나? 성장률은 어떤가?

옐로우 노트의 특징 중 하나는 단순함과 복잡함의 결합이라고 할 수 있다. 기댓값 표에는 두 개의 열만 있다. 첫 번째 열에는 잠재적 결과를, 두 번째 열에는 연관된 확률을 적는다. 그리고 간단히 연산만 하면 된다. 그러나 한편으로 이 두 개의 열을 어떻게 구성할 것인지 결정할 때는 굉장히 어려운 문제를 고민해야 한다. 예를 들어, 가능한 결과의 현실적인 목록을 어떻게 생각해 낼 것인가? 확률에 대해 어떻게 판단을 내릴까? 우선순위를 두고 갈등할 때 어떻게 절충할 것인가? 그리고 숫자로 표현할 수 없는 잠재적인 시나리오는 어떻게 대처할 것인가?

이런 질문, 즉 생각하는 방법에 대한 생각, 그리고 크든 작든 어떤 문제에 접근하는 방식이 이 책의 핵심이다.

이 책에서 나는 이런 접근법을 내 일상, 특히 개인 투자에 어떻게 적용하는지를 설명하기도 했다. 주식 시장 안팎에서 많은 시간을 보내고 투자 결정을 내려 오면서도 나는 결코 내가 금융전문가라고 주장하지 않았고, 성공을 위한 어떤 비밀 전략이 있다는 인상을 주기도 싫다. 내 생각에 그런 건 없다. 하지만 내가 투자에 어떻게 접근하는지 설명함으로써 현실 세계에서 의사결정 철학이 어떻게 작동하는지 그리고 이 방법이 왜 유용한지 실용적인 예를 들어 주고 싶었다.

이 책 전반에서 나는 옐로우 노트라는 접근법을 개발하는 데 도움이 되었던 수십 년간의 중요한 순간과 경험을 돌아보았다. 이 접근법을 갈고 다듬을 수 있도록 도움을 줬던, 성공과 실패의 경험을 불러온 결정에 관한 설명도 담았다. 하지만 이 책의 목적은 미래를 예측하면서 현재 가장 시급한 사회 문제에 이 접근법을 적용하는 것이 어떤 의미를 갖는지 알아보는 것이다.

그런 목적으로 다양한 주제에 대한 나만의 시각을 제시할 것이다. 하지만 그렇다고 내가 도달한 결론이 옳다고 확신하는 것은 아니다. 당신이 똑같은 프로세스를 사용해 똑같은 문제에 접근해도 완전히 다른 결과가 나올 확률이 꽤 높다. 목표는 토론을 끝내려는 것이 아니라 더 나은 토론, 즉 의사결정자들이 최고의 행동 방침을 선택할 수 있는 토론의 프레임워크를 제공하는 것이다.

데모스 교수님이 내 인생과 커리어에 끼친 영향을 생각한다면, 교수님과 내가 한 번도 대화해 본 적이 없다는 사실은 이상한 일이다. 학생으로서 나는 강의실에서 교수님의 말 한마디에 귀를 쫑긋 세우는 백여 명의 앳된 얼굴 중 하나였다. 그리고 집무 시간이나 수업이 끝나고도 교수님을 찾아가지 않았다. 1968년 내가 교수님의 강의를 수강한 지 10여 년 후, 교수님은 아테네에서 1년 정도 머물며 강의하셨고, 76세에 미국 집으로 돌아가는 배에 올랐을 때 심장마비로 작고하시고 말았다. 교수님께 감사 인사를 했더라면 얼마나 좋았을까.

어찌 보면 이 책이 교수님께 드리는 감사의 한 방법인지도 모르겠다. 라파엘 데모스 교수님을 기억하는 방법으로 교수님이 나와 많은 학생에게 심어 주려고 했던, 생각에 대해 생각하는 열정을 전해 주는 것 혹은 최소한 그 방법에 대해 정확히 설명하려고 하는 것 외에 더 나은 선택지는 없는 것 같다. 이성과 합리성에 대한 교수님의 주장은 그때보다 지금 더 호소력이 짙다는 것이 나의 의견이다. 훌륭한 판단이 그 어느 때보다 절실하다.

하지만 그 판단을 할 수 있을지는 전혀 확실치 않다.

1장

반응 vs 대응

"반응을 보이는 것은 찰나의 충동심으로
감정에 기초해 결정하는 거라고 했다.
반면 대응은 사고와 인내를 수반한다."

세 개의 구멍이 뚫린 줄 노트에 '초대장'이라고 적혀 있었다. 글씨는 높이를 맞춰 단정했고 샤디드 윌리스-스텝터 Shadeed Wallace-Stepter라는 이름이 서명되어 있었다.

노트에 적힌 글을 읽어 보았다. "대단히 바쁜 분이라는 건 압니다. 하지만 시간을 내주신다면 샌 퀜틴San Quentin에 정식으로 초대하고 싶습니다."

이렇게 해서 나는 캘리포니아 주립 교도소에서 강연하게 되었다.

나는 그동안 다양한 직업을 경험하며 백악관, 미국 국회의사당부터 월가의 은행, 여러 굵직한 회사의 본사까지 나름 웅장하다고 소문난 건물에 꽤 드나들었다. 하지만 샌 퀜틴 교도소를 방문하는 건 달랐다. 샌프란시스코만을 내려다보는 거대한 암석 요새로 둘러싸인 이 교도소에는 지난 세월 미국에서 가장 악명 높은 범죄를 저지른 사람들이 수감되어 있다. 앨커트래즈섬 Alcatraz Island 을 제외한다면 미국 교도소는 곧 샌 퀜틴을 의미한다. 과연 교도소 건물 자체에서 뿜어져 나오는 상징적인 무게감을 무심히 넘기기란 쉽지 않은 일이었다.

교도소에 도착하기 전, 아내인 주디와 나는 정해진 색깔의 옷을 입어야 한다는 지침을 받았다. 방문객들을 쉽게 구분하기 위해 유형에 따라 정해진 색깔의 옷을 입어야 한다는 것이었다. 교도소 문에 이르자 초록색 유니폼을 입은 교도관이 주머니를 비우라고 했고 무기 소지 여부를 검사했다. 그런 다음 교도관은 우리를 파란색 상하의를 입은 수감자가 가득한 방으로 데려갔다. 누군가가 나를 소개했고 ─ 주디가 연설문 종이를 건넨 걸로 보아, 필시 내가 올라서다 바닥에 떨어뜨린 모양이다 ─ 나는 강단으로 올라가, 살인과 마약 거래, 무장 강도 같은 중범죄로 유죄 선고를 받은 사람들 앞에 서서 강연을 시작했다.

솔직히 털어놓자면, 초반에는 이 초대에 응한 게 과연 잘한 일인지 확신이 서질 않았다.

범죄를 저지른 이들을 상대로 강연하는 일이 도덕적으로 올바른지 고민했던 것은 아니다. 나는 누구에게나 흠이 있다고 굳게 믿는 사람이다. 개인의 행동은 좋거나 나쁘다는 식으로 판단할 수 있지만, 사람은 좋은 사람, 나쁜 사람으로 분류하지 않는다. 여기에는 절대적인 것을 싫어하는 내 성향 탓도 있을 것이다. 물론 타인에게 끔찍한 해를 가하는 사람도 있다. 그리고 국민을 보호하고, 위법 행위를 저지르는 이들을 적절히 처벌하는 것이 사회의 중요한 기능 중 하나라고 믿는다. 하지만 나는 또한 변호사이자 운동가로, 사형 선고를 받은 수십 명의 범죄자를 변호한 브라이언 스티븐슨Bryan Stevenson이 탁월히 표현한 "우리 한명 한명은 우리가 저지른 가장 추악한 일보다 더 귀한 존재들이다"라는 말을 믿는 사람이기도 하다.

샌 퀜틴에서 강연할 때 걱정했던 건 청중이 아니라 나 자신이었다. 내가 하는 이야기에 그 사람들이 조금이라도 관심을 보일지 불안했다. 철창에 갇혀 사는 사람들이 멕시코의 부채 위기나 투자 은행의 리스크, 재정 거래를 다루며 얻은 내 지식에 과연 일말의 관심이라도 보일까? 내가 월가나 재무부에서 겪었던 힘든 일과 그들이 겪은 고생을 어떻게 연관 지을 수 있을까? 내 경험담이 그들에게 낯설기만 하면 어쩌나 초조한 마음이 들었다. 수감자들이 혹여 내가 하는 말은 모조리 자신과 무관하다거나, 더 심각하게는 내 경험이 마치 자신의 경험과 같다고 말하는 거냐며 불쾌하게 여기면 어쩐단 말인가?

이런 내 생각을 바꾼 건 교도소를 방문하기 몇 주 전, 이 행사를 계획한 기획자인 델리아 코헨Delia Cohen이 걸어 온 전화 한 통이었다. 나에게 초대 편지를 보냈던 샤디드도 — '샤'라고도 불린다 — 그날 전화로 진행된 토론에 참여했던 수감자 대여섯 명 중 한 명이었다.

전화는 1시간 20분간 이어졌다. 나는 그동안 노트 다섯 장을 빼곡히 채우기도 했다. 대화를 이어 가면서 어떤 느낌을 받았다. 나는 그동안 다양한 사람들을 수없이 만났다. 하지만 그날 전화로 대화를 나

넓던 사람들처럼 사려 깊고 사색적이며, 복잡한 것을 기꺼이 받아들이고 관여하려는 경우는 드물었다.

가장 인상적이었던 건 이들이 자신이 저지른 일에 대해 얼마나 솔직한지 그리고 행동의 결과에 대해 얼마나 깊이 반추했는지였다. 특히 충격으로 다가왔던 대화는 한 남자가 자신을 범죄로 이끌었던 의사결정 과정을 분석한 방식이었다. 그는 자신이 무엇을 배웠는지 그리고 앞으로는 어떻게 행동할지 설명하면서 이렇게 말했다.

"반응[1]을 보이면 안 돼요. 대응[2]을 해야죠."

그리고는 설명을 덧붙였다. 반응을 보이는 것은 찰나의 충동심으로 감정에 기초해 결정하는 거라고 했다. 반면 대응은 사고와 인내를 수반한다. 뒤로 물러서서 상황을 판단하고 행동이 불러올 결과를 예상해 보는 것이다.

대응과 반응이라는 개념을 제시한 이 남자는 중죄 모살로 장기 징역형을 선고받은 사람으로 수많은 정책 입안자, 투자자와 CEO들이 이해하지 못하는 사실을 이해하고 있었다. 만약 우리가 우리의 삶, 경제, 국가와 궁극적으로는 형사 사법 제도와 관련해 더 나은 결정을 내리려고 한다면 그가 전화로 권한 그 처방보다 더 좋은 걸 생각해 낼 수 없다.

---

1   반응react, 反應: 어떤 자극에 대해 응하는 것
2   대응respond, 對應: 어떤 일에 맞추어 태도나 행동을 취하는 것

우리는 반응하면 안 된다. 대응해야 한다.

．．

클린턴 정부 시절, 연설문 작성자 중 조너선 프린스Jonathan Prince라는 젊은 친구가 있었다. 그는 문제를 꿰뚫어 보고 해답을 제시할 줄 아는 매우 보기 드문 능력의 소유자로, 명석한 두뇌를 자랑하는 인물이었다. 조너선의 뛰어난 식견 중 그가 만들어 낸 유명한 문구로 '극심한 혼란extreme disruption'이란 표현이 있다.

이는 실리콘밸리에서 '혼란'[3]이라는 단어가 아주 흔한 용어가 되기 수년 전이었다. 조너선이 의도했던 뜻은 아마도 우리가 위기라고 표현할 만한 단어에 더 가까웠다. 하지만 그 용어가 중요한 이유는 여러 위기 상황의 원인이 되는 역학을 잡아냈다는 점이다. 극심한 혼란의 순간, 상황은 비교적 단기간에 드라마틱하게 변한다. 대부분 의사결정자들은 가능한 최고의 선택을 내리려고 경험에 의존하는 편이다. 하지만 극심한 혼란의 순간에는 많은 요소가 순식간에 변하기 때문에 경험이 크게 도움이 되지 않는다.

극심한 혼란의 순간은 상황에 따라 매우 다를 수 있다. 샌 퀜틴에

---

3   혼란disruption: 1995년 클레이턴 M. 크리스텐센Clayton M. Christensen 교수가 사용한 단어로 실리콘밸리 업계에 큰 파장을 몰고 왔다.

서 대화를 나눴던 사람들은 싸움이 발발하거나 강도 사건이 잘못된 방향으로 치닫는 순간들을 묘사했다. 나중에 얘기를 나눴던 어떤 수감자는 스물여덟 명이 머리를 맞대고 범죄를 저지른 순간 그들의 결정이 얼마의 개인 비용으로 이어졌는지 수량화했다고 했다. 전부 다 합치면, 4분 26초 동안 일어났던 범죄가 715년의 감옥살이라는 결과를 낳았다고 했다. 그들이 저지른 범죄로 피해자와 가해자 모두에게 영구적 결과를 남긴 이들은, 극심한 혼란의 상황에 대응하는 대신 반응해 버린 것이다.

나 자신을 포함해 우리는 대부분 이 정도로 대단히 극적인 혼란이나 폭력적인 순간을 경험하지는 않는다. 하지만 내가 아는 모든 사람 중 살면서 극심한 혼란을 겪지 않은 사람은 한 명도 없다.

모든 것이 찰나에 변할 때, 극심한 혼란의 순간은 말 그대로 순식간에 벌어진다. 또 다른 경우, 이런 '순간'은 수 주가 걸리거나 몇 개월 혹은 몇 년이기도 하다. 하지만 물리적 시간에 관계없이, 급격하고 강렬한 변화의 시기라고 할 수 있다. 한 개인, 기관, 더 나아가 국가나 사회로서 우리는 급박하게 변하는 위협적인 상황과 앞으로 나아갈 방향이 불분명해 보이는 상황을 예외 없이 맞게 될 것이다. 오늘날 젊은층조차도 이런 순간에 익숙하다. 이들은 911, 대공황, 글로벌 팬데믹을 겪었고 러시아가 우크라이나를 상대로 벌이는 전쟁을 지켜보았다. 이 모두가 대략 20년이라는 기간 안에 일어났다.

안타깝게도, 바로 이런 극심한 혼란의 순간에 나쁜 결정을 내리기

십상이다.

예를 하나 들자면, 도널드 트럼프가 대통령으로 당선되고 얼마 되지 않아 평소에는 현명하고 뛰어난 판단력을 자랑하던 친구 하나가 주식과 뮤추얼 펀드를 전부 팔아 버렸다. 지나고 보면 지나친 과잉 반응으로 보일 수 있지만, 그 당시에 친구의 의도는 이해할 만했다. 나를 포함한 많은 이들처럼 그 친구도 불안한 총사령관이 왔으니 주식 시장이 붕괴할 거라 염려했기 때문이다.

하지만 그는 트럼프 당선에 반응을 보이는 실수를 저질렀다. 이런 실수의 본질을 깊이 생각하면 확률적 사고의 유용성을 설명하는 데 도움이 된다.

극심한 혼란의 순간, 두려운 동시에 불안정한 상황에서 내 친구는 대국적大國的인 예측이 높은 수준의 불확실성을 갖는다는 점을 인지하지 못한 채 감정적인 결정을 내렸다. 트럼프가 당선됨으로써 주식 시장이 폭락할 확률은 물론 '0'보다 컸으며 아주 심각했을 수도 있다. 만약 친구가 심각한 경제 침체를 대비해 재정적 안정성을 준비하고 싶었다면 투자 중 일부만을 팔았어야 했다. 하지만 급박한 변화와 고조된 위험성이 합쳐져 그는 주식 시장 붕괴의 확률이 100퍼센트인 것처럼 행동했고, 포트폴리오에 있던 100퍼센트를 파는 현명하지 못한 선택을 내렸다.

이런 식의 사고방식은 사실 의외로 흔히 볼 수 있다. 내가 일했던 모든 분야, 즉 경제, 정치, 비즈니스, 개인 투자, 비영리 분야에서도 극심한 혼란이 닥치면, 평소에는 뛰어난 리더와 사상가였던 이들이 갑자기 합리적인 의사결정 방식을 내던지고는 했다. 미래를 예측하기가 전에 없이 어려워지자, 이들은 역설적으로 마치 미래가 어떻게 펼쳐질지 다 아는 것처럼 행동했다. 단기적으로만 본다면 이렇게 본능적, 충동적으로 결정하고 과도한 자신감을 보였을 때 긍정적인 결과를 얻기도 한다. 결국, 정해진 결과가 사실상 10퍼센트의 확률만 있는데 100퍼센트 일어날 것처럼 행동한다면, 10퍼센트의 시간 동안에는 예상한 방식대로 일이 진행될 테니 말이다. 하지만 장기적으로 본다면, 언뜻 보면 좋게 끝날 것 같은 이 시나리오는 ― 내가 대응하지 않고 계속해서 반응만 한다면 ― 끝내는 나를 갉아먹어 참담하게 막을 내릴 가망성이 크다. 좋은 날만 계속될 리 없는 법이다.

다시 말하면, 혼란스러운 순간에 본능적인 충동심을 이기지 못해 '반응'해 버리면, 단기적으로 안 좋은 결과를 가져오거나 ― 설령 단기적으로 좋은 결과를 얻더라도 ― 장기적으로는 더 나쁜 결과를 만날 수 있다.

샌 퀜틴의 많은 수감자가 이해하게 되었듯 대안은 대응하는 것이다. 혼란의 순간, 그 순간이 단기간이든 장기간이든 의사결정자는 성급하게 행동에 나서고 싶은 욕구를 이겨내고 그 대신 주어진 상황과 시간 안에 최대한 좋은 선택을 하면서 비용과 이득을 분석할 수 있어야만 한다.

그렇다면 혼돈의 순간 충분히 숙고한 결정을 내리는 사람과 그렇지 않은 사람 간에는 어떤 차이가 있을까? 왜 누구는 반응하고 누구는 대응할까?

진부한 대답으로는 기질을 들 수 있다. 기질도 영향을 끼친다는 점을 부정하지는 않겠다. 어떤 이들은 나면서부터 대응하는 데 소질이 있고 어떤 이들은 원래부터 반응하는 데 익숙하다. 하지만 나는 평소 생각이 깊고 신중한 성격의 사람들이 다급한 순간에는 마치 다른 사람이 된 것처럼 평소의 성격을 버리는 모습을 보아 왔다. 반대로 열정적인 사람들이 위기의 순간, 진중하게 생각하고 분석하는 모습을 관찰하기도 했다.

대응을 위한 두 가지 요소

내 경험상 훌륭한 결정을 내릴 수 있는 가장 중요한 요소는 문제에 대해 너무 감정적이지 않으려고 애쓰는 것이 아니다. 감정이란 인간의 본능이니까. 핵심은 이것이다. 감정에 잠식당했는가 아닌가? 혹은 감정적으로 먼저 반응하고 자신이 반응했다는 사실을 인지한 다음, 초반의 충동을 오래도록 참아 가까스로 신중한 선택을 내리는가? 대응은 훈련이 필요하지만 반응은 그렇지 않다.

이 훈련을 할 수 있는 최고의 시간 — 진정 유일한 시간 — 은 혼란의 순간이 닥치기 전이다. 나는 강한 리더와 훌륭한 의사결정자를 구분 짓는 차이점은 그들이 감정 편향[4]을 가지고 있는지 아닌지가 아니라는 사실을 깨달았다. 오히려 자신의 감정 편향을 인지하고 있는지, 또 그것을 상쇄하려 하는지가 달랐다.

예를 들어, 투자자로서 나는 리스크를 과도하게 생각하는 성향이다. 달리 말하면 나의 위험 회피risk aversion는 투자 전략이라기보다는 성격적 특징이다. 하지만 내가 이 사실을 인지하기 때문에 그에 따라 의사결정을 조정할 수 있다. 최소한 긴박한 순간에 — 아니면 긴박한 순간이 오기 한참 전부터 옐로우 노트에 기댓값 표를 세울 때 — 나는 나 자신의 성향에 의문을 품고 점검할 수 있다. 불필요한 예방 조치를 취하는 건 아닌가? 부정적인 결과가 발생할 가능성을 과대평가하는 걸까?

이런 경향을 계속 스스로 확인하다 보면 감정이 언제 내 결정에 영향을 미치는지 깨닫게 되고 그러면 그에 따라 다시 조정할 수 있다.

— 물론 반대의 감정 편향을 고쳐야 하는 사람도 있다. 다시 말해, 만약 당신이 리스크를 너무 아무렇지도 않게 넘기는 편이라면, 부정적 결과의 가능성을 과소평가하는 건 아닌지 스스로 확인해야 한다.

이제 혼란의 순간에 더 나은 의사결정을 내릴 수 있는 다른 방법

---

4   감정 편향emotional bias: 내 생각이 잘못되었다는 증거가 있어도 내가 느끼는 감정에 사로잡혀 객관적인 정보에 집중하지 못하는 심리 경향. 다시 말해, 감정적인 요소 때문에 인지와 의사결정에 왜곡이 생기는 것

을 이야기하겠다. 그건 바로 의사결정자들이 한 개인의 판단에만 올곧이 의지하는 대신 공동체의 힘을 활용하는 것이다. 이를 효과적으로 진행하기란 쉽지 않다. 이렇게 하려면 리더는 순순히 합의하는 방향으로 이끌기보다는 리더의 의견에 공감하지 않는 사람들을 잘 받아들이고 의견 차이를 열심히 찾으려는 수고를 들여야 한다. 하지만 그 이득은 엄청날 수 있다.

예를 들자면 내가 빌 클린턴 대통령의 국가경제위원회 위원장이었다가 나중에 재무장관이 됐을 당시, 클린턴 대통령의 가장 큰 장점이 무엇인지 알게 되었다. 그는 그의 의견에 반대하는 사람이 아무도 없으면 이렇게 묻곤 했다. "그렇군요. 다른 관점은 뭐지요?" 그는 다른 의견을 그저 용인하는 것에 그치지 않고 사안을 더 잘 이해할 수 있는 필수 요소로 받아들였다. 그리고 그의 의견에 동의하지 않는 사람이 그 문제에 대해 자신보다 더 많은 정보를 갖고 있거나 다르게 사고한다 해도 절대 불안해하지 않았다.

이렇게 대통령과 함께하는 회의는 대개 대여섯 명에서 스물다섯 명 사이가 참석하곤 했지만 효과적인 그룹은 두세 명만 참여할 수도 있었다. 1995년 초반 재무부에서 근무할 때였다. 멕시코가 국가 부채 위기에 몰려, 멕시코 경제뿐 아니라 미국 경제에도 심각하고 장기적인 경기 침체가 영향을 미칠 태세였다. 우리는 경기 회복 상황을 조성하기 위해 차관借款을 제공함으로써 멕시코 정부를 직접적으로 지원하려고 했다. 하지만 처음에는 시장이 반응을 보이지 않았다. 그러던 중 나는 이 문제를 두고 재무부 차관이자 저명한 경제학자인 래리 서머스Larry Summers와 얘기를 나눴다. 납세자 부담액이 수십억 달러까지 치솟자 우리는 이 프로그램이 한마디로 효과가 없다는 결론을 내렸다. 시장이 멕시코의 재정 안정성을 돕는 방향으로 반응을 보이지도 않으니 계속 유지할 가치가 없었다.

하지만 우리가 대통령 수석 보좌관이던 레온 파네타Leon Panetta에게 가서 이 프로그램을 중단해야겠다고 전달하자 그는 다른 관점을 제시했다. "오, 아니요. 그럴 순 없습니다." 그러더니 우리에게 다시 생각해 보라고 촉구했다. 래리와 나는 "이건 깨진 독에 물 붓기입니다. 이건 말이 안 돼요"라고 대답했다.

레온은 정책의 결과보다는 정치적 결과를 근심했다. 그는 미국의 값비싼 개입이 실패했다는 사실을 공개적으로 인정하는 수모를 피하고 싶어 했다. 그의 관점이 우리의 관점과 다르다는 이유 하나로, 래리와 나는 우리의 생각을 재고하기로 했다. 우리는 다시 이 문제와 씨름하면서 초기 분석이 틀렸을지도 모른다는 사실을 깨달았다. 우리가 매우 어려운 시기를 맞았고 프로그램이 결국 통하지 않을 수 있다는 건 사실일지언정 그건 순전히 경제적 관점에서였고, 프로그램을 계속 이어 가는 기댓값이 프로그램을 종료하는 기댓값보다 더 크다는 걸 알게 되었다. 결과적으로 미국의 개입은 성공으로 판명되었다. 멕시코는 원금 전액뿐 아니라 이자까지 모두 갚았고 멕시코 경제는 회복되었으며 상대적으로 단기간에 안정화되었다.

나는 위원회가 내리는 결정을 옹호하는 게 아니다. 내가 말하고자 하는 바는 상황이 급박하게 돌아갈 때, 의사결정자는 회의실에 더 많은 사람을 두어야 더 나은 결정을 내릴 수 있다는 점이다. 재무부에서 실제로 우리가 종종 실행에 옮겼던 일이 바로 이것이다. 위기 상황이 닥쳤을 때 우리는 사람들을 불러 문제를 함께 헤쳐 나가려고 했다. 내가 존경하는 판단력과 전문성을 가진 사람들 그리고 다양한 관점과 감정 편향을 소유한 사람들로 팀을 구성하려고 했다.

이런 공동체는 여러 가지 이유로 도움이 되었다. 지적인 측면에서는 그 어떤 잠재적 기회나 어려움을 그냥 넘기고 있지는 않은지 회의실에 있던 많은 사람 덕분에 확인할 수 있었다. 우리는 논의의 테이블에 모든 요소를 다 올려놓을 수 있었다. 반성적인 측면에서는 공동체의 장점을 활용한 덕분에 그 어떤 사건이 일어난다 해도 나의 반응을 객관적으로 볼 수 있었다. 다양한 본능과 편향을 관찰하며 나 자신의 본능과 편향을 더 잘 인식할 수 있었다. 나중에는 다른 사람의 의견을 수용하는 데도 도움이 되었다. 회의 참석자들은 결정에 동의하지 않더라도 의사결정 과정에 참여했다는 느낌을 받았다.

내가 경력을 쌓아 가면서 새롭게 깨닫게 된 사실은 의식적, 무의식적 편향 모두가 의사결정에 얼마나 영향을 주는가였다. 예를 들어, 50년 전 위기 상황이 벌어졌을 때 모였던 대다수는 백인 남성이었다. 하지만 이런 질문을 던지는 사람은 보지 못했다. "미국에서 흑인이라는 것은 백인인 것과 무엇이 다릅니까? 인종 혹은 성별의 다양성이 기존의 문제를 어떻게 악화하거나 더 복잡하고 어렵게 할 수 있습니까? 그리고 만약 의사결정자가 더 다양한 인종적 관점과 개인적 경험을 바탕으로 논의할 수 있다면 중요한 사안은 결국 어떻게 더 발전될 수 있겠습니까?" 나는 그때 더 많은 사람이 회의에 참여할 기회가 있었다면 누군가 이런 질문을 던졌으리라 생각한다.

끝으로 공동체가 함께 혼란의 순간을 해결하려고 하면 단지 무엇이 변했는지만이 아니라 무엇이 변하지 않았는지 파악하는 데도 도움이 된다. 1994년 중간 선거 이후, 미국 공화당은 수십 년 만에 처음으로 하원을 장악했다. 나는 클린턴 대통령 팀의 고위 관계자들과 정치 전략에 관한 회의에 참석하게 되었다. 한 관계자는 참담한 결과를 보고 이제 기존의 정치 신념 모델은 낡았으며 대통령이 더 좌파적 성향을 띠어야 재선될 수 있다고 주장했다. 하지만 힐러리 클린턴 영부인은 이 말에 고개를 저었다. 1994년 선거 결과가 충격적이긴 하지만 영부인은 우리 정치를 구성하는 근간이 되는 힘은 변하지 않았다고 주장했다. 선거 운동은 중도층 유권자들에게 호소하면서 계속 승리를 거두고 있었다.

중도층에 호소할 것인지 지지층에 호소할 것인지에 관한 정치적 토론은 늘 진행 중이었고 내가 민주 정치에 있을 때도 한결같이 열띤 논쟁의 대상이었다. 이 경우, 클린턴 대통령의 조언자 중 누가 옳다고 단정하는 건 불가능하다. 대통령은 두 가지 옵션 중 단 하나만 선택할 수 있기 때문이다. 하지만 대통령은 힐러리가 주장하는 의견을 선택했고 나는 그가 좋은 선택을 했다고 판단했다. 1996년 클린턴 대통령은 압도적 승리를 거뒀다. 일부 출구 조사 결과, 중도층 유권자에서 24포인트 격차로 승리를 거둔 것으로 드러났다. ― 클린턴 대통령의 정책을 온건파의 성향에 맞게 움직인 것과 더불어, 나는 힐러리 영부인의 의견이 다른 이유로도 정치적 이득이었다고 생각한다. 즉, 정책을 친성장 쪽으로 인지하게 함으로써 기업 신뢰도를 높여 경제 상황을 개선했고 이는 재선 가능성을 높인 꼴이 되었다.

하지만 공동체가 한 사람의 판단력을 높이기 위한 필수 도구이긴 해도 그 사람의 판단을 대신해 줄 수는 없다. 만약 당신이 결정을 내려야 하는 책임자라면 타인의 정보와 조언을 듣는 것은 매우 큰 도움이 된다. 하지만 결국 당신이 생각하기에 최선의 길을 선택해야만 한다. 지도자가 이러한 책임을 다하지 못하고 더 나은 결정을 내리기 위해서가 아니라 힘든 결정을 피하기 위해 공동체를 끌어들인다면, 끝이 좋은 경우는 거의 없다. 만약 당신이 의사결정자라면 반드시 직접 결정을 내려야 한다.

의사결정자는 자신이 생각하는 것과 공동체가 생각하는 것 사이의 차이를 인지해야 하며, 타협하려는 유혹을 이겨내야만 한다. 나는 이 함정에 빠지는 사람들을 특히 비즈니스 영역에서 많이 보았다. 리더들은 이렇게 말하고는 한다. "그렇군요. 양쪽의 의견을 모두 들어보니 나는 X라고 생각합니다. 하지만 똑같은 증거 자료를 점검한 많은 이들이 Y라고 생각하는군요. 그러니 X와 Y 사이에 있는 옵션으로 하지요." 당신의 결정이 잘못되었다고 결론짓고 결정을 바꾸거나 혹은 직원들의 사기를 유지하기 위해 적당히 결정을 수정하는 것은 그렇다고 치자. 하지만 고민에 고민을 거듭한 후 당신의 결정이 옳다고 믿는 것과 그럼에도 불구하고 직원들의 비위를 맞추기 위해 다른 결정을 내리는 건 완전히 다른 얘기다.

오랜 세월의 경력을 통틀어 뛰어나고 사려 깊은 의사결정자로 이름을 날린 친구 톰 스테이어Tom Steyer는 그가 팀원들에게 결정 권한을 넘겼던 일화를 공공연히 말하곤 한다. 내가 톰을 처음 만난 건 1980년대 골드만삭스의 리스크 아비트라지Risk Arbitrage 부서에서 함께 일할 직원으로 그를 고용한 때이다. 톰은 나보다 거의 스무 살이나 어렸지만 뜨거운 열정과 유머 감각이 균형을 이룬 직원이자 통찰력 있는 애널리스트로 즉시 두각을 보였다. ― 오늘날 그가 정치 기부자이자 후보자로 가장 널리 알려져 있다는 점은 놀라운 일이다. 나는 그가 정치에 관해 얘기하는 걸 들어 본 적이 없다. ― 1985년 톰 스테이어는 골드만삭스를 떠나 다음 해, 패럴론 캐피털Farallon Capital을 시작했다. 2012년까지 운영된 이 기업은 특히 장기적으로 일관된 결과를 내는 데 있어 세계에서 가장 성공한 헤지펀드사가 되었다.

2008년 톰은 펀드를 운용하며 경제에 압력을 가하는 요인을 점검하고 잠재적으로 발생할 수 있는 경기 침체에 대비해 그의 투자액을 줄이기로 했다. 하지만 패럴론의 많은 직원은 이에 동의하지 않았다. 톰은 그들의 주장이 설득력 없다고 판단했지만, 최종적으로는 직원들의 사기가 내려갈 것을 우려해 그의 포지션[5]을 줄이지 않기로 했다. 톰은 이내 다가온 경제적 위기를 잘 헤쳐 나갈 수 있었고 회사는 점차 다시 회복해 성장했다. 하지만 그는 ― 그리고 나를 포함한 그의 투자자들은 ― 자신이 최선이라고 느꼈던 행동 방침을 선택했을 때보다 훨씬 더 큰 손실을 보았다.

혼란의 순간을 해결하려고 할 때, 무언가가 개인에게 맞다면 전체 사회에도 맞다. 리더가 상황을 충분히 생각하고 대응하는 대신 감정적인 집단 반응을 전염시킨다면, 나라 전체에 수십 년간 파장을 일으킬 문제를 만들 수 있다.

이제 샌 퀜틴의 무대로 돌아가 일부 수감자들과 보냈던 시간을 살펴보자. 사회 전반에 퍼진 충동적 반응이 초래하는 위험성의 교육적인 예가 바로 형사 사법 제도이기 때문이다.

비용과 이득을 저울질하기

형사 사법 제도 그리고 제도와 상호작용하는 사람들에 대한 내 관점은 내가 가난을 바라보는 시각과 밀접하게 연관되어 있다. 1982년

---

5   포지션position: 어떤 개인이나 단체가 소유한 투자자산. 즉 증권, 현물, 부동산 등의 양

나는 저널리스트인 켄 올레타Ken Auletta가 쓴『언더클래스The Underclass』
를 읽었다. 켄은 인력실증연구기관Manpower Demonstration Research
Corporation 또는 'MDRC'라고 하는 비영리 단체를 취재했다. 이 단체
는 뉴욕시의 최저소득층 일부 주민의 삶의 질을 높이려고 애썼다. 그
는 복지대상자, 전 중독자, 사회 변두리에 있는 사람들을 다루고 있
었다.

　나는 자라면서 가난을 직접 경험하지 않았던 터라 켄 올레타의 책
은 눈이 번쩍 뜨이는 경험이었다. 특히 40년 전에 쓰였다는 점을 생
각할 때 그의 이론은 꽤 논쟁적이기도 하다. 켄은 가난이 한 개인의
도덕적 해이나 성격적 결함의 주요 결과가 아니라 그 사람이 처한 상
황의 결과라고 주장했다. 또한 레이건 정부가 시작될 무렵 널리 퍼진
인식인 '미국인은 외부의 아무런 도움 없이 맨땅에 헤딩 식으로도 성
공할 수 있다'라는 말은 지나친 단순화이며 너무 많은 경우 사실상
불가능하다고 설명했다.

　책을 더 읽고 알게 될수록 켄의 말에 더욱 설득되었다. 가난은 악
순환되며 여러 세대에 걸쳐 반복되어 우리 모두에게 큰 비용을 부과
한다. 자신의 이익 때문에라도 사회의 모든 구성원은 악순환의 고리
를 끊기 위해 힘을 모아야만 한다. 빈곤 퇴치 대책은 '전쟁' 혹은 더
나아가 '개혁 운동'이라고까지 표현돼 왔다. 하지만『언더클래스』를
읽은 후부터 나는 가난과 싸우는 일을 덜 극적인 용어로, 말하자면
경제적 상식으로, 개인적 이익에 관한 모두가 나눠 가진 문제로 생각

하게 되었다.

나는 또한 범죄가 가난이라는 악순환의 원인이자 결과라고 믿게 되었다. 나를 샌 퀜틴으로 초청한 젊은이인 샤를 생각해 보라. 샌프란시스코만 지역에서 자란 그는 내가 어렸을 때 상상조차 하지 못했던 역경을 지나왔고 그 역경은 인생의 근간을 형성했다. 그의 어머니를 비롯해 어린 시절에 영향을 준 사람은 대부분 마약 중개상이었다. 십 대에 마약 거래를 하게 되었고 이는 다른 범죄로 이어졌다. 고등학생 때 강도 미수, 흉기 소지와 폭행으로 27년의 종신형을 받았다.

샤는 범죄를 저질렀으니 감옥에 가는 게 마땅하다. 사회는 국민이 범죄의 희생양이 되지 않게 해야 하며 범법자에게 처벌을 내려 법을 어기려는 이를 저지하는 데 명백한 관심이 있기 때문이다. 하지만 샤처럼 처참한 환경에서 자란 이들에게, 가난의 악순환을 끊고 사회에 전적으로 도움을 줄 수 있도록 하는 최선의 기회를 어떻게 제공할지는 굉장히 복잡한 문제이다.

이는 내가 자라온 시절보다 지금 훨씬 더 긴급한 문제다. 내가 대학을 졸업한 해인 1960년과 클린턴 정부에 합류했던 1993년 사이, 폭력 범죄율은 급증했다. 범죄는 역사적 관점으로 봐도 매우 빠른 속도로 위기가 되었다.

범죄가 점점 더 많은 미국인에게 영향을 주기 시작하자 감정이 고조되었다. 국가가 지원하는 임시 휴가 제도 중에 폭행, 무장 강도와 강간을 저지른 죄수인 윌리 호턴Willie Horton은 1988년 대통령 선거

기간에 공화당 공격 광고의 중심인물이었다. 선거 운동 기간, 나는 민주당 후보인 매사추세츠 주지사 마이클 듀카키스Michael Dukakis의 고문으로 활동했다. 그는 매우 호감 가는 인물이었다. 나는 그가 당시 부통령이었던 조지 H. 부시와 벌였던 10월 토론에서 대단히 어려운 질문에 대답하려고 고민하던 장면을 절대 잊을 수 없을 것이다.

토론의 사회자였던 CNN의 버나드 쇼Bernard Shaw는 잔인한 가설을 설정해 질문을 던졌다. 만약 듀카키스 주지사의 부인인 키티Kitty Dukakis가 강간당하고 살해당했다면 주지사는 가해자의 사형을 지지할 것인가 하는 질문이었다. 듀카키스 후보는 차분히 대답했다. "사형이 범죄를 저지한다는 어떤 증거도 볼 수 없습니다. 폭력 범죄를 다루는 더 효과적이고 나은 방법이 있으리라 생각합니다."

나는 주지사의 말에 동의했고 매우 민감한 질문에도 지적으로 침착하게 대답하는 그의 모습에 깊은 인상을 받았다. 하지만 듀카키스는 그 시기에 절정에 달했던, 폭력 범죄를 극도로 두려워하는 국민의 마음을 짚어 내지 못했다. 그는 분노하거나 감정적인 반응을 보이지 않으면서 차분히 정책 논쟁을 벌이긴 했지만, 결과적으로 이는 큰 정치적 실수였고 이후에 그의 패배 원인으로 널리 생각되었다.

4년 후, 빌 클린턴이 백악관에서 승리했을 때 범죄율은 절정에서 약간 하락세를 보이기 시작했다. 그래도 「뉴욕 타임스」에 따르면 1994년 중간 선거가 다가오면서 범죄는 유권자들이 가장 높은 관심을 보이는 분야였다.

내가 94년 범죄법crime bill의 구체적인 사항에 개인적으로 개입한 건 아니었지만 ― 그 당시 형사 사법은 경제적인 문제로 보이지 않았다 ― 법안은 유권자들이 행동에 나서라고 촉구하는 현실적이고 심각한 문제를 다루고 있다. 폭행 무기 금지, 여성 폭력 방지법 그리고 위험한 환경에 처한 청소년들을 위한 미드나이트 바스켓볼 같은 지역 사회 봉사 활동 지원을 포함해 법안의 일부 요소들은 좋은 정책이었다고 본다.

하지만 문제는 범죄 법안의 전반적인 조항이 현재의 문제에 효과적으로 대응하는 대신 감정적으로 반응하는 식으로 구성되어 있다는 점이다. 예를 들어, 마지막 법안은 연방 사형의 대상을 육십 개의 범죄로 확대했다. 또한 통상적으로 훨씬 적은 징역형을 받은 범죄자라도 재범한다면 의무적으로 종신형을 부과하는 '삼진아웃법' 조항을 시행했고, 이로 인해 수감자들을 위한 교육 프로그램이 거의 모두 종료되고 말았다. 그 당시에도 이런 정책으로 국민이 더 안전하게 살 수 있다는 기대감은 낮았다. 하지만 어떻게 보면 그 정책의 목적은 6년 전 듀카키스가 토론에서 해내지 못했던 것을 해내는 것이었다. 그건 바로 효과적이고 잘 구성한 정책을 시행하기보다는 본능적인 감정 욕구를 충족시키는 일이다.

범죄 문제에 대응하지 않고 반응을 보이면 어마어마한 비용이 든다. 많은 정책 입안자와 대중들은 범죄의 실제 비용은 성급히 계산하면서 형사 사법 제도에 새로운 법률을 도입할 때 생기는 잠재적 비용이나 의도하지 않은 결과는 충분히 고려하지 않았다. 결과적으로 폭력 범죄율은 하락했으나 미국의 수감자 수는 많이 증가했다. 지금 이글을 쓰는 현재, 수감자 수는 사상 최고에서 떨어지기 시작했지만, 미국은 그 어떤 나라보다 더 높은 비율로 계속해서 국민을 감옥에 집어넣고 있다.

범죄를 향한 우리의 집단적인 감정 반응은 사회의 모든 집단에 동등하게 영향을 끼치지 않았다. 연구 결과를 보면 체포, 기소 결정, 사전 공판, 선고를 포함한 형사 사법 제도의 여러 부분에서 일관되게 인종 간 차이가 난다. 이는 범죄, 관할 구역, 기타 요소에 따라 다양하며 복잡하다. 일부의 사람들이 형사 사법에 대한 우리의 잘못된 접근법을 가장 민감하게 느끼지만, 더 신중하게 대응하지 않은 대가는 모든 사람이 치른다. 물론 공공 안전을 보호하는 건 매우 중요하다. 그리고 만약 범죄가 통제되지 않는 것처럼 보이면 필요한 정책을 제정하기 위해 정치적 의지를 모으기란 매우 어려워지고 만다. 하지만 많은 수감자가 현재 공공 안전에 심각한 위협이 아니거나 감옥에 있는 것보다 훨씬 더 저렴한 비용으로 사회에 재진입할 수 있다. 더 중요한 곳에 쓰일 수도 있었을 납세자들의 엄청난 돈이 고갈되고 있는 셈이다. 현재의 형량 제도는 수많은 사람이 직장에서 일할 기회를 박탈함으로써 비즈니스와 경제에 전반적으로 해를 가하고 있다. 이 비용은 수감자들이 교도소에서 나왔을 때 구직활동이 비합리적으로 힘들어지게 하는 정책 때문에 더 높아진다.

앞에서도 언급했듯, 94년 범죄 법안에 내가 개입하지 않았던 이유는 범죄를 경제 문제로 보지 않았기 때문이다. 하지만 지금 돌아보면 최근 몇십 년간 형사 사법 제도를 구성한 접근법은 도덕적으로 불공정했을 뿐 아니라 경제적으로도 현명하지 못했다. 이러한 비용을 정확하게 수량화하기란 쉽지 않다. 하지만 2016년 세인트루이스 워싱턴대학교의 연구자들이 수량화를 시도했고 수감의 총 재정적 부담이 연간 1조 달러에 달한다는 사실을 알아냈다. 이는 당시 미국 GDP의 6퍼센트에 달하는 수치다. 만약 그 숫자가 정확하다면 우리는 형편없는 거래를 한 것이다. 수감에 대한 우리의 현재 접근법은 그 주요한 이점보다 대가가 훨씬 더 크기 때문이다.

그렇다면 형사 사법 제도에 좀 더 대응적인 접근법은 어떤 것일까? 이 문제에 나는 전문가도 아닐뿐더러 해답을 알고 있다고 하지도 않겠다. 하지만 나는 그동안 여러 직업을 거치며 온갖 어려운 상황을 만나 합리적인 결정을 내려왔다. 가장 적은 사회적, 경제적 비용으로 가장 큰 이득을 보려면, 형사 사법 제도에는 큰 변화가 필요하다. 그리고 그 제도를 개발하기 위해서는 현재 제도를 만든 의사결정 과정이 아닌 다른 과정을 채택해야 한다.

다시 말하면 우리는 옐로우 노트에 형사 사법을 다시 적어 내려가야 한다.

먼저 우리의 감정 편향을 인지하는 것부터 시작해야 한다. 범죄는 본능적이다. 두려운 마음이 들기도 한다. 피해자들과 가족들의 사연을 들으면 고개를 끄덕이게 되고 어떤 경우는 마땅히 보복하고 싶은 마음이 들기도 한다. 하지만 우리가 이런 감정을 느낀다고 해서 그런 감정에 의해 움직여야 한다는 의미는 아니다. 우리는 우선 감정 편향을 다듬기 위해 최선을 다해야 한다.

그런 노력의 일환으로 형사 사법 개혁에 대한 국민적 담화에 다양한 의견과 관점을 추가해야 한다. 피해자들과 가족들에게 범죄가 미치는 영향을 계속해서 고민해야 한다. 하지만 또한 우리는 국가 경제, 수감자들의 아이들과 가족들, 수감자들이 지역 사회 및 수감자 자신들에게 미치는 영향을 현재보다 훨씬 더 많이 고려해야 한다. 이런 면에서 일부 발전 — 최근 연방법원에서 마리화나 소지로 유죄 판결을 받은 모든 사람을 사면하기로 한 바이든 대통령의 결정을 포함해 — 을 보이기도 했지만, 더 많은 시도를 해야 한다.

우리는 형사 사법 제도의 사회적, 경제적 영향을 더 충분히 이해해야 한다. 비용과 이점을 종합적으로 평가한다면 즉, 확률론적인 사고로 범죄와 처벌을 점검하면 고려해야 할 새로운 요소와 항목이 추가되면서 우리는 분명 더 앞으로 나아가게 될 것이다. 예를 하나만 들자면, 비폭력 범죄자의 양형법을 개혁해야 할 필요가 있다. 단순히 비폭력 범죄를 저질렀을 때 선고되는 긴 형량이 지나치게 가혹하거나 잔인해 보여서만이 아니라 납세자가 될 사람들을 국가가 보살펴야 하는 사람들로 바꾸는 것은 더 긴급한 공공 투자에 사용할 수 있는 자금을 감소시키는 꼴이기 때문이다.

이와 유사하게 범죄를 소탕하는 가장 효율적인 방법은 범죄를 예방하는 것임을 깨달아야 한다. 유치원 교육 및 다른 초기 개입에 투자하면 부분적으로 수감률이 줄어들기 때문에 장기적으로 볼 때 납세자들에게 큰 이익을 준다는 방대한 양의 증거 자료가 있다. 마찬가지로 교육, 정신 건강, 약물 남용 치료 및 직업 훈련에 투자하면 재범률이 줄어들고 생산성이 향상되어 더 나은 결과를 가져올 것이다.

확률적 사고를 형사 사법에 적용하는 또 다른 방법으로 양형을 깊이 생각해 보아야 한다. 양형 개혁을 둘러싼 국가적 담화는 지금까지 거의 비폭력 범죄에만 초점을 맞춰 왔다. 하지만 형사 사법 제도를 다루는 비영리 뉴스 기관인 마셜 프로젝트Marshall Project에 따르면 강력 범죄 '경력'은 30대 초반 이후에 줄어드는 경향이 있지만 56세 이상 수감자 수는 1990년과 2015년 사이에 550퍼센트 증가했다.

달리 말하자면, 나이 든 수감자들을 감옥에 가둬 두려면 막대한 비용이 드는 반면 범죄를 예방하거나 저지하는 효과는 거의 없다는 것이다. 그러므로 나는 형사 사법에 대한 이성적인 대응은, 젊었을 때 강력 범죄를 저질렀지만 이제는 나이가 든 많은 수감자를 석방하는 거라 믿는다. 이 방식은 또한 특정 강력 범죄자들에게 극단적인 선고를 내리는 걸 재고해, 나이 든 수감자들이 지역 사회에 위협이 되지 않는다고 판단될 때 감옥에 남아 있지 않도록 할 수 있다.

형사 사법에 옐로우 노트로 접근하는 것은 수감자들이 석방된 후 단지 윤리적 도의뿐 아니라 실용적 이유에서도 사회가 그들을 지원

해야 한다는 의미이기도 하다. 샌 퀜틴에서 만난 한 수감자는 이런 말을 했다. "18년이 넘도록 나를 감옥에 두려고 왜 90만 달러를 넘게 쓰는지 이해가 안 갔어요. 그런데 가석방되니까 200달러를 주면서 '잘 살아 봐'하는 거예요." 그의 말이 맞다. 이런 식의 접근법은 말이 되지 않는다.

하지만 더 나은 접근법을 시행하는 게 더 쉽다는 뜻은 아니다. 특히 공공 안전 지원은 긴급한 동시에 매우 어려운 문제로 남아 있기 때문이다. 비록 우리가 지금 범죄와 처벌을 대하는 방식과 그 결과를 다루고 있지만, 부주의한 접근법을 또 다른 부주의한 접근법으로 바꾸고 싶진 않을 것이다. 1990년대 미국은 범죄로 인한 문제에 대응하기보다는 반응했다. 오늘날, 형사 사법 제도를 병들게 하는 문제에 대응하지 않고 또다시 반응한다면 실수를 저지르는 것이다.

예를 들어, 정부를 떠난 다음 나는 해밀턴 프로젝트Hamilton Project 와 일하게 되었다. 해밀턴 프로젝트는 증거를 기반으로 경제 정책을 만드는데 헌신하는 초당적超黨的 단체다. 2008년부터 경제학적 관점으로 형사 사법 제도를 점검해 당시 정책의 총비용에 집중할 수 있도록 도움을 주었고 2019년에는 미결 구금[6]과 보석금에 관한 포럼을 열기도 했다.

---

6   미결 구금pretrial detention: 범죄 혐의를 받은 사람을 재판이 확정될 때까지 구금하는 것. 판결선고전구금이라고도 한다.

포럼에 참석했던 거의 모든 참석자가 현재 미결 구금 제도는 불공정하며 역효과를 낳는다고 동의했다. 많은 경우, 범죄 혐의로 기소된 사람이 재판까지 자유롭게 지낼 수 있는지 결정하는 요소는 그가 지역 사회에 위협이 되는지 아닌지가 아니라 보석금을 낼 재원이 있는지 아닌지이다. 하지만 이 문제를 해결하는 방식을 두고 참석자들은 저마다의 결론을 냈다. 많은 이가 현금 보석을 완전히 없애야 한다고 주장했다. 하지만 한 특정 참가자는 공감대와 우선순위가 비슷했음에도 불구하고 그 주장은 조심해야 한다고 경고했다. 그는 보석을 없앤다면 많은 판사가 사람들을 풀어 주는 대신 다시 재판을 받으러 돌아오지 않는 상황을 우려해 그냥 감옥에 가두는 걸 선택할 수 있다고 경고했다. 의도는 좋은 정책일지라도 앞으로 매우 부정적인 결과를 초래할 수도 있다.

누구의 말이 옳다고 확신하기는 어렵다. 하지만 좋은 정책이란, 심지어 오래전부터 기다리던 좋은 정책이더라도 절대 만들기 쉽지 않다는 건 확실하다. 우리는 우리의 절박한 마음과 일을 바로잡고자 하는 열망 사이에서 균형을 잘 맞춰야 한다.

이런 균형감을 얻는 것이 — 특히 긴급한 상황에서 한 사람의 인생을 신중한 방법을 통해 결정하는 것 — 내가 샌 퀸틴에서 만난 수감자들이 자주 토론하는 주제라고 했다. 그리고 만약 사회에 재진입한다면 어떻게 다르게 행동할 것인가에 대해 대단히 많은 시간 동안 생각했기에, 일부 수감자들은 그가 마침내 사회에 재진입했을 때 진정한 희망을 품을 수 있다.

샤에게 편지를 받고 나서 약 1년 후, 나는 캘리포니아 주지사였던 제리 브라운Jerry Brown에게 편지를 썼다. "우리가 함께했던 짧은 시간 동안 나는 미래를 계획하면서도 자신의 잘못을 반추하고 이해하는 데 수많은 시간을 보낸 한 남자를 목격했습니다." 그 편지에는 샤의 감형을 청원하는 내용을 담았다.

물론, 리스크가 있는 일이었다. 내가 샤의 깊은 사고에 감명받았다고 해도 그가 석방된 후 무엇을 할지 전혀 예상할 수 없었다. 통계상, 형이 감형된 수감자는 재범할 가능성이 언제나 있기 때문이다.

여전히 나는 범죄를 다루는 방식뿐 아니라 우리가 일반적으로 선택을 내리는 방식에 대해서도 윌리 호턴을 생각하지 않을 수 없다. 어떤 결정이 수천, 혹은 수백만 명의 사람들에게 영향을 끼칠 때, 사람들을 놀라게 하고 화나게 하는 극단적인 예인 아웃라이어[7]는 늘 존재할 것이다. 주제가 무엇이든 얼마나 잘 고려되었든 그 어떤 정책도 완벽한 결과를 낼 수는 없다. 과장해서 생각하고 적절한 맥락도 없이 점검한다면, 개별적인 사례와 일화는 사람들이 문제를 통계적으로 충분히 생각하는 대신 감정적으로 반응하게 할 수 있다.

내가 보고 들은 모든 것을 근거로 나는 리스크가 낮다고 판단했고 샤를 지지하는 편지를 써야겠다고 마음을 굳혔다. 그래서 실행에 옮

---

7   아웃라이어: 다른 대상과 확연히 구분되는 사례, 사람

졌다.

유죄 판결을 받고 19년이 지나 서른여섯 살이 된 샤 윌리스-스텝터는 자유의 몸이 되었다. 그가 석방되기 전 잃어버린 기회와 생산성 비용은 구체적으로 생각하지도 않고, 납세자들은 그의 수감 생활을 위해 일 년에 약 7만 5천 달러를 썼다. 오늘날 샤는 스스로가 납세자이다. 그는 사업가가 되기로 결단했고 다큐멘터리 영화를 찍으면서 학교에 다니고 있다.

나는 샤가 석방된 후 단 한 번 만났다. 하지만 나는 그가 겪은 일을 자주 떠올린다. 상황이 어떻든, 우리 중 많은 사람은 모든 게 변하는 것 같은 순간의 느낌에 공감할 수 있을 것이다. 우리는 충동적으로 반응하고 싶은 마음이 어떤 건지 잘 안다. 그리고 어느 순간이든, 대부분 그 유혹에 굴복한 적이 있을 것이다.

하지만 다행히도 우리는 샤의 후반부 이야기에도 공감할 수 있다. 우리의 선택에 대해 비판적으로 생각할 수 있다. 즉, 우리가 과거에 어떻게 선택을 내렸는지 그리고 미래에 어떻게 더 나은 선택을 할 수 있는지 말이다. 우리는 긴급한 상황에서 신중하게 대응하도록 규율을 구축할 수 있다. 감정 편향을 인지하고 고칠 수 있다. 마지막으로 선택을 저울질하고 확률을 계산함으로써 개인뿐 아니라 사회 전체가 극심한 혼란의 순간을 더 잘 대처하고 원하는 결과를 얻기 위해 우리 자신에게 최고의 기회를 줄 수 있다.

2장

리스크의 본질을
이해하기

"복잡하며 자주 변화하는 리스크의 본질을
인지하고 내면화한 개인과 사회는,
그렇지 않은 이들에 비해 더 훌륭한 결정을 내릴 수 있다."

"우리에게는 틀릴 시간 여유가 없습니다." 앨 고어_{Al Gore} 부통령이 말했다.

이 대화가 정확히 언제 일어났는지는 기억하지 못하지만 내가 재무부에 있을 즈음이었다. 백악관 집무실에서 클린턴 대통령, 대여섯명의 참모들과 함께 미팅하기 몇 분 전이었다. 모두가 가장 긴급한 일은 전부 다뤘다고 생각한 순간, 지구온난화라는 주제가 나왔다. 내반응이 그다지 진중해 보이지 않았는지 집무실을 나서는데 부통령이나를 불러 세웠다. "제 업무실로 가시죠."

그렇게 나는 앨 고어 부통령이 그가 목격한 글로벌 위협에 대해 경고하는 말을 들으며 앉아 있게 된 것이다.

물론 그 대화 전에도 지구온난화나 기후변화라는 말을 들어 보긴했다. 하지만 어떤 긴급성을 갖고 토론한 경험은 드물었다. 그래서 부통령의 우려가 이렇게 오래도록 기어에 남는다. 당시에는 국가의 영향력 있는 정책 입안자 중 그 누구도 지구온난화를 주요 문제로 보지 않았지만, 부통령은 극도의 심각성을 갖고 다뤘다.

그때 기후 과학은 지금보다 재앙적인 결과의 잠재성을 확신하지 않았고, 기후변화의 결과도 명확하지 않았다. 하지만 앨 고어 부통령의 주장은 이런 식이었다. 인간 활동의 결과로 지구 온도가 상승한다고 절대적으로 확신할 수는 없지만 많은 증거가 제기되고 있다. 만약 그 증거가 옳다고 판명되면 시간이 지날수록 결과는 끔찍해질 것이며, 배출된 온실가스는 수 세기 동안 대기 중에 남아 있기 때문에 되돌리기는 불가능하다. 이런 상황에서 관망하는 태도를 선택하는 것은 매우 위험하다. 심각한 또는 재앙적인 결과의 가능성을 피하려면 우리는 즉시 발 벗고 나서야 한다.

앨 고어 부통령의 "우린 틀릴 여유가 없습니다"라는 경고는 매우 단순한 주장이었다. 하지만 그는 기후변화를 넘어 우리 일상생활의 모든 면 즉, 개인적인 결정과 투자부터 비즈니스 운영과 나아가 국가 운영에까지 영향을 끼치는 넓은 질문을 하고 있었다.

우리는 리스크에 어떻게 접근해야 할까?

· ·

앨 고어 부통령과 나눴던 대화 이후 20년이 흐른 후, 적어도 기후변화로 생긴 문제에 대해 인류는 틀린 접근법을 취한 것 같다. 다양하고도 복잡한 이유가 있지만 이 사실은 남아 있다. 만약 전 세계의 더 많은 리더가 앨 고어 부통령이 생각했던 것과 똑같은 방식으로 이 문제를 생각했다면, 오늘날 세계는 훨씬 더 안전했으리라는 점이다.

대신 지난 20세기 말에 대부분의 사람들은 기후변화가 존재한다는 증거를 외면하거나, 기후변화가 시사하는 바를 충분히 이해하지 못했다. 나는 후자에 속했다. 2003년 내가 부통령 사무실에서 나눴던 대화에 대해 처음으로 글을 썼을 때 나는 그의 경고 덕분에 지구온난화가 초래할 최악의 결과를 예방하는 일이 '긴급한' 사안이라고 믿게 되었다고 기록했다. 하지만 그 당시의 나 역시 그 리스크를 내면화하지 못했다. 대신 21세기가 되면 언젠가는 대처하게 될 많은 잠재적인 중대한 문제 중 하나로만 보았다.

많은 사람과 마찬가지로, 기후변화가 가져온 위험성에 대한 나의 시각은 20년 전과 많이 달라졌다. 내 마음이 바뀌기 시작한 건 톰 스테이어와 나눴던 일련의 대화 때문이다.

이전 장에서 언급했듯 나는 톰을 수십 년 전에 만났다. 내가 1999년에 재무부를 떠나고 나서 우리는 이따금 대화를 나눴는데 주로 주식시장에 관한 얘기였다. 시간이 좀 흐르자 대화에 변화가 생겼다는 사실을 눈치챘다. 패럴론 캐피털에 관한 문제로 대화를 시작했는데 오래지 않아 톰은 기후변화라는 주제를 끌어들였다. 그는 이렇게 말하고는 했다. "이건 전쟁을 일으킬 겁니다. 대규모 이주가 있을 거예요."

그러면 나는 이렇게 대답했다. "음, 그렇지. 자네 말이 맞을 수도 있어." 하지만 나는 과학에 대해서 아는 바가 없었고 그런 문제들은 그다지 급해 보이지 않았다. 나는 지구온난화에 대해 듣는 데 별 진지한 관심이 없었다. 그래서 톰의 얘기를 어느 정도 들어 주다가 내가 이야기하고 싶은 주제였던 투자로 넘어갔다.

얼마 전, 톰이 나에게 이런 얘기를 꺼냈다. "10년 전에 제가 기후변화에 대해 말씀드리려고 하니까 선배님은 관심도 없으셨잖아요."

하지만 톰은 자신이 생각하는 것보다 더 설득력이 강했다. 처음에는 그의 예상이 과장되었다고 생각했을지 몰라도 그가 기후변화에 대해 더 자주 말할수록 나는 무언가 있긴 있나 보다 하고 생각하게 되었다. 나는 여전히 과학에 대해서는 젬병이다. 하지만 서서히 더 많이 배워야 할 무언가임을 이해하게 되었다. 2010년대 초, 톰이 기후변화에 집중한 지 1년 정도 후에 나는 의학 연구자이자 광범위한 지식을 갖춘 과학자로 유명한 스티브 하이먼Steve Hyman에게 의견을 구했다. 당시 하버드의 학장이기도 했던 스티브에게 톰의 우려를 어떻게 생각하는지 물어보았다. 스티브는 그 우려가 과학적 합의에 근거한다고 답했다.

"그 문제는 진짜입니다." 그래서 나는 지구온난화를 훨씬 더 진지하게 받아들이기 시작했고 더 많은 전문가의 의견을 구했다.

그 무렵, 기업과 정부의 많은 리더도 기후변화의 잠재적 위험에 대해 더 많은 우려를 표하기 시작했다. 그들 중 한 명은 조지 W. 부시 대통령 시절 2006년부터 2009년까지 재무장관을 역임했던 행크 폴슨Hank Paulson으로 그는 나처럼 골드만삭스의 최고경영자였다.

2016년 행크와 나는 SEC Securities and Exchange Commission의 위원장이었던 메리 조 화이트Mary Jo White를 찾아가 SEC가 금융기관들에 기후변화와 관련된 잠재적 비용을 공개적으로 인정하도록 요구해야 한다고 주장했다. 현행 규제에 따르면 기관들은 그들의 '실질적 리스크'를 모두 공개해야 하고 기후 위험이 그 카테고리에 속한다는 논리를 펼쳤다.

화이트 위원장은 개념적으로는 우리와 동의하며 SEC는 기후 문제를 해결하려고 노력하겠지만, 어떤 메커니즘이나 방법론도 그런 위험을 정확히 계산할 수 없고 기업들이 그것을 공개하도록 할 수도 없다고 했다. 나는 그의 요지를 이해했다. 그리고 화이트 위원장과 그런 방법론이 곧 개발될 거라는 희망을 공유했다고 생각한다.

나는 우리의 대화가 리스크에 접근할 때 쉽게 빠질 수 있는 함정을 보여 준다고 생각한다. 그건 바로 리스크를 수량화할 수 있거나 모든 면에서 완전히 이해하기 전까지 리스크를 못 본 척하는 것이다. SEC의 경우처럼, 기후 위험 공개를 의무화할 능력은 없을지 몰라도, 기후변화에 대해 아직은 다 모른다는 이유로 리스크에 대처하는 것을 미루는 건 위험한 발상이다.

기후변화의 잠재적인 경제적 영향을 강조하기 위한 또 다른 사례는 내가 선임 고문으로 일했던 리스키 비즈니스 프로젝트Risky Business

Project에서 볼 수 있다. 이 단체는 행크, 톰 그리고 그 당신 뉴욕 시장이었던 마이크 블룸버그Mike Bloomberg가 진두지휘했다. 이들은 정치 성향도 다르고 정책을 보는 관점도 다르지만, 미국의 여러 지역과 경제 분야에 놓인 기후변화의 장기적인 위험을 엄격히 평가해야 한다는 데 합의했다. 이들은 투자자와 비즈니스 리더로서 더 넓게 적용해온 방식을 기후변화에도 적용하면서 더 많은 기업과 경영진이 기후 위기를 그들의 결정에 고려하도록 장려했다.

5~6년 전 리스키 비즈니스 프로젝트의 일환으로 행크와 나는 뉴욕에서 경제학자들, 기후 과학자들과 함께 식사 모임을 했다. 이들은 새롭게 알게 된 사실을 설명하며 세계에 닥친 잠재적인 미래를 이해시키려고 했다. 나는 그날 밤을 매우 선명히 기억한다. 과학자들은 만약 우리가 현재의 궤도로 계속 달려간다면 발생할 수 있는 상황 — 투자자는 이를 '베이스 케이스'[1]라고 한다 — 에 주로 집중했다.

폭풍 해일로 인해 홍수가 더 자주 일어나고 농작물 수확량이 감소하고 극심한 더위로 건축 같은 분야의 생산성이 하락하는 등의 시나리오는 꽤 걱정스러웠다. 과학자들은 재앙 같은 최악의 시나리오도 언급했다. 예를 들면, 플로리다만 해도 금세기 말에 해수면 상승으로 인한 재산 피해가 6,820억 달러 — 2014년 — 이상에 이른다. 하지

---

1   베이스 케이스: 투자에서 베이스 케이스는 비즈니스 플래닝에 기준점이 되고 경영진에게는 비교의 근거 역할을 한다. 일어날 가능성이 가장 큰 케이스

만 이건 간단하게만 언급되었다. 저녁 시간 내내 과학자들은 베이스 케이스만 초점을 맞췄다.

행크나 나는 과학적 배경이 없지만 우리는 직장 생활 내내 우리의 전문 분야가 아닌 중요한 문제에 관한 결정을 내려 왔다. 우리는 정보를 평가하고 불확실성을 분석해 결론에 도달하고, 어떤 행동을 취할지 결정하는 데 수많은 시간을 쏟았다.

그 과정 중에 전문가의 의견을 듣는 것은 필수다. 하지만 전문가들은 가끔 오히려 그들의 전문성으로 인해 제한을 받기도 한다. 그들은 구할 수 있는 정보가 뒷받침되지 않는 진술을 불편해한다.

사실 우리가 내리는 결정은 대부분 불완전한 정보를 근거로 판단할 수밖에 없으므로 이런 불편함은 판단력을 흐릴 수 있다. 만약 당신이 의사결정자라면 측정할 수 없는 많은 요소가 있다는 걸 인정해야만 한다. 하지만 측정이 불가능하다고 해서 그게 덜 현실적이라는 말은 아니다. 우리는 흔히 전문가의 말을 들은 다음 자신의 경험과 연관시킨다. 저녁 식사 자리에서 행크와 나는 비록 과학자들이 중요한 일을 해냈으나 그들 자신이 방금 설명했던 최악의 시나리오에는 충분히 집중하지 않고 있다는 느낌을 강하게 받았다. 중장기적으로 더 예측할 수 없는 일이 일어나 대단히 비참한 결과가 현실로 이어질 것 같았다.

행크와 나는 말을 이어 갔다. "이건 재앙이 될 수 있습니다. 거기에 포커스를 맞추도록 하지요." 하지만 우리의 노력에도 불구하고 그룹의 포커스를 베이스 케이스에서 옮길 수 없었다. 우리 둘은 해결을 보지 못했다는 깊은 불안감을 느끼며 식사 자리를 떴다. 사실 나에게 이 느낌은 익숙하다. 바로 의사결정자들이 중요한 측면에서 리스크를 제대로 바라보지 못하고 있다는 느낌 말이다.

인생의 모든 문제, 심지어 진지한 의사결정 과정이 필요 없다고 느끼는 문제도 어느 정도는 리스크를 수반한다. 예를 들어, 플라이 낚시는 지난 40년간 내가 애착 — 가끔은 중독에 가까운 수준으로 — 을 가진 취미다. 내가 특히 좋아하는 장소는 몬태나에 있는 루비 강 유역인데, 정확히 찾아가기가 약간 까다로운 곳이다. 그 장소로 가려면 처음에는 수심이 얕고 흐름이 약한 구간을 건너야 하는데 그 부분은 괜찮다. 하지만 그다음에는 강둑 바로 옆에 있는 좁은 바위를 따라 걸어가야 한다. 수면에서 2~3인치 아래로 바위들이 있고 바로 옆으로는 5피트[2] 정도의 절벽이 있다.

만약 내가 발을 조금이라도 헛디뎌 아래로 떨어진다면 크게 다칠 것이다. 하지만 나는 이에 대해 충분히 생각한다거나 낚시를 하다가 발생할 수 있는 위험은 재지 않는다. 그저 건너갈 수 있다고 생각하고 가는 것이다.

루비 강에서 내가 위험에 접근하는 방법의 결과는 오롯이 나에게만 영향을 준다. 하지만 다른 경우 단 한 사람의 선택이 수천 명이나

---

2   약 150센티미터

수백만 명의 사람에게 도움을 주거나 해를 가하기도 한다.

그런데도 비즈니스, 정치, 정책 입안 상황에서 사람들은 내가 강을 건널 때 사용했던 똑같은 접근 방식을 너무 자주 사용한다. 의사결정자들은 그들이 생각하기에 발생 가능성이 가장 크다고 생각하는 경우를 재빨리 파악하고 다른 가능성은 고려하지 않은 채 앞으로 밀고 나간다.

리스크에 접근하는 또 다른 흔한 방식은 그나마 나은 편이지만 정교하다고는 할 수 없다. 리스크를 이진법으로 보는 것이다. "이게 잘되면 무슨 일이 일어날까? 잘 안 되면 어떤 일이 일어날까?" 어떨 때 ― 행크 폴슨과 내가 참석했던 저녁 식사처럼 ― 리스크는 세 가지 가능성으로 갈린다. 최고, 중간, 최악의 경우. 그리고 중간의 사례만 고려할 가치가 있는 것으로 취급된다. 의사결정권자들도 가능성이 작은 경우가 존재한다는 건 인지하지만 그저 옆으로 밀어 놓거나 완전히 무시한다.

싱글 포인트의 함정

내가 지금까지 설명한 리스크 접근법에는 공통점이 있다. 이런 방법들은 일련의 복잡성을 소화하기 쉽고 일하기 편한 간단한 것으로 줄여 버린다. 예를 들면, 뉴스에서 리스크는 종종 하나의 숫자로만 표현된다. "만약 우리가 현재 상태로 계속 나아간다면 2100년 전 세계의 온도는 1.5도 상승할 겁니다." 은행에는 리스크를 포함한 결과를 분석하고 수량화하고 신중한 예측을 내리는 것에 전념하는 수많은 부서가 있다. 그럼에도 은행은 단 하나의 추정치만을 설명하는 경향이 있다.

어떤 면에서 이해할 만하기도 하다. 리스크를 수량화해서 나온 단 하나의 숫자는 이해하기도 편하고 서로 의사소통하기도 용이하다. 정확하게 들리니 안심이 되기도 한다.

하지만 이건 꽤 위험하다. 사실상 모든 경우 리스크는 하나의 숫자로 표현될 수 없다. 리스크는 범위다.

나는 지금 리스크의 전체 범위를 수량화하자고 제안하는 게 아니다. 그것만으로도 두꺼운 책 한 권이 나올 것이다. 게다가 리스크 관리의 기술적인 세부 사항과 관련이 없는 사람에게 중요한 건 리스크를 측정하는 정확한 기술이 아니라 그 기술에 개념적으로 접근하는 방법이다. 복잡하며 자주 변화하는 리스크의 본질을 인지하고 내면화한 개인과 사회는, 그렇지 않은 이들에 비해 더 훌륭한 결정을 내릴 수 있다.

리스크에 접근하는 능력을 향상시킬 수 있는 비교적 쉬운 방법은 하나의 숫자만을 사용해 주어진 행동 방침으로 발생할 수 있는 결과를 설명하는 대신, 좁은 범위의 숫자를 사용하는 것이다. 예를 들면, 국가의 GDP가 2퍼센트 성장할 거라고 하는 대신 1.75~2.25퍼센트 성장할 거라고 할 수 있다. 만약 계산을 위해 단 하나의 숫자가 필요하다면 중간 숫자를 고르면 된다. 이는 사소한 차이로 보일 수 있지만 하나의 숫자 대신 좁은 범위의 숫자를 사용하면 불확실성과 복잡성을 더 잘 인지하게 되고 결과적으로 더 정확할 것이다.

하지만 심지어 베이스 케이스가 범위로 표현될 때도 이를 '유일한' 가능성으로 제시하는 것은 잘못이다. 베이스 케이스는 일어날 가능성이 가장 큰 경우를 뜻하지만, 그렇다고 해서 다른 일이 일어날 가능성이 없는 것은 아니다.

이런 가능성은 자주 배제되는 경향이 있지만 그래서는 안 된다. 가령, 베이스 케이스가 80퍼센트 확률이라고 치자. 그래도 다섯 번 중 한 번은 '예상외의' 결과가 발생할 가능성이 여전히 존재한다. 의사결정자들은 흔히 이런 점을 고려하지 않는다. 그 비극적인 예가 이라크전이다. 미국의 전략을 책임지던 고위 관리들의 말이 옳고 베이스 케이스가 상대적으로 고통이 없는 점령이었다고 가정 — 상당히 논쟁을 불러일으키는 예상이지만 — 해보자. 그럼에도 여전히 그 외에 다른 일이 발생할 수 있다는 가능성이 있었지만 긴급 사태에 대처할 수 있는 적절한 대책은 없었다.

그러므로 단일 지점 싱글 포인트보다는 낫지만, 미들 케이스가 반영하는 범위는 사실 훨씬 더 넓은 범위의 한 부분일 뿐이다. 리스크를 잘 고려할 수 있는 더 좋은 방법은 그래프로 표시하는 것이다. — 여기서 기술 용어는 히스토그램histogram이다. 하지만 쉽게 설명하기 위해 그래프라는 용어를 사용하겠다. — 어떤 결정을 내릴 때마다 일어날 수 있는 결과들을 최악에서 최상까지 가로축에 놓는다. 그리고 각각의 결과와 연관된 가능성의 백분율은 세로축을 따라 가장 작은 것부터 가장 큰 것으로 배치한다. 대개 가장 가능성이 큰 결과가 가운데 위치하고 가능성이 희박한 결과가 양쪽에 있는 종 모양의 곡선이 된다.

예를 들어 보자면, 당신이 내년에 주식을 매입할 예정이고 잠재적 이익을 그래프로 나타낸다고 하자. 수익은 10퍼센트를 기대하고 있다. 그래프에서 선택한 포인트의 오른쪽에 있는 것은 모두 예상보다 좋은 결과를 나타낸다. 주식이 11퍼센트 오를 합리적인 확률부터 가격이 두세 배가 뛸 극히 희박한 가능성까지 나타낸다. 당신이 선택한 포인트의 왼쪽에 표시된 것은 예상보다 안 좋은 결과와 가능성을 나타내는 리스크를 뜻한다.

일반적으로 말해 종 모양 곡선에서 왼쪽으로 이동할수록 가능성은 더 희박해지고, 잠재적이고 부정적인 결과의 크기가 커진다. 예를 들어, 만약 당신이 '프록터 앤드 갬블'이나 '코카콜라' 같은 고가 우량주에 투자했다면 그래프에서 가장 먼 왼쪽은 그 회사들이 파산할 가능성을 뜻한다. 가능성은 가장 작지만, 결과는 가장 끔찍할 이런 식의 리스크를 흔히 '테일 리스크tail risk'라고 한다.

내 경험으로 사람들은 대부분 베이스 케이스가 일어날 확률은 과대평가하며 드문 시나리오가 일어날 가망성은 과소평가한다. 특히나 테일 리스크는 사건이 발생할 가능성과 그 충격의 범위, 모두 수량화하기 힘든 편이다. 그리고 테일 리스크의 결과는 꽤 심각하기 때문에 특히 관리하기가 힘들다. 결과적으로 리스크가 실제로 제로는 아니지만 아주 낮을 때, 의사결정자들은 테일 리스크를 무시하려는 강한 욕구를 느끼며 그런 극한의 리스크가 발생할 확률은 제로라는 가정 하에 움직이고 싶어진다.

게다가 그래프의 맨 끝은 가능성이 아주 낮기 때문에 최악의 결과가 아닌 다른 일이 일어날 때도 많다. 그러면 사람들은 역시 테일 리스크는 무시하는 게 맞다는 틀린 결론에 도달하고는 한다. 이렇게 되면 사람들은 다음번에도 자신감만 높아진 채 똑같은 실수를 반복하며 만약 최악의 상태가 발생할 경우, 더 큰 손실을 볼 수 있다. 테일 리스크가 실제로 일어나지 않은 채 시간이 흐를수록 더 많은 사람이 무심히 생각하게 되고 잠재적 결과는 더 심각해진다.

예를 들어, 코로나가 발생하기 수년 전 많은 전문가와 사상가는 글로벌 팬데믹이 일어날 수 있다고 경고했지만 일어나지는 않았다. 시간이 흐르면서 사람들은 그 경고를 점점 덜 심각하게 받아들이기 시작했을 것이다. 만약 낮은 확률이지만 큰 영향력을 끼치는 위험에 대한 경고가 타당한 근거를 가지고 있다고 해도, 그 위험이 실제로 일어나는 경우는 거의 없다고 인식해 버리는 것이다.

심지어 테일 리스크를 잘 인지하고 있다 하더라도, 무엇을 해야 할지 알기가 힘들다. 만약 당신이 자신을 어느 정도는 보호하고 싶다면 절충에 나설 것이다. 즉, 상황이 안 풀릴 때는 피해가 줄지만 상황이 잘 풀려도 이익은 덜 받는 방식을 택할 것이다. 하지만 만약 당신이 그런 조치를 취하지 않았는데 최악의 상황이 벌어진다면 치명적인 손해를 입을 가능성이 있다.

심각한 결과가 일어날 가능성이 상당히 작은 씬 테일[3]과 가능성이 작은 편이지만 그래도 씬 테일보다 더 큰 확률을 나타내는 팻 테일[4]을 구분하는 것도 중요하다. 비록 현실적으로 가능한 테일 리스크에는 모두 어느 정도 대비해야 하지만 씬 테일보다는 팻 테일에 주목하는 것이 더 중요하다. 잠재적인 결과가 무시무시할 때 1퍼센트의 가능성과 5퍼센트의 가능성은 차이가 매우 크다.

문제는 리스크를 평가할 때 당신이 겪을 수도 있는 테일이 얼마나 두터울지 알기가 매우 힘들다는 것이다. 잠재적인 일이 10년에 한 번 일어날지 20년에 한 번 일어날지 어떻게 정확하게 판단할 수 있을까?

이 모든 것이 실패한 결정으로 이어지게 된다. 테일 리스크를 포함해 리스크의 전체 범위를 점검하고 그 복잡성에 압도되면 리스크의 범위를 의사결정 과정에 통합하려는 시도를 포기하기 쉽다. 하지

---

3   씬 테일thin tail: 종 모양 분포곡선의 양 끝이 아주 낮을 때. 예상외의 일이 일어날 확률이 매우 낮다는 뜻이다.

4   팻 테일fat tail: 종 모양 분포곡선의 양 끝이 좀 더 두꺼운 경우. 분포곡선의 끝이 두꺼우면 사람들의 예측보다 치명적인 일이 일어날 확률이 높다.

만 이를 포기하면 절대 훌륭한 선택이 나올 수 없다. 그 대신, 의사결정권자는 가능한 결과의 확률을 계산하고 그 결과의 범위를 예상한 다음, 손해와 이익을 저울질해서 최선의 판단을 내려야만 한다.

이 과정 중 그 어떤 것도 간단하지 않다. 그러므로 우리는 복잡성과 불확실성을 인지할 수 있도록 해주는 도구가 필요하다.

이럴 때 옐로우 노트가 유용하다. 의사결정권자들은 주요 잠재적인 결과를 몇 개 ― 리스크의 전 범위를 반영하는 결과 ― 추려서 각각의 확률과 범위를 덧붙이기 위해 사실과 분석에 기반해 판단할 수 있다.

이렇게 판단하는 방법이 정확하다고 보증된 건 아니다. 하지만 가능한 장단점 그리고 장단점과 관련된 확률과 범위를 고려한다면 엄격함과 체계성을 더할 수 있어 더 나은 선택을 하게 된다. 옐로우 노트를 사용하면 더 많은 정보를 갖고 더 나은 결정을 할 수 있으며, 사안의 이익과 영향력이 더 클수록 옐로우 노트는 더 중요해진다.

리스크를 평가할 때 또 다른 중요한 점은 확률을 계산하는 방식이다. 이는 올바른 질문을 던지는 걸로 시작한다. 리스크를 점검하고 부정적인 결과가 일어날 가능성을 판단할 때 우리는 그 질문들이 무엇에 관한 것이어야 하는지 신중하게 생각하지 않는다. 대신 예상되는 질문을 성급히 결정한 후, 해답은 무엇이어야 할지에 대해 고민한다. 만약 당신이 올바른 질문을 던지지 않는다면 문제가 무엇이든 올바르고 합리적인 방식으로 해결할 수 없을 것이다.

이렇게 해서 옐로우 노트로 돌아오게 된다. 기댓값을 계산하려고 최선을 다할 때 많은 이들이 간과하는 리스크에 관한 중요한 질문을 생각해 볼 수 있다. 그리고 그런 질문에 좋은 답이 있는지, 명료한 답이 있는지에 상관없이 끙끙대며 씨름해 보는 과정이 중요하다. 그래프의 테일이 얇은가 두꺼운가? 계산한 내용에 얼마나 자신이 있나? 만약 정보를 추가한다면 더 자신할 수 있을까? 압도적으로 가능성이 큰 시나리오가 베이스 케이스인가? 아니면 단지 가장 유력한 것인가? 수량화할 수 없지만 그럼에도 현실적이고 중요한 요소는 어떤 것들이 있나? 그리고 마침내 당신이 이 모든 걸 종합했을 때 리스크는 잠재적인 보상과 어떻게 비교할 수 있나?

리스크를 범위로 바라보고 의사결정에서의 복잡성과 불확실성을 인식하고 있는 민간과 공공 분야의 지도자 수는 안타깝게도 많지 않은 듯하다. 이런 시각을 진정으로 내면화하는 리더는 아직도 적다. 정부, 금융권 혹은 개인에게 진정한 테스트는 당신이 심사숙고해서 리스크를 설명할 수 있는지 아닌지가 아니다. 그것도 중요하긴 하지만 시작에 불과하다.

당신이 리스크를 내면화했는지 알아볼 수 있는 진정한 방법은 리스크를 관리하는 데 적절한 비용을 지불할 용의가 있는지 아닌지를 확인하는 것이다.

1980년대 무렵 스티브 프리드먼Steve Friedman과 내가 골드만삭스의 경영위원회에 있을 때 우리는 최고재무관리자였던 하이 와인버

그Hy Weinberg에게 회사가 마주한 리스크를 철저히 분석해 일이 심각하게 잘못되면 무슨 일이 일어날지 알 수 있도록 하라고 했다. — 예를 들어 만약 시장이 완전히 붕괴할 경우 — 그는 열심히 연구하더니 가끔은 놀라운 결과를 가지고 오기도 했다. 만약 극도의 테일 리스크가 트레이딩 포지션[5], 자기자본 투자[6] 등 넓은 범위에 걸쳐 동시에 현실로 일어난다면, 우리는 사업을 접어야 할 것이다.

결과적으로 이 연구의 유용성에는 한계가 있었다. 최악의 시나리오가 일어날 가능성은 매우 낮았지만, 사업이 잘되는 동안 그 가능성을 완전히 없앨 방법은 없다. 우리는 매우 작은, 하지만 '0'은 아닌 재앙 같은 리스크를 받아들여야만 한다.

하지만 우리는 이 연습을 통해 테일 리스크에 관한 폭넓은 질문에 집중하게 됐다. 하이 와인버그의 연구에 비추어 우리는 골드만삭스의 자금을 이용하는 투자 규칙을 강화하기로 했다. 심지어 만약 주어진 포지션에서 최대 X 정도의 손실이 발생하지 않을 것이라는 확신이 있어도, 가져갈 수 있는 포지션의 전체 크기는 여전히 제한적이다. 때문에 만약 손실이 예측했던 것보다 훨씬 더 크면 정말 고통스럽지만 그래도 견딜 수는 있을 것이다.

---

5   트레이딩 포지션: 단기 매매, 금리 주가 등의 가격변동에 따른 단기 매매 차익을 목적으로 하는 거래 포지션
6   자기자본 투자: 금융기관이 자기의 돈을 직접 주식과 채권, 부동산 등에 투자해 수익을 얻는 것

나는 이런 종류의 제한을 활용하기 전부터 제한이라는 것이 얼마나 중요한지 인지하고 있었다. 골드만삭스에서 리스크 아비트라지 부서를 운영하는 젊은 파트너였을 때, 아나콘다라는 구리 회사의 인수가 발표되었다. 월가는 이 회사가 확실히 넘어올 걸로 보고 있었다. 경쟁사의 비슷한 직무를 가진 사람도 아나콘다와 거래가 성사되면 주가는 크게 오를 것이라고 생각해 아나콘다의 포지션을 다량 확보했다. 그리고 우리가 그와 똑같이 하지 않는 것을 바보 같은 짓이라고 생각했다. 나 역시 그런 가능성이 매우 크다고 보았고 포지션을 크게 잡았지만 사실상 거래가 실패할 확률이 0퍼센트가 아니라는 관점에 근거해 약간의 제약을 두었다.

그런데 그 누구도 예상치 못했던 일이 벌어졌다. 거래가 성사되지 못한 것이다. 그리고 설상가상으로 아나콘다의 주식은 예상했던 수치보다 훨씬 더 하락했다. 우리는 돈을 잃었지만 그래도 감당할 수 있는 수준이었다. 하지만 나의 경쟁자는 직장을 잃고 말았다.

가드레일 같은 제한을 두는 방법은 어찌 보면 뻔한 선택처럼 들릴지도 모르겠다. 하지만 그건 대가를 치르는 일이다. 큰 손실을 입을 가능성이 이미 낮았지만 우리는 손실을 줄이기 위해 잠재적인 이익을 제한했다. 나는 그게 옳은 선택이었다고 믿는다. 큰 손실을 피하기 위해서는 기회비용을 지불할 가치가 충분하다. 그래도 만약 골드만삭스가 합리적인 사고방식으로 리스크를 내면화하지 않았다면 우리는 그런 선택을 내릴 수 없었을 것이다.

기회비용 지급하기 싫어하는 자세가 기관들이 리스크로부터 자신을 적절히 보호하지 못하는 유일한 이유는 아니다. 예를 들면, 2011년 골드만삭스에서 함께 일했던 동료였던 존 코자인Jon Corzine 은 선물중개업체이자 무역 회사인 MF 글로벌을 운영했다. 뉴저지에서 상원의원이자 주지사로도 일했던 이력에 더해 존은 출중한 실력과 경험을 갖춘 성공한 트레이딩 매니저였다. 그는 세계시장을 평가한 후, 유럽연합과 유럽중앙은행이 특정 유럽 국가들의 국가 부채에 대해 채무를 이행하지 않도록 놔둘 확률은 극히 낮다고 결론 냈다. 이에 따라 그는 과감한 투자를 감행했고 그 결과 손실 금액은 회사가 잃어서는 안 되는 규모였다.

돌아보면 나는 확률에 대한 그의 판단이 옳았다고 생각한다. 최악의 시나리오가 일어날 가능성은 작다. 하지만 '0'은 아니다. 유로존 국채는 당국의 초기 노력에도 불구하고 많은 이들의 예상보다 훨씬 더 큰 폭으로 떨어졌다.

채권은 결국 회복되었고, 만약 MF 글로벌이 폭풍을 버텨 낼 자본금을 가지고 있었다면 좋은 투자였을 것이다. 하지만 이 사건은 미국 역사상 가장 큰 파산 중 하나로 기록되고 말았다.

MF 글로벌이 리스크에 대한 의문점들을 모두 무시한 것이 실수가 아니었다. 낮은 확률을 '0'으로 반내림한 것이 실수였다. 결과와 잠재적인 상승 그리고 리스크에 대해 좀 더 철저히 계산했다면 회사의 손실을 낮추고 회생할 수 있었을 것이다.

이와 비슷하게 나는 개인 투자 포트폴리오를 만들 때도 리스크를 엄격하게 평가하려고 한다. 우선 사실상 소수의 전문 트레이더를 제외하고는 그 누구도 단기 시장에서 시장 행동을 계속해서 예측할 수 없다. 그리고 예측이 맞기를 기도하는 건 바보들의 게임이다. — 한 가지 내가 분노하는 경우는 저가 중개업자들이 소비자에게 주식 시장을 이길 수 있는 분석적인 시스템을 갖고 있다고 광고하는 것이다. 광고가 주장하는 것과 달리 '월가의 비밀' 같은 건 없다. 오로지 지식과 훈련만이 있을 뿐이다. 그리고 만약 누군가 그런 비밀을 정말로 알고 있다면 대중과 공유하고 싶지 않을 거라 확신한다.

예측의 불확실성

나는 잠재적인 개인 투자를 평가할 때 — 대개 개별 종목보다는 관리형 펀드에 관심을 둔다 — 언제나 분기별이 아니라 수년간에 걸쳐 어떤 일이 일어날 수 있을지 생각한다. 만약 내가 마켓이 중요한 리스크를 과소평가한다고 생각한다면 — 예를 들면, 주요 지정학적 갈등이나 인플레이션 급등 가능성이 가격에 반영되지 않는다면 — 시장에 대한 노출 정도는 어느 정도 조정할 테지만, 단기 시장 타이밍에 몰두하지는 않는다.

또한 단기 리스크든 장기 리스크든 내 판단이 옳은가의 여부는 어쩔 수 없이 매우 불확실하다. 내가 다른 사람의 예상을 평가할 때도 마찬가지다. 누군가 시장에 대해 의견을 제시하면 늘 이렇게 묻는다. "불확실성의 수준은 어느 정도라고 판단합니까?"

내 예측의 불확실성은 여러 형태로 발생할 수 있다. 첫째, 반대의 결과가 발생할 가능성을 잘못 계산할 수 있다. 많은 투자자가 그런 것처럼 미래가 반드시 과거와 비슷할 거라고 잘못 가정했을 때, 특히 상황이 상대적으로 안정되거나 장기간 좋았을 때 계산을 틀리는 경향이 있다. 그들은 결국 어쩌면 경제 상황의 전환 때문에, 혹은 단지 시장이 과잉 반응했기 때문에 세계가 변했음을 깨닫는다. 하지만 그때는 이미 늦다. 시장은 붕괴되었다.

둘째, 확률에 대한 내 계산이 맞아도 결과의 범위를 틀릴 수 있다.

셋째, 확률과 범위 모두 맞췄더라도, 단순히 운이 없어 가능성이 작은 일이 일어날 수 있다.

이런 불확실성도 배제할 수는 없다. 내가 할 수 있는 일은 이 불확실성을 고려하는 것이다. 만약 큰 액수의 돈을 잃을 가능성이 10퍼센트라면 그리고 내가 좋은 기댓값을 얻는다면, 이렇게 말할지도 모른다. "좋아. 하지만 그거 알아? 내가 틀릴 가능성도 커. 조금이 아니라 크단 말이지." 그래서 나는 적절히 가감할 것이다.

불확실성과 리스크에 대한 나의 견해는 내 전체 포트폴리오에서 가질 수 있는 예상 베타의 액수에 영향을 미친다. — '베타'란 시장의 성과와 포트폴리오의 성과 사이의 상관관계를 나타내는 용어다. 예를 들어, 시장이 1달러 하락한다고 가정해 보지. 만약 당신의 베타가 0.7이면 70센트를 잃을 것이다. 0.6이라면 60센트를 잃는 식이다. 나는 내가 돈을 잃을 가능성이 어느 정도 있다고 알 뿐 아니라 확률과 범위에 대한 내 판단이 정확하지 않을 수도 있다는 점 또한 인지하고 있다.

그러므로 나는 여전히 '알파' — 당신의 투자가 위험 조정 수익률에 대해 시장보다 얼마나 더 나은지를 보여 주는 척도 — 를 목표로하고 있지만, 내 베타는 많은 비슷한 투자자들의 베타보다 다소 낮다. 내가 리스크를 피하려고 하는 게 아니다. — 비록 그게 어느 정도맞을 때도 있지만 — 나는 대부분 투자자가 인지하는 것보다 결과에 대한 불확실성이 더 클 거라고 믿기 때문이다. 그리고 불확실성은 양면으로 작용할 수 있지만, 나는 부정적인 측면을 제한하고 싶다.

또한 나는 모든 투자 즉, 주식이든 부동산 매매든, 펀드든 간에 다운사이드 리스크[7]뿐 아니라 테일 리스크가 존재한다는 점을 고려하려고 한다. 어떤 이들은 주가가 하락할 수는 있어도 그 회사가 급격히 악화하거나 완전히 파산할 가능성은 없다는 가정하에 우량 기업에 투자할지도 모르겠다. 공정하게 말하면 그런 일이 일어날 가능성은 매우 작다. 하지만 그 가능성이 '0'은 아니다. 예를 들어, 많은 사

---

7   다운사이드 리스크: 하방 위험이라고도 한다. 주가가 내려갈 때 발생할 수
     있는 손실 위험을 뜻한다.

람이 제너럴일렉트릭이 미국의 최고의 기업이라고 생각해 투자했지만 2010년 지속해서 하락하는 걸 지켜보아야 했다.

일반적으로 테일 리스크를 포함한 모든 리스크는 투자를 다각화함으로써 완화할 수 있다는 견해가 있다. 분산 투자가 도움이 되는건 사실이다. 만약 내가 스무 개의 종목에 투자했는데 그중 한 곳의 성과가 좋지 않다면 크게 문제가 되지는 않을 것이다. 하지만 만약전반적인 주식 시장이 급격히 하락하고 상대적으로 빠르게 회복되지않으면, 분산 투자가 소용없을 수 있다. 그리고 자산군에 걸친 다각화도 맥을 못 출 수 있다. 정말 어려운 시장에서 서로 연관이 없어 보이는 듯한 자산군인 주식, 채권 및 상품, 부동산 같은 것들의 가격은모든 사람이 동시에 출구로 향하는 것과 상관관계가 있을 수 있다.

또 다른 일반적인 견해로는 시장이 성장세를 보일 때 테일 리스크를 제대로 인식해야 하지만, 큰 폭으로 하락할 때 매수하는 것은 언제나 좋은 기회라는 생각이 있다. 한번은 내가 일했던 한 기관에서펀드 투자에 관한 회의 중에 이 내용이 언급된 적이 있다. 우리는 회사가 시장의 심각한 하락에 어떻게 반응해야 할지를 두고 논의 중이었다. "만약 시장이 지속해서 큰 폭으로 하락한다면 우리에게 좋은상황이죠." 유능하고 경험이 많은 자산운용가이자 총책을 맡았던 사람이 말했다. "우리는 이 상황을 이용할 자금이 있으니 매수해야 합니다."

회의 참석자들 대부분은 이 접근법에 동의하는 듯했지만 내가 끼어들었다. 나는 내 전 파트너였던 밥 므누신Bob Mnuchin이 했던 말을 언급했다. "주가가 바닥을 칠 때 파는 사람들이 바보는 아니지요." 그가 의도했던 바는 그 누구도 바닥이 어디인지 또는 회복하는 데 얼마나 걸릴지 알 수 없다는 것이다. 심각한 시장 하락에는 분명한 이유가 있다. 시장이 악화될 수 있고 장기간 하락해 있을 가능성은 언제나 존재한다.

2차 세계대전 이후 만약 당신이 심각한 하락세일 때 매수했다면 시장은 결국 언제나 회복했기 때문에 결과가 늘 좋았을 거라는 건 사실이다. 그러니 문제의 회사가 장기 투자가이므로 그렇게 해야 한다고 말할 수 있다. 하지만 이 접근법을 옹호하는 사람들이 대체로 무시하는 리스크가 있다. 과거에 그 전략이 늘 통했다는 이유만으로 또 잘 될 거라는 뜻은 아니다. 어쩌면 마켓이 돌아오지 않을 시기가 올지도 모른다. 1989년 말, 일본의 주가지수인 닛케이 지수는 39,000에 가까웠다. 그리고는 붕괴되었고 30년 이상이 지난 지금도 완전히 회복되지 않았다. 미국에서 심각한 시장 하락 이후 이와 유사한 일이 일어날 가능성이 작다고 하더라도 완전히 배제할 수 있는 근거는 어디에도 없다.

내 요지는 이 회사가 다운턴[8]일 때 구매했는지 아닌지가 아니다. 내가 말하고자 하는 바는 매우 긴 회복 기간을 가질 가능성 또는 전

---

8   다운턴down turn: 하강 국면

혀 회복되지 않을 가능성이 '0' 이상이라는 것이다. 그 정보는 우리에게 추가될 익스포저[9]가 얼마나 있을지 알려줄 것이다.

리스크 내면화

밥 므누신의 요점을 깨닫게 되면 내가 개인 투자에 쓰는 접근법을 분명히 알 수 있다. 만약 시장 침체기에 주식 가격이 크게 내려간 것처럼 보인다면, 장기적인 기대 가치가 매우 좋을 것이라고 생각되는 곳에 현금을 투자할 수 있다. 하지만 대단히 조심스럽게 할 것이고 내 재정적 포지션에서 다른 이들이 하는 것보다 상당히 적은 정도만 할 것이다. 다시 말해, 하락이 심해지고 장기적으로 지속되는 경우의 더 큰 손실을 피하기 위해 잠재적 상승의 액수를 어느 정도 포기할 것이다.

이로써 나의 개인 투자 전략과 여러 동료의 전략에서 또 다른 큰 차이가 드러난다. 심지어 성장 시기에도 나는 자산의 큰 부분을 현금으로 소유하고 있어 대단한 수익을 기대할 수 없다. 또한 시장이 나빠도 대단한 손실을 볼 가능성이 없다. — 엄밀히 말하자면, 인플레이션이 충분히 오랫동안 지속된다면 현금도 중요한 가치를 잃을 수

---

9   익스포저exposure: 리스크에 노출되어 있는 금액. 위험노출금액이라고도 함

있지만, 손실은 인플레이션과 큰 하락이 '함께' 오는 것만큼 크지는 않을 것이다.

다시 말해, 나는 아무리 가능성이 작더라도 심각한 부작용이 발생할 수 있는 상황에서 손실을 줄이기 위해 기회비용을 지불하는 셈이다. 장기적으로 볼 때 내 방법이 나은지 어떤지는 모르겠다. 하지만 나는 이런 전략이 훨씬 편안하다. 나에게는 위험 감소라는 형태로 나타나는 이점이 비용보다 중요하다.

내 접근법이 유일하게 옳은 방법이라는 뜻은 아니다. 비즈니스와 금융계에는 대단히 존경스러운 판단력과 경험을 소유한 사람들이 많다. 이들은 내 것과 비슷한 포트폴리오의 마켓 익스포저를 늘려야 한다고 주장하고, 시장이 큰 폭으로 하락할 때 공격적으로 익스포저를 늘릴 것을 제안할 것이다. 이들은 지난 세기 동안 마켓 패턴을 보고 아무리 가능성이 작더라도 그런 패턴들을 예측할 수 없다는 가능성을 인정하지만 그럼에도 불구하고 기꺼이 감수할 리스크라고 결론 내릴 것이다.

그 어느 전략도 다른 전략보다 낫다고 할 수 없다. 또한 그 어떤 결정도 객관적으로 정확하다고 말하기 힘들다. 리스크에 대해 사람마다 편안함을 느끼고 정도가 다를지도 모르고 리스크의 범위나 판단과 부합하는 불확실성의 수준에 대한 생각이 다를지도 모른다. 하지만 그렇다고 해서 우리 중 누군가가 옳거나 그르다는 뜻은 아니다. 리스크의 확률론적 이해를 공유하고 철저히 규율을 따르는 한, 각각 다른 결론에 도달했다 하더라도 가능한 최고의 선택을 한 것이다.

다시 말해, 당신이 의사결정에 합리적인 접근을 한다면 그 결정은 충분히 한 가지 이상 나올 수 있다.

반면 합리적인 접근법을 취하지 못했다면 시간이 흐를수록 더 안 좋은 결과가 나올 것이다. 적은 돈이든 큰돈이든, 주식, 채권이나 다른 자산을 투자하든, 리스크를 범위로 내면화하고 리스크와 보상을 철저히 분석한다면 그건 옳은 결정이며 시간이 지날수록 더 잘하게 될 것이다.

개인 투자에서 통하는 사실은 기관이나 국가에도 똑같이 통한다. 리스크를 범위로 내면화하는 건 개인에게 필수일 뿐 아니라 기업들이나 정책 입안자들에게도 마찬가지다.

예를 들어, 재부무는 빌 클린턴 대통령에게 1995년 멕시코의 심각한 재정 위기, 1997년 동남아시아 및 한국의 위기, 그리고 1998년 러시아의 위기에 대처하기 위해 지원 프로그램을 추천해 달라고 했다. 우리는 모든 변수에 정확한 숫자를 넣지 못했지만, 추천 사항들을 철저히 확률적인 관점에서 생각했다. 내가 보기에 대통령은 이 문제를 해결하기 위한 대응과 결정을 똑같은 접근법으로 속속들이 생각한 거 같다. 대통령은 우리의 제안이 통하지 않을 리스크가 있는 걸 인지하고, 실행했을 때의 이점과 실행하지 않았을 때의 리스크를 저울질했다. 내가 보기에 대통령은 완벽하게 숫자를 계산할 수 없을 때조차도 그리고 모든 프로그램이 우리가 원했던 그대로 된 건 아닐지라도, 가각의 경우를 실행하기 위해 결론적으로 올바른 결정을 내렸다.

리스크에 이렇게 접근하는 방식은 오늘날 정책적 난관에 대한 대응책으로는 어떨까? 내가 20년도 더 전에 앨 고어 부통령의 사무실에서 논의했던 주제로 돌아가 보자. 바로 기후변화다.

앨 고어 전 부통령이 만약 우리가 행동에 나서지 않는다면 다가올 미래라고 예상했던 일들이 지금 현실로 일어나고 있다. 과학자들과 함께한 저녁 식사에서 행크 폴슨과 내가 잠시 내비쳤던 최악의 시나리오가 돌이켜 생각하면 팻 테일이었던 거 같다. 우려했던 대로, 절대로 일어날 거 같지 않은 시나리오가 이제는 새로운 베이스 케이스가 되었다. 허리케인 피해는 점점 더 심각해져 간다. 산불 기간은 점점 더 길어진다. 가뭄은 점점 더 심해지고 있다. 내가 어린 시절을 보낸 마이애미 해변의 해수면 상승은 종종 만조와 홍수를 일으킨다.

그러는 동안 톰 스테이어가 오래전 예상했던 기후 패턴의 변화로 인해 물 부족, 농작물 생산 지장, 거주 가능 지역 축소, 그리고 우리가 준비하지 못한 난민 위기가 발생했다. 그리고 이 모든 일은 사실상 높은 확률로 더 악화될 것이고 일부 분석가들은 이런 상황이 어느 시점에 이르면 전쟁으로 이어질 수도 있다는 의견을 제시한다.

더 많은 사람이 기후변화로 인한 위험을 인지하기 시작했다. 리스크를 과소평가하려는 공동 캠페인과 자금력이 뒷받침된 캠페인에도 불구하고 과학과 인간이 초래한 기후변화의 가시적인 영향을 계속해서 의심하는 고위급 간부들은 세계적으로 줄어드는 추세다.

그래도 미국이 기후변화를 설명하는 방식은 미국인과 미국 정치 시스템이 우리가 직면한 위험을 아직 온전히 받아들이지 못했다는 걸 시사한다. 비즈니스 그리고 투자에서와 마찬가지로 기후변화를 내면화했는지 알 수 있는 진정한 시험은 우리가 최악의 잠재적인 결과를 설명할 수 있는지가 아니다. 우리가 우리 자신을 기후 위기로부터 보호하기 위해 적절한 비용을 낼 의사가 있는지이다.

기후변화에 대비하려면 단기적이라도 반드시 사회에 순 비용이 든다는 의미는 아니다. 몇 년 전, 톰과 이에 관해 이야기할 기회가 있었다. 그는 모든 요소를 종합해 계산해 봤을 때 우리가 기후변화가 초래할 최악의 결과를 예방하고자 한다면 장단기적으로 새로운 산업을 개발하고 투자를 독려해 일자리를 창출할 것이며, 결국 우리의 경제를 성장시킬 거라고 했다. 분석가들 대부분은 이 관점에 동의하지 않지만, 만약 톰의 분석이 정확하다면 지구온난화에서 우리 자신을 지키는 쪽이 훨씬 더 명백한 정치적 선택이 될 것이다.

심지어 톰의 말이 틀리더라도 리스크를 대하는 우리의 접근법에서 중요한 질문은 우리가 비용을 '낼 건지 아닌지'가 아니다. 중요한 질문은 필요하다면 비용을 '기꺼이' 낼 마음이 있는가이다. 나는 패널로 얘기하거나 개인적인 대화를 나눌 때 의외로 많은 사람이 기후변화의 중요성을 인지하고 있다는 사실을 깨달았다. 하지만 기후변화에 대처하기 위한 의미 있는 거래를 받아들이려고 하지는 않았다.

그래서 이들은 종종 미루는 모습을 보인다. 이렇게 말하는 사람도 있을 것이다. "기후변화는 현실입니다. 하지만 경제가 부진하니까… 좀 기다려 보고 나중에 하지요." 이런 주장을 펼치는 사람은 기후변화 위기의 범위와 시급함을 내면화하지 못한 것이다.

좀 더 넓게 보면, 미국인에게서도 약간의 진보가 보인다. 2021년 10월 여론 조사에 따르면 미국인의 52퍼센트가 기후변화와 싸우기 위해 매달 1달러의 비용을 지불할 용의가 있다고 답했다. 하지만 매달 10달러를 지불하겠다는 미국인의 수는 35퍼센트로 하락했다. 일부 미국인에게 매년 120달러를 지불하는 건 큰 부담이기 때문에, 고소득층이 보다 많은 부담을 짊어져 기후변화를 완화하는 방법이 있다. 그러나 만약 기후변화의 기세가 계속해서 수그러들지 않는다면 납세자들이 내야 할 추가 비용은 재난 구호의 형태로만 미국인 한 명당 매월 10달러가 훨씬 넘을 거라는 사실에는 변함이 없다. 우리 대부분은 우리가 겪고 있는 리스크의 범위를 충분히 이해하고 있지 않다.

게다가 기후변화의 많은 대가는 수량화할 수 있거나 적어도 근사치를 낼 수 있으나 다른 부분은 그렇지 못하다. 경제학자들은 인간의 삶에 달러 가치를 부여하려는 방법으로 다양한 시도를 하고 있지만, 전쟁, 난민 위기 또는 기근을 피해서 보존한 생명에 어떻게 가격을 매길 수 있을까? 수량화하지 못하더라도 이런 비용은 어떤 식으로든 확률론적 분석에 포함되어야 한다.

베스트 케이스 시나리오 즉, 매우 불가능해 보이는 시나리오로 시작할 수 있다. 즉, 기후변화에 아무런 대책을 세우지 않아도 우리가 현재 예상하는 것보다 훨씬 덜 해를 끼칠 거라는 시나리오다. 그런 극적인 일이 일어날 가능성은 '0'이 아니다. 예를 들면, 대기 중 탄소 포획 및 제거를 경제적으로 감당할 수 있는 획기적인 기술이 개발될 수도 있다. 그리고 지구온난화가 그냥 현 상태로 유지되거나 반대로 좋아질 수도 있다. 만약 그런 일이 발생한다면 우리가 기후변화로부터 우리 자신을 보호하기 위해 취하는 추가 조치는 어떤 실질적인 이득 없이 비용만 발생시킬 수 있다.

하지만 기댓값 표의 반대편과 비교하면 이런 불필요한 비용은 아주 적을 것이다. 가장자리가 꽤 두툼해 일어날 가능성이 큰 테일 리스크가 실현된다면, '재앙'이라는 단어로도 표현하기 어려울 것이다. 가장 극단적이지만 그럼에도 존재하는 그 리스크는 우리의 삶을 끝낼 수 있는 기후변화이다.

확률론적으로 리스크의 전 범위를 조사하면 결론은 꽤 명확해진다. 필요하지 않을 때 행동에 나서는 비용은 필요할 때 행동에 나서지 않는 비용보다 훨씬 적다. 이것이 바로 앨 고어가 오래전에 "우리는 틀릴 여유가 없습니다"라고 말했던 이유다.

단지 기후변화뿐 아니라 핵 확산, 팬데믹, 기술 혁신과 세계화의 결과로 인한 대규모 경제 붕괴 등 거대한 위협으로 가득한 세상에서 우리는 리스크에 비효율적으로 접근할 여유가 없다. 이런 이유로 엘로우 노트를 사용하는 건 단지 도움이 되는 수준에 그치지 않는다. 나는 옐로우 노트가 복잡하고 변화하는 세상의 불확실성을 적절히 대처하는 유일한 방법이라고 믿는다.

리스크를 보는 일차원적인 단일 시각을 결과와 확률의 전 범위를 인지하는 시각으로 대체하는 것은 불안하게 느껴질 것이다. 하지만 불확실성을 인지하는 것은 불편하지만 절대적으로 필수적이다.

사실 지구에서의 삶의 미래가 여기에 달려 있을지도 모른다.

3장

긴박한 순간의
결정

.
.
.

"대단히 어려운 결정을 내리는 직책에 있는 사람이라면
누구든 훌륭한 판단 능력을 잃지 않고
자신감을 가질 수 있는 방법을 찾아야 한다."

클린턴 대통령의 첫 번째 임기가 시작되고 내가 국민경제위원회NEC 의장으로 임명된 지 얼마 안 된 시기, 웨스트 윙 사무실에 앉아 있던 나는 플로리다에서 날아온 편지 한 통을 받았다. 나는 보낸 사람의 이름을 즉각 알아볼 수 있었다. 도로시 콜린스 선생님이었다.

콜린스 선생님은 이렇게 적었다. "혹시 노스비치 초등학교 4학년 때 내가 담임을 맡았던 로비 루빈이 맞나요?"

어떤 면에서 그 질문에 대한 대답은 매우 간단했다. 네, 맞습니다. 나는 선생님을 똑똑히 기억한다. 그분은 대단히 뛰어난 스승이셨다. 나는 이런저런 사연을 적어 답장을 보냈고 선생님이 1년 정도 후 돌아가시기 전까지 가끔 편지를 왕래했다.

다른 한편으로 콜린스 선생님의 이 질문은 예, 아니오를 묻는 단순한 질문보다 훨씬 깊이 있었다. 1947년 선생님이 가르치시던 4학년 교실에 앉아 있을 때, 내 인생은 어떤 방향으로든 흘러갈 수 있었다. 하지만 지금처럼 흘러올 가능성은 정말이지 매우 적었다.

내가 겪은 경험, 같이 일한 사람들, 맡았던 여러 직책을 통해 인생을 돌아보니, 콜린스 선생님이 던진 질문의 다른 버전을 깊이 묵상하게 되었다. 초등학교 4학년짜리의 앞에 펼쳐진 수많은 인생의 길 중, 나의 인생은 왜 이 길로 뻗어 왔을까?

좀 다르게 표현하자면 나는 어떻게 이 자리에 오게 되었을까?

인생의 여러 지점에서 나에게 이런 비슷한 질문을 던지는 사람들이 많았다. 왜 그런지는 잘 알고 있다. 나는 자라면서는 예상조차 하지 못한 다양한 경험을 해왔고 이런 식의 인생을 살거나 이토록 다양한 직책을 맡을 확률은 굉장히 낮았다. 그러니 사람들도 어떻게 그게 가능했는지 궁금하리라.

하지만 나는 선천적으로 성공의 청사진이라고 주장하는 안내서는 무엇이든 경계하는 편이다. 사실 객관적이고 보편적인 의미에서 '성공'이라는 개념을 경계한다고 해야겠다. 소위 성공한 사람들을 떠올린다면, "외부적 기준으로 성공"했다는 표현을 더 선호한다. 사소한 차이 같지만 내가 중요하다고 생각하는 점이 바로 그것이다.

나는 내가 어떻게 또는 왜 외부적인 기준으로 성공했는지 정확히 알지 못한다. 다른 사람들이 어떻게 성공했는지 정확히 안다고도 말하지 않겠다. 하지만 내가 아는 대단한 성공을 이룬 사람들이 일련의 공통적 특징을 갖고 있다는 것은 확실히 말할 수 있다.

외부적 기준으로 성공한 사람 중 한 명은 버논 조단Vernon Jordan이다. 그는 선구적인 변호사이자 민권 지도자, 정치 고문이자 나중에는 비즈니스 분야의 저명한 인사였다. 2021년 사망하기 몇 년 전 우리는 버논이 일종의 원로 고문을 맡았던 투자 은행인 라자드Lazard의 미국 본사 식당에서 점심을 먹었다.

식당은 록펠러 가족의 옛 사무실과 멀지 않은 뉴욕의 록펠러 플라자의 꼭대기 층인 30층에 있었다. 이 식당은 쭉 뻗은 맨해튼을 아래로 내려다보며 마치 하늘에 닿은 듯한 기분이 들도록 디자인되어 있었다. 내가 버논에게 말했다. "있잖아요. 제가 마이애미 비치에서 꼬마였을 때 이런 곳에 있게 될 거라곤 상상도 못 했어요."

그랬더니 버논이 이렇게 답했다. "저는 언제나 내가 여기에 있으리라고 생각했답니다."

콜린스 선생님의 질문 ─ 어떻게 이 자리에 있게 되었는지 ─ 에 대한 버논의 대답은 '운명'과 같은 무언가였다. 버논은 격리된 남부[1]에서 자라 커리어 초기에 엄청난 역경을 겪었을 뿐 아니라, 1980년에는 백인 우월주의자에 의한 암살 시도에서 살아남기까지 했다. 하지만 이 모든 일에도 불구하고 여러 가지 이유로 그는 자신이 늘 위대한 인물이 될 거라고 느꼈을 것이다.

---

1   격리된 남부The segregated South: 백인들이 흑인을 차별하기 위해 모든 공공 시설과 지역을 따로 분리해서 사용했다.

나는 그런 느낌이 어떤 건지 정말 모르겠다. 온 우주가 나서서 나를 도와야 한다는 말은 아니다. 단지 우주가 나에게 어떤 식으로든 근본적인 관심이 있다고 느껴보지 않았을 뿐이다. 어린 시절을 되돌아봐도 내가 지금껏 살아온 인생을 살도록 운명지어졌다는 증거가 있는 것도 아니다. 초등학교 처음 몇 년은 좀 느린 편이었고 부모님이 주변에 안 보일 때마다 불안해하는 편이었다. 한 번도 누구랑 싸워 본 적은 없지만, 둥글둥글 쉬운 아이는 아니었다. 당시에는 의사들이 왕진을 다녔는데, 아주 어릴 적 한번은 학교에 가기 싫어서 아픈 척을 했다. 그런데 의사가 와서는 내가 어디가 아픈지 알아내려고 해서 그에게 다짜고짜 감자를 집어 던진 적도 있다. 3학년 말, 가족이 뉴욕에서 마이애미로 이사 왔을 때 나는 이미 꽤 학업적으로 꽤 뒤처져 있었다.

4, 5학년 때는 콜린스 선생님의 도움으로 또래 아이들과 비슷한 수준이 되었고, 감자나 던지던 시절은 뒤로하게 되었다. 그래도 여전히 눈에 띄는 아이는 아니었다. 고등학교 시절 점수는 좋았지만, 반에서 최상위권에 드는 건 아니었다. 인기 있던 친구들과 친하게 지냈지만, 그 무리 중 하나는 결코 아니었다.

하버드 대학에 입학하고 나서도 지금까지 내가 맡았던 직책을 내가 맡게 되리라고는 아마 그 누구도 예상하지 않았을 것이다. 나는 하버드 대학의 학업 수준을 따라갈 수 없다는 걸 뼈저리게 느꼈고 내 지원서가 받아들여져 솔직히 꽤 놀랐다. 수십 년 후, 대학 이사회의 일원으로 하버드 대학의 입학처장이었던 내 친구 빌 피츠시몬스Bill Fitzsimmons에게 그때 꽤 의외였다는 이야기를 했다. 빌은 오래된 파일을 뒤져 내 지원서를 찾아냈다. 그리고 쭉 훑어보더니 "참, 그렇긴 그렇네"라고 했다. ─ 나는 그에게 내 입학을 취소하지 않겠다는 약속을 받아냈다.

나는 근사한 경험으로 가득한 인생을 살았다고 생각한다. 하지만 처음 20년간은 그런 조짐이 전혀 보이지 않았다.

또한 어린 시절부터 내가 대단한 야망으로 들끓었던 것도 아니다. 아마도 이 점이 버논 같은 사람들과 나의 차이점일 것이다. 4학년 때 내 목표는 5학년이 되는 것이었다. 대학생이었을 때는 친구들과 잘 지내고 졸업을 하는 것이었다.

대학 졸업 후 진로를 생각할 때조차도 뚜렷이 생각해 둔 건 전혀 없을 정도였다. 하버드 로스쿨에 지원하긴 했지만, 그것도 그저 그렇게 하는 게 현명한 것처럼 보여서였다. 하지만 막상 합격하고 법학과 학생으로 학교로 돌아오자 주변 사람들은 나와 달리 법에 관한 책을 구입하고 법에 관해 대화하며 남다른 집중력을 불태웠다. 그들이 어찌나 스트레스에 짓눌려 보였는지 나는 공부하고 싶은 생각이 싹 사라졌다. 그래서 법대에 들어간 지 겨우 3일 후, 나는 부모님에게 전화를 걸어 "휴학하고 1년 쉴래요"라고 했다. 놀랍게도 부모님은 지지를 표해 주셨고 나는 비학위 과정으로 영국 런던 정경대학교에 갔다.

런던에 있는 동안 다음 해에는 로스쿨에 재등록하겠다고 다짐했다. — 비록 다양한 이유로 하버드에 재입학했음에도 불구하고 나는 예일로 가기로 결정했다. — 그래도 누군가 내가 맡았던 직책을 목표로 하는 사람이라면 단지 생각할 시간이 좀 필요하다는 이유로 하버드 로스쿨을 떠나지는 않을 것이다. 특히 1960년대라면 정말 그랬다. 사실 그 당시에는 학교를 그만두는 것이 굉장히 이례적인 일이라 하버드 로스쿨 입학처장은 나에게 정신과 의사를 만나 내 생각을 충분히 설명할 수 있어야만 다시 받아주는 걸 고려하겠다고 말했다. — 정신과 의사에 따르면 나의 결정은 완벽히 정상이며 의사와 상담해야 하는 사람이 있다면 입학처장이라고 나를 안심시켰다.

나는 누군가 버논이 상상했던 방식으로 인생을 상상한다고 해도 무슨 문제가 있다고 생각하지 않는다. 그런 사고방식은 사실 많은 사람이 목표를 성취하는 데 도움이 될 거라 짐작한다. 하지만 나의 인생에 관해서라면 운명적인 무언가라든가 개인적인 목표 같은 게 아닌 다른 무언가가 작용했다.

내 커리어를 형성한 하나의 요소는 간단히 설명할 수 있다. 그건 바로 운이다. 내 경험에 많은 이들이 좋든 나쁘든 운이 인생에 개입한다는 것을 인정하지 않는 듯하다. 내가 당신에게 외부적 기준으로 매우 성공한 인물 50명의 명단을 주고, 당신이 그들에게 "당신의 인생에서 운이 얼마나 중요했나요?"라고 묻는다면 대다수는 아마도 운을 과소평가할 것이다.

나는 그들이 '그저 운이 좋았다고' 주장하려는 게 결코 아니다. 대신 그들의 인생의 궤도가 우수한 업적 하나만으로는 설명될 수 없다고 주장하는 것이다.

우선 매우 성공한 사람이라고 여겨지는 사람은 분명 최악의 많은 불운을 피해 왔을 것이다. 내 나이대의 뛰어난 능력을 자랑하는 사람들이 질병이나 사고로 커리어나 심지어는 생명이 단축된 경우를 많이 보았다. 다른 경우 능력이 뛰어난 사람들은 경기 침체나 정치 풍토의 변화 같은 그들이 통제할 수 없는, 덜 극단적이긴 하지만 그래도 여전히 피해를 주는 불행을 겪었다.

더 넓은 의미의 운으로 눈여겨봐야 할 것은 가장 치명적인 형태의 사회적 불평등과 차별의 대상인지 아닌지이다. 나는 상대적으로 좋은 환경에서 태어났다. 부모님 모두 대학 졸업자였고 가족도 부유한 편이었다. 나는 백인에다 남성이어서 인종차별이나 성차별의 대상이 아니었다. 유대인이고 반유대주의는 여전한 현실이지만 수십 년 전과 비교하면 내 직장 생활에 영향을 미쳤다고는 할 수 없다. ― 아버지가 로스쿨을 졸업했을 때 대부분 로펌은 유대인을 고용하지 않았다. 내가 로스쿨을 졸업할 때가 되자 그런 회사는 더는 없었다.

내가 운이 좋아서 생긴 일은 또 있다. 투자 은행의 범위와 중요성이 급격히 늘던 시기에 입사할 수 있는 행운을 누렸고 금융업에 진입하려고 했을 때 마침 골드만삭스의 아비트라지 부서에서 구인 중이던 것도 행운이었다. 재정거래는 회사에 중요한 수익을 담당하는 부서였지만 직원은 몇 명 없었기 때문에 나는 입사한 지 불과 몇 년 만에, 전임자가 비영리 기관으로 옮겨 퇴시히지 부서에서 가장 높은 선임 비파트너가 되었다. 내가 만약 다른 부서에 들어갔더라면 그런 일은 절대 일어나지 않았을 것이다.

어떤 이들은 운을 인정하면 성공하는 데 쏟은 자신의 재능과 직업윤리가 감소된다고 느끼기 때문에 운의 중요성을 받아들이기 싫어하는 것 같다. 하지만 나는 그렇게 생각하지 않는다. 운의 역할에 대해 솔직히 인정한다고 해도 운은 그 누구에게서 그 무엇도 앗아가지 않는다고 생각한다. 나는 오히려 행운이 사람들에게 감사하는 마음 그리고 더 중요한 건 겸손함을 심어주는 데 도움이 된다고 믿는다. 골드만삭스의 故 존 L. 와인버그John L. Weinberge 수석 파트너는 이런 말을 남겼다. "어떤 이는 성장하고 어떤 이는 뽐내기 바쁘다." 자신의 운을 인정하는 것은 자랑 대신 성장에 도움이 된다.

행동을 지배하는 생각

동시에 운은 한 사람의 인생 궤도의 일부만을 설명할 수 있다. 다양한 요소들이 개입하기 때문이다. 이런 요소들을 일일이 설명할 방법은 없지만 나는 '생각하는 방식'이라는 단어를 자주 사용한다. 누군가가 나에게 왜 그런 특정 방식으로 생각했는지 물을 때 가끔 이렇게 대답한다. "제가 원래 그런 식으로 생각하나 봅니다."

나는 사회생활을 하면서 이루고자 하는 게 무엇이든 그걸 훨씬 더 어렵게 하는 방식으로 복잡하게 생각하는 사람들을 보았다. 이유가 무엇이든 사고방식이 그들을 약하게 만드는 것이다. 사람들은 자신만의 방식으로 일하거나 다른 사람들과 잘 어울리지 못하거나 너무 공격적으로 행동하거나 압박감을 잘 감당하지 못하기도 한다. 또는 커리어가 정체되거나 그냥 흐지부지되기도 한다. 또한 여러 종류의 위기에 잘 대처하며 성공하게 하는 사고방식을 가진 사람들도 만나왔다.

또한 딱히 긍정적이거나 부정적이지는 않지만 그럼에도 한 사람의 인생 여정을 결정하는 데 도움이 되는 사고방식도 있다. 예를 들면, 내가 다르게 사고했다면 민주당 전당대회에서 양복과 넥타이를 매고 허리 깊이의 수영장에 서 있게 되었을 때의 방식으로 반응하지 않았을 것이다.

이는 2012년 노스캐롤라이나 샬럿에서 있었던 일이다. 뉴욕에서 비행기를 탔는데 승객들이 전부 전당대회에 참석하는 듯했다. 그중에서 나는 친구인 제인 하틀리 Jane Hartley를 우연히 만나게 되었다. 제인은 여성 사업가로 나중에 프랑스 대사에 이어 영국 대사를 지냈다.

제인이 나에게 제안을 했다. "밤에 리츠칼튼 호텔의 수영장 풀룸에서 파티가 있어요. 꼭 오세요."

나는 샬럿에 도착하고 얼마 지나지 않아 파티에 도착했다. 그런데 사람들이 다들 방의 구석에만 옹기종기 모여 있고 가운데 있던 반짝

이는 푸른빛 바닥에는 아무도 서 있지 않아 놀랐다. 대화를 나누던 중, 공간을 여유롭게 쓰고 싶어서 나는 푸른 바닥에 무심코 발을 디뎠다. 다른 분수나 물이 흐르는 '풀룸'에는 가보았지만, 이 풀룸에는 진짜 수영장이 있는 게 아닌가.

당혹스러울 거라 생각하는 사람들도 있었겠지만 나는 그저 "저런, 옷이 젖었네"하는 생각만 들었다. 나는 수영장에서 나와 하던 대화를 마저 이어 갔다. 다행히도 누군가 친절하게도 내 호텔에서 갈아입을 옷을 가져다주었지만 거의 한 시간 동안은 물이 뚝뚝 흐르는 양복을 입고 레드 와인 잔을 들고 친구와 지인들과 경제 정책과 정치에 관해 대화를 나누었다.

나는 앞서 밥 므누신이 주식 시장이 바닥일 때 매도하는 사람이 바보는 아니라는 말을 했다고 적었다. 밥은 우리는 모두 세 명의 모습을 가진 사람이라는 말도 한 적이 있다. 다른 사람이 보는 우리, 우리가 보는 우리, 우리의 진짜 모습. 결과적으로 나는 내가 부끄러워하며 파티를 떠나는 대신 왜 계속해서 파티를 즐겼는지 객관적으로 말할 수 없다. 그리고 이 사소한 하나의 경험에서 사실인 것은 더 크고 중요한 경험에도 사실이다. 단언컨대 나는 내가 왜 지금의 이 모습이 되었는지 대답하지 못하겠다. 나는 그저 내 관점만을 제공할 뿐이다.

그래도 나는 살아오면서 인생에 대해 생각하며 많은 시간을 보냈다. 내 사고방식을 나도 완벽히 이해하지 못할지도 모르지만, 운 이

외의 여러 요소에 대한 통찰이 생겼다고 생각한다. 그것이 중요한 역할을 했고 콜린스 선생님의 질문에 답하는 데 도움이 될 것이다.

그런 요소 중 하나가 맹렬함이다. 이것은 한 사람의 장기적인 목표를 상세히 계획한다는 의미가 아니다. 앞서 말했듯, 나는 내가 5년, 10년, 20년 후에 무엇을 이룰 것인지 정확하게 계획하는 사람이 결코 아니었다. 나는 내 인생에 꽤 광범위한 직업 목표를 갖고 있었다. 즉, 나는 내가 재정에서 성공하고 싶다는 걸 알고 있었다. 가능하다면 정치에 관여하고 싶다는 걸 알고 있었다. 하지만 골드만삭스의 수석 파트너라든지 재무장관이 되고 싶다는 목표는 한 번도 세우지 않았다.

내가 말하는 맹렬함은 출세 사다리를 오르는 것이 아니다. 대신 내가 하는 일이 무엇이든 그 일을 성취하는 것이다. 내 인생에서 나는 여러 방식으로 높은 성과를 이룬 사람들과 많이 일했지만 이런 종류의 맹렬함은 거의 모든 이가 가진 특징이다. 한번은 행크 폴슨과 낚시 여행을 갔다. 어느 날 저녁 그가 문득 다음 날 아침 6시에 나갈 계획이라고 했다.

내가 물었다. "6시요? 나는 7시 전에는 침대에서 나오지도 않는데. 왜 6시에 가려고 해요?"

그는 무심히 답했다. "해가 뜰 때 강에 가고 싶어서요. 그래야 고기를 많이 잡죠."

행크는 꽤 느긋한 사람이지만 하고자 하는 일이 있다면 정말 집요하게 달려들었다. 골드만삭스에서 행크는 자신과 일하는데 그다지 관심이 없는 고객이 있다면 결단이 날 때까지 계속해서 고객에게 전화를 돌렸다. 그는 전심으로 자신의 목표를 좇았다.

행크와 갔던 낚시 여행에서 나는 알람을 7시에 맞췄고 행크보다는 덜 열정을 불태웠던 거 같다. 하지만 뒤돌아보니 나 역시 당면한 과제에 매우 열정적인 태도로 달려들었다고 생각한다. 골드만삭스에서 처음 일하기 시작했을 때 나는 파트너가 될 거라고 예상하지 않았다. 하지만 매일 내가 해야 할 일이 있었고 할 수 있는 최선을 다해 처리하려고 했다. 또한 딱히 내게 주어진 업무가 아닌 일에도 참여했다. 내 부서가 하는 일은 아니지만 필요하다면 기꺼이 힘을 보태려고 노력했다. 내가 했던 업무마다 성공적으로 해낸 건 아닌지 몰라도 나는 내가 가진 모든 옵션을 다 소진하기 전까지는 포기하지 않는 편이었다. 행크처럼 목표를 달성하거나 달성하지 못할 때까지 돌진했다.

전심전력으로 일하는 자세는 사람들이 성취할 수 있는 것에는 집중하게 하고, 성취할 수 없는 것에는 방해받지 않도록 하므로 큰 스트레스나 혼란의 시기에 특히 중요하다. 나는 미국 저소득 지역의 발전을 위해 연방 세액 공제, 정부 프로그램, 주요 기업, 재단 같은 곳으로부터 지원을 받아 2021년 한 해만 27억 달러 이상의 자금을 제공한 비영리기관인 지역이니셔티브지원조합Local Initiatives Support Corporation의 이사회 의장을 오랫동안 맡았다. 2020년, 수많은 비영리단체들과 마찬가지로 LISC는 두 번의 위기를 맞았다. 코비드-19 팬

최고의 결정

데믹과 조지 플로이드George Floyd의 살해 사건의 여파로 오래전에 행해졌어야 할 인종적 평가racial reckoning라는 위기였다.

LISC가 새로운 도전에 압도되지 않도록 하는 건 쉽지 않았을 것이다. 조직의 목표를 새로운 상황에 맞게 확대하지 못했을 수도 있었고, 조직의 기존 역량을 넘어서는 무리한 확장으로 지칠 수도 있었다. 하지만 당시 CEO였던 모리스 존스Maurice Jones는 새로운 파트너를 찾고 LISC의 노력 범위를 확장할 기회를 인지하면서도 핵심 임무에 집중하는 뛰어난 업무 성과를 보였다. 스트레스가 대단히 많던 시기에 모리스가 LISC에서 보인 뛰어난 집중력 덕에 조직은 핵심 업무를 유지하면서도 새롭고 다양한 프로그램을 시작할 수 있었다.

훌륭한 경력을 쌓아 온 거의 모든 사람에게서 찾을 수 있는 또 다른 특징은 멘탈이 강하다는 것이다. 엄청난 결정을 내려야 하는 사람은 인생의 좋은 일과 나쁜 일을 견딜 수 있어야 한다. 이는 침착하다거나 차분하다거나 냉정한 것과는 다르다. 예를 들어, 내가 골드만삭스에 발을 들여 놓았을 때 회사를 운영하던 거스 레비Gus Levy는 차분함과는 정반대의 사람이었다. 그는 압박감이 쌓이면 직원들을 비난하고 사무실을 온통 휘저어 놓았다. 하지만 레비는 혼란스러운 순간조차도 어떤 식으로든 훌륭한 결정을 내리는 능력을 유지할 수 있었다. 그는 차분하지 않았을지는 몰라도 냉철하게 대처할 수 있는 사람이었다.

멘탈은 어느 정도 단련할 수 있다. 중요한 결정을 내리고 나면 어떤 식으로든 일은 진행이 되기 마련이고, 다음에 또 결정을 내릴 때는 더 수월해질 것이다. 하지만 단순한 반복만으로는 누가 침착함을 유지할 수 있는지 알 수 없다. 나는 낚시할 때 늘 이런 문제의 간단한 버전을 경험한다. 어렸을 때 스핀 낚시에서 미끼를 던지는 것은 매우 단순한 과정이었다. 하지만 플라이 낚시에서 낚싯줄을 던지는 것은 예술의 한 형태이다. 잘하기란 매우 어렵고 매번 성공하기란 불가능하다. 언제 던져야 할지 연습에 연습을 거듭해 꽤 잘하게 되는 사람들도 있긴 하다. 하지만 그래도 실제로 물고기를 보면 신경이 예민해지고 자세는 흐트러진다.

그런 점에서, 아무리 연습해 봐야 완벽해질 수 없다. 현실적으로 스트레스와 압박감을 받으면 신경을 다른 데로 돌릴 방법을 마련해야 한다.

어떤 사람에게는 힘든 상황에서 의사결정 능력을 유지하는 메커니즘은 자신감이다. 래리 서머스와 나는 이를 농구의 상황에 대입해 토론했었다. ─ 나는 닉스의 골수팬이고 그 점이 이성적인 사고에 관해 내가 설교하는 바를 내가 늘 실천하지는 못한다는 증거일 수 있다. ─ 래리는 프로 농구 선수들에게 비이성적인 낙관적 감각이 필요하다고 했다. 만약 마지막 샷이 들어가지 않아도 다음에는 들어갈 거라고 믿어야만 한다는 것이다.

나는 반박했다. "그럴 수도 있어요. 하지만 그래도 판단해서 해야죠. 안 그러면 공을 잡을 때마다 슛을 쏜다고요."

최고의 결정

대단히 어려운 결정을 내리는 직책에 있는 사람이라면 누구든 훌륭한 판단 능력을 잃지 않고 자신감을 가질 수 있는 방법을 찾아야 한다. 즉, 슛을 던지기 전에 득점 확률이 높은지 파악하고, 만약 실패하더라도 다음 샷은 들어갈 거라는 긍정적인 마음을 유지해야 한다.

실패 가능성을 인정하기

긴박한 순간 침착함을 유지하는 나만의 방법 중 하나는 일이 잘못될 수도 있다는 가능성을 인지하면서도 최고의 결정에 도달하기 위해 최선을 다하는 것이다. 아비트라지 부서에서 중책을 맡고 회장에게 행동 방침을 제안하거나 이사회나 고위급 관리들에게 의견을 전달할 때 나의 태도는 대략 이렇게 요약할 수 있다. "이 판단이 옳을 가능성도 있습니다. 하지만 보장은 못 합니다. 가능성을 잘못 판단했을 수 있고, 심지어 정확히 예측했더라도 안 좋은 일이 실제로 일어날 수도 있습니다."

만약 나 스스로나 타인에게 더 확신을 주려고 했다면 이렇게만 말하면 될 것이다. "이런 일은 많이 해봤습니다. 이 방법이 늘 통했어요. 그렇다고 다음번에도 되리라는 의미는 아니지만 그렇게 될 거라는 자신감은 높일 수 있습니다."

실패할 수도 있다는 사실을 분명하게 인정하는 게 누구에게나 위안이 되지 않을 지는 몰라도 나에게는 통했다. 나는 언제나 결과가 성공적이지 않을 수도 있다는 점을 인식하면서도 내 결정에 근본적인 자신감은 느낄 수 있었다.

비록 안타깝게도 이건 볼 핸들링과 3점 숏 거리와 전혀 상관이 없지만 내가 생각하는 방식이 프로 농구 선수들과 비슷하다고 생각하는 점이 또 있다. 즉, 자신의 분야에서 높은 수준의 책임을 져야 하는 위치에 오른 사람들이 그렇듯, 나도 잘못된 일에 연연하지 않는 편이다. 닉스 선수가 농구 코트에서 샷을 넣지 못했을 때 그저 손뼉을 탁탁 치고 넘어가는 것처럼 말이다.

이 능력은 누구에게나 중요하지만, 리더십을 발휘해야 하는 자리에 있는 사람에게 특히 중요하다. 그 조직에 있는 모든 사람이 리더가 느끼는 감정에 영향을 받기 때문이다. 예를 들어, 1992년 예비 선거 운동을 실망스럽게 시작한 후 랠리를 벌여 '컴백 키드'로 널리 알려지게 된 빌 클린턴 대통령은 개인적이든 정치적이든 위기를 재빨리 넘는 데 특히 능한 사람이었다. 그 덕분에 전체 행정부의 분위기를 정할 수 있었고 그래서 대통령의 목표를 더 이루기 쉬워졌다고 생각한다.

계속해서 앞으로 나아갈 수 있는 능력은 나의 삶에도 꽤 도움이 되었다. 내가 골드만삭스의 아비트라지 부서에서 확률에 근거한 중대한 결정을 자주 내렸을 때 결과가 안 좋게 나왔던 적도 물론 있다. 결과가 기대에 미치지 못했을 때는 신중하고 비판적으로 생각하려고 했다. 다른 방법으로 접근해야 했나? 이런 결과를 피할 방법이 있었을까? 하지만 그러고 나서는 그냥 넘어갔다. 그 문제에 집착하지 않았다. 긍정적인 결과가 나왔을 때도 마찬가지였다. 일이 잘 풀려도 감정에 쏠려가지 않았다.

중요한 결정을 반복해서 내려야 한다면, 이런 식의 태도가 필요하다고 본다. 실수에서 배워야 하지만 집착할 필요는 없다. 손뼉을 탁탁 치고는 "그래, 이미 지나간 일이니까. 다시 시작하자"라고 하는 것이다. 성공도 마찬가지다. 과신하거나 이미 성취한 일에 안주하면 곤란하다. 인생을 살아오면서 늘 최선의 결정을 내리려고 애를 써왔다. 그중 일부는 내가 원했던 대로 됐고 어떤 건 그렇지 않았다. 결과에 상관없이 언제나 무엇이 잘됐고 잘못됐는지 점검하려고 했다. 미래에 대비할 교훈을 얻을 수 있기 때문이다. 하지만 그리고는 다음 과제와 다음 결정으로 넘어갔다.

멘탈력의 또 다른 요소는 비난, 특히 공공의 비난을 견뎌 내는 능력이다. 언론의 자유는 민주주의에 필수적이고 공인이 언론에서 비판받을 때는 비평가들의 말에 일리가 있다. 하지만 미디어는 너무 선정적일 때가 있고 지나치게 단순화하기도 한다. 대중의 비판은 사람들이 일하는 능력을 약화할 수 있으며 어쩌면 비난을 받는 거의 모든 사람은 힘들어할지도 모른다.

하지만 효율적인 의사결정자는 비난 받았다고 해서 자신의 노력이 헛되게 두지 않는다. 예를 들어, 대공황 시기에 재무장관이었던 팀 가이트너Tim Geithner가 우파와 좌파, 모두가 비난하는 금융 시스템을 지원하기 위해 인기 없는 정책을 계속 추진하면서도 차분함을 유지한 방식은 언제나 존경스럽다. 때로는 부정적인 관심이 팀 가이트너를 괴롭혔을 거라 확신하지만 그는 자신의 판단력을 흩트리지 않았고 결국 그 덕분에 시장은 안정되었고 대공황은 악화되지 않았을 뿐 아니라 경제 회복을 촉진할 수 있었다.

크게 성공한 사람들의 또 다른 공통점은 업무를 해내는 능력이다. 우리는 모두 많은 일을 해내거나 해내지 못할 때가 있으니 두리뭉실한 말로 들릴 수도 있다. 게다가 정의상 무언가를 성취한 사람들은 일을 해낸 사람들이니 불필요한 말 같기도 하다. 하지만 이런 특징을 가진 많은 이들과 일해 본 결과 나는 이 점을 무심히 넘길 수 없다고 생각한다. 어떤 아이디어를 현실화하는 메커니즘에 대한 감각이 있고 다른 이들은 할 수 없는 방식으로 그 아이디어를 효과적으로 발전시키는 능력이 있는 것이다.

남다른 능력으로 업무를 처리하는 인물 중 최고의 예시는 전 재무부 비서실장 실비아 매슈스Sylvia Mathews다. 우리의 목표나 제안이 무엇이든 실비아는 우리가 그것을 이룰 수 있는 다양한 방법을 알고 있었다. 실비아는 일을 진행하기 위해서 우리가 누구와 대화해야 하는지 누구의 의견이 영향력을 가질지, 그리고 어떤 순서로 진행해야 하는지에 대한 직감이 있었다. 그리고 그 타고난 이해력은 우리가 함께 일할 때뿐 아니라 실비아가 클린턴 백악관에서 다른 고위직을 맡았을 때도 유용했고, 이후 예산관리국 국장, 버락 오바마 대통령 시기 보건복지부 장관이 되었을 때도 마찬가지였다.

내 커리어 방향을 결정했던 또 하나의 특징은 내가 '왕성한 호기심'이라고 부르는 것이다. 어느 정도 호기심은 누구에게나 있지만, 내가 누군가에게 왕성한 호기심이 있다고 하는 건 다른 의미다.

왕성한 호기심의 뚜렷한 특징 중 하나는 의심하는 자세다. 내 생각에 사람들은 대체로 사물을 액면 그대로 받아들이는 경향이 있다. 나는 그렇지 않다. 내 본능은 깊은 속을 들여다보는 것이다. 로스쿨에서 회계학 수업을 들을 때 교수님은 회계학의 기본 원리를 가르쳐 주셨지만, 내가 얻은 가장 중요한 것은 숫자가 실제로 무엇을 뜻하는지, 무슨 일이 일어나고 있는지를 파악하는 법이었다. 거스 레비는 골드만삭스를 운영할 때, 무엇이든 의심하는 태도를 회사의 문화로 심었고 주변 사람들에게 종종 "그 어떤 것도 가정하지 말라"고 상기했다.

어떤 주제에 건설적인 회의주의로 접근하는 것은 비즈니스를 처리할 때만이 아니라 한 사람의 인생에도 좋다. 무엇이든 자세히 살피고 어떤 질문을 해야 할지 생각해 보라. 실제로 무슨 일이 벌어지고 있는 건지 탐색해 보라. 더 나은 결정을 내리게 되고 세상을 더 깊이 이해하게 될 것이다.

왕성한 호기심은 수동적이기보다는 능동적이다. 질문을 던지는 사람은 많지만, 호기심이 왕성한 사람은 질문을 집요하게 '좇는다'.

만약 해답을 알아내지 못하면 그는 더 깊이 탐험할 뿐이다. 예를 들어, 팬데믹 동안 나는 전 하버드 총장이던 드류 파우스트Drew Faust와 대화를 나누었다. 우리는 어쩌다 보니 국가 정체성의 문제를 얘기하게 되었다. 미국은 공유한 가치, 국가 단결성과 자신감을 잃어 가고 있는가? 그렇다면 그것이 미국의 미래에 어떤 의미인가?

국가 정체성에 대한 토론은 우리의 대화가 끝났을 때 완전히 종결될 수도 있었다. 하지만 나는 드류, 팀 가이트너 그리고 여성 사업가이자 자선가인 마리-조제 크래비스Marie-Josée Kravis와 줌으로 일련의 회의를 하게 되었고, 학계, 정부, 군, 재계와 언론의 주요 인사들이 한자리에 모였다. 어떤 직업상의 목적이 있었던 건 아니다. 우리는 그저 그 주제가 중요하다고 생각해 심층적으로 논의하려고 신중하게 사람들을 모은 것이다. 당연하지만 모인 사람들이 드류와 내가 처음 제기한 질문에 명확한 대답을 내놓지는 못했다. 하지만 그럼에도 불구하고 우리의 탐험은 관련된 문제를 폭넓게 이해하는 데 도움이 되었고 자극을 받기도 했으며 계몽적이었다.

왕성한 호기심의 마지막 특징은 다방면적이라는 것이다. 많은 사람이 1차원적인 호기심을 갖고 있다. 그들은 자신과 직접적으로 관련된 것만 알고 싶어 한다. 일, 직업, 가족과 취미 같은 것 말이다. 하지만 호기심이 왕성한 사람들은 삶에 밀접하게 관련될 뿐 아니라 대단히 광범위한 대상에 종종 관심을 둔다. 나도 그런 종류의 사람이라고 말할 수 있을 것 같다.

최고의 결정

예를 들면, 책을 선택할 때 나는 책이 어떤 가치가 있는지 생각하며 선택하지 않는다. 비즈니스나 금융, 공공 정책, 경제에 관한 책은 거의 읽지 않고 서점을 돌아다니며 흥미가 가는 책은 무엇이든 집어든다. 그래서 나는 여러 권의 논픽션 책들을 동시에 읽고, 소설 한 권을 함께 읽는 편이다. — 이 글을 쓰는 지금 침대 옆 탁자에는 이디스 와튼Edith Wharton의 단편집, 1215년에 관한 논픽션 책, 스파이 스릴러물, 헨리 키신저Henry Kissinger와 그의 세계관을 공유한 사람들을 역사적으로 재조명한 책, 그리고 베넷 서프Bennett Cerf가 1957년에 편집한 『쾌락을 위한 독서Reading for pleasure』가 놓여 있다.

나는 왕성한 호기심을 키우기 위해 노력해 왔다. 예를 들어, 내가 선임 고문으로 일했던 독립 투자 은행인 센터뷰 파트너스Centerview Partners에서 젊은 직원들이 가끔 나에게 진로 상담을 해올 때마다, 골드만삭스에서 했던 말을 해주었다. 우선, 맡은 업무를 다 하되 잘 해내는 법을 배워라. 하지만 회사 밖의 활동에도 개입해라. 당신이 사는 세상의 다른 분야에 대해 배우게 될 것이고 삶의 다른 분야에서 일하는 사람들을 만나게 될 것이다.

이런 식으로 시야를 넓히면 직장 생활에도 도움이 될 때가 있다. 당신의 분야가 아닌 세계를 이해하고 다른 관심과 견해를 가진 사람을 만나는 것은 클라이언트와 관계를 맺거나 결정을 내릴 때도 도움이 될 수 있다. 하지만 이런 이유로 젊은이들에게 조언을 건네는 건 아니다. 나는 다양한 분야에 관여했던 매우 성공한 사람들을 알고 있고, 관여하지 않은 사람들 또한 알고 있다. 나는 세상에 폭넓게 관여하는 사람들이 인생을 훨씬 더 흥미롭고 충만하게 산다고 생각한다.

내 인생에서 큰 부분을 차지하는 또 다른 특징은 자신에게 진실할 수 있는 자질이다. 자신에게 진실하다는 것은 커다랗고 중요한 문제를 포함한다. 하지만 사소해 보이는 상황도 포함할 수 있다.

예를 들면, 재무부를 그만두고 얼마 후, 나는 씨티그룹의 선임 고문을 맡게 되었다. 씨티는 트래블러스 인슈어런스 그룹Travelers Insurance Group과 최근 합병한 상태였고, 나는 두 명의 공동 CEO가 새로 합병된 회사를 함께 잘 운영해 나가도록 도움을 주었다. 또한 고객 및 잠재 고객들을 만났고 씨티가 운영위원회를 만드는 걸 도왔으며 광범위한 전략적 사안에 관여했다.

회사가 이런 역할을 하는 사람을 고용하는 건 드문 일은 아니었으나 내가 최근까지 재무장관이었기 때문에 씨티가 나를 고용한 것은 언론의 집중을 받았다. 씨티그룹은 기자회견을 마련했다. 회견을 시작하기 전, 나는 씨티그룹의 공통 CEO 중 한 명이자 강한 성격의 소유자로 유명한 샌디 웨일Sandy Weill과 함께 무대 뒤편에 서 있었다.

기자들로 꽉 들어찬 회견장으로 나가기 바로 직전, 샌디가 당시 회사의 로고였던 빨간 우산 모양의 작은 핀을 건넸다.

"자, 이거 다세요."

핀은 그렇게 크지도, 눈에 잘 띄지도 않았다. 샌디는 자신의 회사를 매우 자랑스러워했다. 핀을 꽂아도 나에게 어떤 중요한 의미로 불편한 게 아니었고 그도 감사했을 것이다.

하지만 생각할 필요도 없이 나는 회사 로고를 착용하는 걸 편안해하는 사람이 아니었다. 게다가 이게 중요한 부분인데, 나는 나 같은 사람이 하지 않을 일은 절대 하지 않는다. 더 간단히 말하면 우산 모양의 핀을 다는 건 내가 할 만한 행동이 아니다. 그래서 나는 샌디의 제안을 거절하고 핀을 달지 않고 무대 위로 나갔다.

자신에게 진실할 것

이론적으로 자신에게 진실하다는 말은 간단명료하게 들리지만, 막상 실천하려면 꽤 복잡할 수 있다. 나는 평생 여러 기관을 드나들며 일하면서 규모에 상관없이 훌륭한 팀이 얼마나 많은 걸 이룰 수 있는지 목도해 왔다. 나는 다른 사람과 공동으로 일하는 걸 좋아한다. 그리고 내가 최종 의사결정자가 아닌 곳에서도 다양한 역할을 맡았고 최후 결정에 항상 동의한 건 아니었다. 팀에 도움이 되면서도 나 자신의 의견을 어떻게 전달해야 할지 또는 가끔은 솔직히 말하지 않고도 내가 동의하지 않는 결정을 어떻게 지지할 것인지 연구해야 했다. 게다가 특정 문제에 내가 가장 상위 책임자였을 때조차도 다른 이의 의견을 들은 후 내가 동의하지 않은 방식으로 결정을 조정하는 것이 건설적일 때도 있었다. 기본적으로 내 의견에 충실하면서도 평등한 공동체 의식을 수용하고 증진하는 것이 중요하기 때문이다.

자신에게 진실하게 사는 진짜 어려움이 여기에 있다. 자신의 자아, 지적 정직성 및 독립성을 어떻게 유지할 것인가 하는 문제다.

이런 문제에 부딪히면 많은 사람은 불편하다는 느낌이 강하게 들어도 — 비유적으로 말하자면 — 그냥 우산 편을 다는 게 훨씬 더 쉽다고 생각할 것이다. 또는 아예 처음부터 강한 의견을 갖지 않음으로써 이러한 딜레마를 피하는 사람도 있다. 백악관 회의실에서 일부 고위 공직자들은 자신의 의견을 갖거나 표현하기보다는 빌 클린턴 대통령이 듣고 싶어 하는 말은 무엇이든 하는 것처럼 보였다. — 아이러니하게도 대통령이 듣고 싶어 하는 말을 하는 게 바로 그의 존경을 잃는 좋은 방법이었다.

그런 전략이 특히 단기적으로 왜 편리한지는 알고 있다. 하지만 자신이 지지하지 않는 의견을 표현하는 데는 커다란 직업상의 위험이 있다. 정부에서든 어디에서든 나는 내 책임이 최선의 결정을 내리는 것이라고 느꼈고 그 말은 나의 솔직한 의견을 말해야 한다는 뜻이었다. 그렇게 하지 않는다면 내가 소속된 기관에 해가 될 것이다.

동시에 자신에게 진실하다는 것은 자신의 의견을 최대한 잘 표현하는 방법을 깊이 고민하는 일을 뜻하기도 한다. 백악관과 재무부에서 일할 때 내 팀은 대통령이 좋아하든 아니든 가능한 한 사실에 근거한 최고의 제안을 전달했다. 그게 바로 대통령이 기대하는 바이기 때문이다. 하지만 만약 우리가 대통령이 듣기 힘들어하거나 심지어 듣고 싶어 하지 않는 무언가를 말해야 한다면 외교적이고도 가장 잘 이해할 수 있을 만한 방법으로 우리의 요점을 표현하려고 고민했다.

오랜 친구인 故 빌 린치Bill Lynch는 뉴욕의 부시장으로 있을 때 이 개념을 상세히 설명한 적이 있다. "때로는 진짜 하고 싶은 말을 하기 전에 다른 말을 먼저 해야 할 때가 있지." 이 조언은 내가 미국의 대통령이든 비즈니스 동료든 친한 친구에게든 그들과 대화할 때 꽤 유용했다. 내 생각에서 벗어난 말을 하지 않겠지만 "당신은 틀렸어요. 왜 그런지 알려드릴게요"라고 말하는 것과 "그 말에도 일리가 있고 그 의견이 맞을 수도 있어요. 나는 이 경우 그게 아닐 수도 있다고 생각해요. 그 이유를 알려드릴게요"라고 말하는 것은 매우 다르다.

다른 이에게 피드백을 줄 때의 요령과 외교술도 자신에게 진실한 방법으로 해야 한다. 나는 내게 보고하러 오는 직원들에게 자주 쓴소리를 해야 했지만 부정적인 말을 하기 전에 긍정적인 점을 먼저 몇 가지 언급하려고 노력했다. 이것은 솔직하지 못한 것이 아니다. 나는 긍정적인 말이라도 내가 믿지 않는 것은 말하지 않는다. 하지만 내 비판의 말이 어떻게 표현될지 신중하게 생각함으로써 듣는 사람을 불안하게 하거나, 그가 방어적, 적대적 태도를 취하지 않도록 꼭 필요한 메시지를 이해할 수 있도록 했다.

물론 의견을 분명하게 전달했더라도 최종 의사결정자는 당신이 강하게 반대했던 행동 방침을 선택할 수 있다. 이는 진실성이 복잡한 어려움을 야기하는 상황이다. 클린턴 정부 시절, '복지 개혁'을 두고 벌어졌던 토론을 생각해 보라. 나는 그 복지 계획에 반대했다. 미국 국민을 사회 안전망 프로그램의 틈새로 떨어지게 할 수 있다고 생각했기 때문이다. 또한 복지 수급자는 구직 활동을 해야 한다는 개혁의 조건이 의미 있는 고용 증가로 이어질지도 의문이었다. 나는 국무회의실에서 열렸던 행정부 고위 관계자 회의에서 이의를 제기했다. 하지만 클린턴 대통령은 그 법안을 추진하기로 결정했고 "우리가 알던 복지는 종식시키겠다"라는 그의 선거 공약에 대답으로 1996년 개인 책임 및 근로 기회 조정법에 서명했다.

그 문제에 관한 토론과 그 토론에서의 내 역할은 보편적인 문제의 예시다. 당신이 동의하지 않는 일을 조직이 실행한다면 당신은 자신에게 진실하면서도 그 일을 성취하도록 어떻게 도울 수 있을까?

한 가지 유혹적인 제안은 리더에 맞게 당신의 관점을 바꿔 이 문제와의 씨름을 피하는 것이다. 나는 사람들이 자신의 신념을 말하고 때로는 그 근거를 자세히 설명하는 것도 보았지만, 최종 의사결정자가 반대하면 자신의 의견을 완전히 뒤집는 경우도 이따금 목격했다.

이렇게 우왕좌왕하는 태도는 당연히 확률적이지 않다. 책임자가 다르게 판단한다고 해서 한 사람의 확률과 예상 결과가 바뀌어서는 안 된다. 이것이 조직에서 자신에게 진실하지 못하게 되는 또 다른 위험이다. 협조를 잘하기 위해 그리고 주변 사람의 의견에 동의하지 않을 때 발생할 수 있는 감정적인 불편함을 피하려다 당신은 진심으로 믿는 것을 잃을 수 있고 결국 좋은 결정을 내리는 능력이 손상될 수 있다.

더 좋은 대안은 그룹의 일원으로서 당신의 행동 그리고 개인으로서 당신의 관점을 분리하는 것이다. 만약 근본적인 원칙의 문제가 개입되면 그건 불가능할 수도 있다. 예를 들어, 클린턴 대통령이 나에게 — 그가 절대 하지 않을 — 숫자를 조작하거나 틀리게 전달하라고 했다면 나는 사임했을 것이다. 하지만 대부분의 경우에 필요한 일은 당신이 조직의 결정에 찬성하지 않을 때 어떻게 그 결정을 지지할 것인지, 그리고 자신에게 진실하면서도 가끔은 어떻게 공개적으로 지지를 표명할지 생각해 내는 것이다.

예를 들어, 클린턴 대통령이 개혁 복지 법안에 서명하고 난 후 나는 기자에게든 연설에서든 대중에게 나의 진정한 신념을 반영하지 않는 방식으로 새로운 법안을 칭찬하며 말을 삼갔다. 동시에 공공연하게 "나는 대통령의 의견에 찬성하지 않습니다"라고 말하지도 않았다. 그건 공직에 있을 때는 선택의 문제가 아니기 때문이다. 대신 나는 내 것이 아닌 견해는 전달하지 않고 폭넓게 지지하는 방식으로 다양한 문제들과 사회 안전망을 통한 행정부의 전반적인 목표들을 이야기했다. 단기간으로 봤을 때, 이는 대통령의 견해를 지지하는 척하거나 최종 의사결정자와 합의하는 것보다 더 힘들 수 있다. 하지만 노력할 만한 가치는 있을 것이다. — 다행히도 내가 기억하는 한 그누구도 그 주제에 관해 묻지 않았다. 그래서 아슬아슬한 줄타기를 할 필요가 없었다.

자신에게 진실하게 행동하고 말하는 건 쉽지 않다. 하지만 내 경험을 통해 보자면, 이는 많은 이점을 가져다준다. 첫째로 대부분의 사람들은 요령 있게만 한다면 정직함을 존중하는 경향이 있다는 것이다. 모든 지도자가 클린턴 대통령처럼 규제 없는 토론에 열린 자세로 임하진 않지만, 만약 당신의 진심을 전달할 때 안 좋게 반응하는 상사를 위해 일하는 안타까운 상황이라면 아쉽게도 시간이 흐를수록 당신의 의견을 주장하기는 더 힘들어질 것이다.

자신에게 진실하면 좋은 점 또 한 가지는 자신이 이전에 한 말을 따로 기억할 필요가 없다는 것이다. 당신이 알아야 할 전부는 당신이 생각하는 것이다. 전달하는 견해에 대해 따로 전략을 짤 필요도 없다. 당신이 서 있는 입지를 알기 때문이고 말하고 행동하는 모든 것은 그 입지를 따르기 때문이다. 이 말은 한 사람의 의견이 시간이 지나도 변할 수 없다는 뜻이 아니다. 사실 자신에게 진실하면 상황이 변하거나 새로운 정보를 알았을 때 감정적이거나 전술적인 이유로 고집하는 대신 새로운 의견을 더 잘 형성할 수 있다. 자신에게 진실하면 당신의 생각을 표현하는 데 더 분명하고 일관성 있으면서도 계속 발전할 여지를 가질 수 있다.

자신에게 진실한 태도는 리더 자리에 있는 사람에게 특히 더 중요하다. 리더 자신은 잊어버리더라도 사람들은 리더가 했던 말을 정확하게 기억하는 경향이 있기 때문이다. 만약 당신의 생각을 반영하는 것만 말한다면 사람들을 같은 방향으로 이끌고 가기가 훨씬 더 쉬울 것이다.

또 다른 장점은 직업적 성실성이다. 내 아버지는 세금을 원칙 그대로 냈다고 말씀하시곤 했다. 절대로 법률상 모호한 부분을 이용하거나 원칙을 무시하지 않았다는 뜻이다. 아버지는 옳은 일을 하는 걸 중요히 생각하셨다. 누군가가 부적절한 행동이나 비행을 들춰내면 어쩌나 초조하게 사는 것을 원치 않으셨다.

천성인지 후천적인지는 몰라도 나도 비슷한 접근법을 취해 왔다. 나도 아버지처럼 여러 가지 이유로 그렇다. 주로 나는 금전적인 부정행위는 본질적으로 잘못되었다는 규범을 갖고 있으므로 부정행위를 하면 불편하다. 또한 내 이익을 위해 부정행위를 했다는 사실 때문에 전전긍긍하며 살고 싶지는 않다.

가끔 이런 우려에 공감하지 않는 사람들을 만나곤 한다. 내가 골드만삭스에서 직장 생활을 시작했을 때였다. 그때 회사가 다른 투자은행과 공동으로 프로젝트를 진행하려고 해서 그 은행의 선임 파트너를 만나러 갔다. 나는 클라이언트가 진행 중인 거래를 중단할 수 있는 문제점이나 우려되는 사항을 몇 가지 언급했다. 그랬더니 이 사람이 "음, 그러면 클라이언트한테 X, Y, Z만 말하면 되겠네요"라고 하는 것이다. 그리고 그는 클라이언트가 안심하도록 우리에게 유리한 이야기를 지어냈다. 그건 사실이 아니었다.

공교롭게도 그 선임 파트너는 대하기 어려운 사람이었다. 그는 우리 회사의 회장이었던 거스 레비와도 꽤 친한 사이였다. 하지만 나는 그의 제안을 따르는 것이 옳지 않다고 느꼈으므로 "클라이언트한테 그렇게 말할 수 없습니다. 저는 사실이 아니라고 생각합니다"라고 말했다. 선임 파트너는 화가 머리끝까지 났고, 내가 그의 사무실을 나와 골드만삭스에 도착할 무렵, 거스 레비에게 전화를 걸어 나를 해고하라고 했다. 내가 우리 일을 성사시키는 데 협조하지 않는다는 이유였다.

다행히도 거스는 가끔 함께 일하기 힘든 사람이었지만 굉장히 강한 직업적 성실성을 갖고 있었다. 그는 그 제안을 웃어넘겼다. 나는 돈을 버는 걸 좋아하면서도 부정직함으로 돈을 벌겠다는 생각은 하지 않는 사람과 일하고 있으니 운이 좋았다. 만약 거스 레비가 다른 종류의 사람이었다면 그때 내 커리어는 매우 다른 길로 갔을지도 모른다.

다시 콜린스 선생님의 질문을 생각하게 된다. 지금까지 이 길을 걸어온 방식을 탐색하는 이유는 크게 보면 개인적이다. 나는 흥미로운 인생을 살았다고 생각한다. 그 인생을 점검하는 것 자체가 흥미롭다. 하지만 70여 년 동안 행운과 개인적인 사고방식이 어떤 역할을 했는지 생각해 보면 두 가지 의미가 분명해진다. ─ 하나는 정책 영역이고 다른 하나는 개인적인 행동이다.

정책 영역의 시사점은 사회에서 한 개인의 안녕과 영향력을 결정하는 운의 상대적인 중요성과 관련이 있다. 앞에서 내가 지역이니셔티브지원조합과 일한다는 걸 언급했다. 나는 그 조직이 미국의 저소득 지역 사회 사람들의 삶에 변화를 주는 방식을 목격해 왔다. 그 단체는 버려진 산업용 건물을 중소기업과 사업가들을 위한 공간으로 바꾸고, 주택 지역을 개조해 신선한 식료품을 구입할 수 있는 장소가 부족한 '식품 사막food desert'의 슈퍼마켓에 자금을 조달했다.

LISC와 일한 덕분에 나는 지식으로나 이론으로 오랫동안 믿었던 것을 좀 더 구체적인 방식으로 이해하게 되었다. 너무나 많은 미국인이 가난의 악순환에 갇혀 불행한 삶을 살고 있다. 그리고 뛰어난 재능과 일하려는 의지와는 상관없이 많은 이들은 그 악순환의 고리를 끊고 나올 수 없다.

인생을 돌아보면 우리 사회는 실제로 역사적인 진보를 이뤘다. 내가 콜린스 선생님의 교실에 앉아 있을 때 남부는 여전히 흑인, 백인이 다른 학교에 다니는 시스템을 유지하고 있었다. 동시에 우리에게는 아직도 해야 할 일이 많이 남아 있다. 제조업 분야에서 많은 일자리를 앗아간 자동화와 세계화 그리고 이런 상황에 제대로 대처할 수 있는 정책 부족 등으로 여러 세대에 걸쳐 너무 많은 가족이 속하게 된 가난의 악순환은 최근 수십 년간 더 악화되었다. 하버드 경제학 교수인 라즈 체티Raj Chetty의 연구에 따르면, 저소득 가정의 아이가 30세가 되었을 때 그들의 부모보다 수입이 증가할 가능성이 내가 어렸을 때 이후로 감소해 왔다. 오늘날 미국에서 태어난 아이들은 '우편 번호 복권'이라는 용어에 영향을 받는다. 즉, 누구도 통제할 수 없는 요소인 태어난 동네와 환경이 아이의 미래에 큰 영향을 끼친다는 것이다.

이미 성공한 사람이 우리가 지금 순전히 능력주의의 사회에 살고 있다고 믿고 싶은 데는 분명한 이유가 있다. 그러나 개인의 능력과 직업윤리가 한 사람의 성공을 결정할 때 중요하긴 하지만, 지금 경제 상황에서 운은 큰 역할을 하고 있다. 그리고 이는 우리 사회에 굉장히 부정적인 영향을 끼친다. 모든 국민이 주류 경제에서 성공할 수 있도록 가능한 모든 일을 하지 않는 이유는 막대한 비용이 들기 때문이며, 그렇게 함으로써 실현될 커다란 이익이 있기 때문이다.

우리 중 너무 많은 이들이 뒤처져 있기 때문에 우리가 얼마나 잃었는지도 완전히 파악할 수 없을 거 같다. 또한 절대 그 방정식에서 운을 제거하지 않을 것이다. 하지만 경제 정책의 중요한 목표는 한 사람의 성공 가능성을 결정하는 데 운의 역할을 줄이고 재능과 개인의 자질, 근면한 노력의 역할을 늘리는 것이어야 한다.

정책 입안자들이 운의 역할을 고려하는 것과 마찬가지로, 사고방식의 역할을 고려하는 것은 개인에게 의미가 있다. 나는 내 인생이 왜 이런 식으로 펼쳐졌는지 완전히 이해한다거나 내가 제시하는 자질들이 성공에 필수적이라고 절대 주장하지 않을 것이다. 하지만 인생 여정에서 특히 중요하다고 설명하는 것들 즉, 맹렬함, 차분함을 유지하는 능력, 왕성한 호기심, 자신에게 진실하기, 직업적 성실성 같은 특징들은 어느 분야에서 일하든 누구에게나 유용한 자질이라고 믿는다.

이제 그런 특징들이 습득된 것인지 타고난 것인지에 대한 질문으로 이어질 수 있을 것이다. 이 질문에 대한 나의 대답은 복잡하다. 인생을 사는 동안 나는 많은 사람이 변하는 걸 지켜보았다. 그리고 나자신도 유의미한 방식으로 변해 왔다. 다른 한편으로 기본적인 수준에서 사람들은 변하지 않는 경향이 있다고 믿게 되었다. 사람들의 행동 방식은 그들이 어떻게 앞으로 행동할지 알 수 있는 좋은 예측 자료다.

특히 나는 사람이 빨리 변할 수 있다는 생각에 회의적이다. 새로운 장소, 새로운 직업, 새로운 취미가 당신을 다른 사람으로 바꿔 놓을 수 있다고 생각할 수 있다. 익숙한 일상과 습관을 깨면 기분이 나아지고 스트레스를 잠시 잊는 사람들을 직접 보기도 했다. 하지만 당신이 상황에서 탈출할 수 있다고 해도 당신 자신에게서 탈출할 수는 없다.

재무부에서 실비아 매슈스에게 이 요점을 설명했던 일이 떠오른다. 어느 날, 실비아가 나에게 와서 말했다. "완전히 지쳤어요" 이해할 수 있는 말이다. 그는 혹독한 강도의 일을 맡았고 대단히 열심히 했기 때문이다. 실비아는 주말에 파리에 가서 푹 쉴 계획이라고 말했다. 나는 꼭 가라고 당부했다. ─ 그가 파리에서 48시간을 보내러 간다고 결정하는 데 내 도움이 필요했던 건 아니지만.

그런데 무슨 이유인지 이런 생각이 들어 덧붙였다. "그런데 주말에 파리에 가면 결국 실비아를 데리고 가는 기분일 거 같네요" 만약 당신이 특정 방식으로 생각하는 사람이라면 근본적으로 온전히 벗어날 수는 없다.

그렇게 말은 했지만 나는 한 사람의 사고방식이나 정신이 인생의 전체를 결정한다고 믿지는 않는다. 나는 아주 긍정적인 변화를 이루고 주목할 만한 성과를 내는 사람들을 본 적이 있다. 어떤 경우는 자신의 가장 효과적인 특징은 끄집어내고 그렇지 않은 특징은 억누르는 방법으로 오랜 시간에 걸쳐 자신을 개선하기도 했다. 또 다른 경우, 무언가가 잠재된 자질이나 특질, 잠재적 내부 능력을 촉발하는 듯했다.

바로 이 점이 내가 콜린스 선생님의 질문이 수십 년의 경험을 되돌아보는 사람뿐 아니라 모든 사람들, 다시 말해 인생이나 커리어의 어떤 지점에 있는 모두에게 연관된다고 생각하는 이유다. 우리는 어느 정도는 우리가 생각하는 방식 때문에 지금의 우리가 되었다. 하지만 그 안에서 또한 우리의 선택으로, 우리가 어려움을 해결하는 방식으로, 우리가 개발한 특질로, 우리가 살면서 증폭시킨 특징으로 우리가 되었다.

4장

성과를 높이는
리더의 결정법

·
·
·

"복잡성을 수용하는 관리자가
매번 옳은 결정을 내리지는 않을 테지만
복잡성을 수용하지 않는 관리자보다
더 큰 성공의 기회를 줄 것이다."

1980년대 제너럴 일렉트릭General Electric의 부사장이던 래리 보시디Larry Bossidy가 경영에 관한 프레젠테이션을 하러 골드만삭스에 오게 되었다. 당시 GE는 잘 나가는 회사였고 래리는 미국 산업에서 중요하고도 존경받는 인물이어서 우리는 그의 방문을 잔뜩 기대하고 있었다.

파트너 회의실에 모여 우리는 래리가 일을 하면서 알게 된 직원 관리법에 대해 들었다. 그중 자세한 사항은 기억나지 않지만 가장 놀라웠던 말은 선명히 기억한다. "이 중 거의 대부분은 우리와 관련이 없습니다."

과장된 표현일 수도 있지만, 근본적으로 그건 옳은 말이다. 래리의 프레젠테이션에 대한 나의 반응은 그의 성공이나 조직을 이끄는 기술을 비판하는 것이 아니었다. 그의 원칙은 그에게 잘 통했고 아마도 비슷한 회사에서 유사한 성격을 가진 직원들에게도 잘 통할 것이다. 그러나 GE — 당시에는 지휘 통제식command and control 기업이었다 — 의 관리법이 조직의 규모나 문화에 상관없이 통할 거 같진 않았다.

특정 규칙, 해야 할 일과 하지 말아야 할 일을 상세히 기록한 목록에 대한 내 의구심은 내가 경영에 관한 책을 읽지 않는 이유와 일맥상통한다. 또한 소위 경영진 코칭이라는 것에 그다지 좋은 반응을 보이지 않는 이유이기도 하다. — 우리가 골드만삭스에서 고용했던 컨설턴트 한 명은 규범적이지 않아 큰 도움이 되었다. 그는 경영 신조를 제공하기보다는 실용적인 제안을 했기 때문이다. 또한 훌륭한 낚시광이었기 때문에 애정이 갔다. — 나는 그런 책이나 코칭이 일부 사람들에게 혹은 많은 사람에게 통하지 않는다고 주장하는 게 아니다. 하지만 이전 장에서 '생각하는 방식'이라는 아이디어를 소개했듯 나는 단지 그게 도움이 된다고 생각하는 사람이 아닌 것 같다.

그렇긴 해도 나는 어떻게 하면 직원들을 최대한 효율적으로 관리할 수 있을지 대단히 많은 시간 동안 고민해 왔다. 단지 민간뿐 아니라 공공 부문과 비영리 부문도 마찬가지다. 내가 관리했던 사람들은 향후 대기업부터 내각부와 대학까지 주요 기관을 관리하게 되었다.

달리 말하면 보편적으로 적용할 수 있는 관리 규칙이 있다는 생각에는 회의적이지만, 관리를 잘하려면 수많은 고민을 거듭해야 한다는 것과 어느 조직이든 좋은 관리자가 문제의 열쇠라는 점은 확실하다. 그러므로 효율적인 접근법은 매우 중요하다. 내가 채택한 광범위한 접근법의 핵심은 인간의 복잡성을 수용하는 것이다. 개인의 타고난 강점과 약점, 동기를 인지하고 개입한 다음 성공할 수 있는 최고의 기회를 주는 것이다.

내가 사람을 관리하는 접근법이 유일한 성공 방식이라거나 객관적으로 최고라고 말하지 않을 것이다. 하지만 관리에 대해 내가 생각하는 방식은 사회생활을 하는 동안 큰 도움이 되었으니 다른 개인이나 조직에도 도움이 될 수 있다고 믿는다.

•　•　•

관리에 대한 내 생각은 골드만삭스에서 근무하던 초기에 얻은 통찰이었다. 1975년 내가 아비트라지 부서의 상위 두 번째 파트너였을 때, L. 제이 타넨바움L. Jay Tenenbaum이라는 대단히 존경하던 분을 위해 일했다. 하루는 L. 제이가 상대적으로 젊은 편인데도 은퇴를 한다고 했다. 얼마 후, 또 다른 시니어 파트너인 레이 영Ray Young이 나를 찾아왔다.

"자네가 아비트라지 부서를 이끌게 될 거야. 하지만 진짜 문제는 이거라네. 인생에서 하고 싶은 일이 무언가? 만약 자네가 원한다면 오랫동안 부서를 이끌 수 있을 거야. 경제적으로 아주 편안하고 회사에서도 잘 나가겠지. 하지만 제한이 있는 역할이야."

레이가 말을 이었다. "아니면, 다른 사람들과 관계를 맺기 시작하

거나 다른 사람들의 문제를 개선해서 그들이 성공할 수 있도록 도와
줄 수 있지. 또 더 넓은 시각으로 보면 경영진이 되거나 회사에서 더
큰 역할을 할 수도 있을 거야."

　레이가 내게 해준 말을 이해하기 위해서는 50년 전 월스트리트의
문화가 오늘날과 매우 달랐다는 점을 알아야 한다. 당시의 월가 사람
들은 지금보다 훨씬 정중하지 못했다. 나는 한 파트너가 자기 모르게
포지션을 팔아 버린 다른 파트너에게 불같이 화를 내던 모습을 생생
히 기억한다. 그는 트레이딩 데스크에 앉아 있던 다른 파트너에게 다
가가더니 두 손으로 그의 목을 조르기 시작했다. 두 남자는 당시 회
사를 운영하고 있던 거스 레비에 의해 재빨리 떨어지긴 했다. 거스는
"아이고, 왜들 이러시나. 이러면 안 되지" 같은 식으로 말했고 그러고
나서는 아무 일도 일어나지 않았다는 듯 하루가 흘러갔다.

　이런 사건이 규칙적으로 일어나지는 않았지만 그 당시 거래소가
어떤 식으로 운영되었는지는 충분히 짐작할 수 있을 것이다. 내가 누
군가의 목을 조르는 일은 없었지만 다른 사람의 감정이나 관점에 세
심한 편도 아니었다. 한번은 내가 거래소 책상에 앉아 있는데 재무부
직원이 찾아왔다. 회사는 보안 시스템을 구축하는 중이었고 이 사람
이 이끄는 팀은 시장이 어떻게 반응할지 알고 싶어 했다. 이 직원은
매우 명석했지만, 나는 어설프게 처리한다고 느꼈고 조금도 깊이 생
각하고 일을 하는 것 같지가 않았다.

　"이봐요. 내가 당신이 해야 할 일을 대신하진 않을 겁니다." 나는

　　　　　　　　　　　　　　　　최고의 결정

그에게 잘라 말했다. "자리로 가서 제대로 해오세요. 다 되면 다시 오세요."

내가 그 상황에 더 잘 대처할 수 있었을까? 당시의 나는 이런 자문을 할 생각조차 하지 않았다. 그저 다시 하던 일을 계속했을 뿐이었다. 이런 식의 무뚝뚝하거나 무례하기조차 한 언행은 회사에서 내가 초반에 성공 가도를 달리는 데 전혀 문제가 되지 않았지만, 레이는 내가 더 큰 역할을 맡고 싶다면 바로 이 점을 바꿔야 한다고 말했다.

레이는 직원을 잘 관리하고 싶다면 내가 그들과 어떻게 관계를 맺는지 더 많이 생각하라면서 두 가지 중요한 점을 강조했다. 첫 번째는 직장에서 성공했다는 말이 직원 관리에 성공했다는 말은 아니라는 것이다. 조직 생활을 하면서 사람들은 종종 직원 관리가 중요하지 않다고 치부해 버린다. 사람들은 직원 관리를 얼마나 효율적으로 하는지보다는 운영을 얼마나 효과적으로 잘하는지에 따라 관리직으로 승진한다.

골드만삭스도 예외는 아니었다. 뛰어난 투자 은행가였던 사람은 종종 자신이 매니저가 되거나 팀을 책임져야 한다고 생각했고 종종 실제로 그렇게 됐다. 하지만 레이는 최고의 능력을 자기 자신에서 끌어내는 것과 다른 이에게서 끌어내는 것은 커다란 차이가 있다는 사실을 제대로 짚어냈다.

레이가 지적한 두 번째 요점도 마찬가지로 중요하다. 효과적으로 직원을 관리하려면 모든 직원이 다 다르다는 점을 인지해야 한다.

개인을 이해하는 것이 효율적인 관리의 필수라는 말은 어찌 보면 너무 뻔한 소리로 들릴 수도 있다. 하지만 많은 매니저가 의사결정을 내릴 때 인간의 복잡성을 충분히 고려한다고 주장하거나 혹은 고려한다고 진심으로 믿고 있더라도 사실은 그렇지 않은 것 같다. 각 개인의 기술, 동기와 특징의 조합을 깊이 인지한 다음 각 개인을 대할 때 그런 특성을 고려한다기보다는 모든 직원을 똑같은 방식으로 다루는 것이 관행처럼 굳어졌다.

특히 대기업의 경우 고위직들은 직접 보고하러 오는 소수의 직원만 알게 된다. 하지만 모든 위치의 관리자들이 사람 중심의 접근법을 받아들인다면, 대규모 기업에서도 이를 도입할 수 있을 것이다. 그리고 나는 인생과 직장 생활에서 개인의 복잡성을 수용한 덕분에 관리자로서 의사결정 능력이 향상되었다고 자신 있게 말할 수 있다.

내가 골드만삭스에서 공동 COO로 있을 때 스티브 프리드먼과 함께 회사의 부채 거래 현황을 감독했다. 회사의 젊은 트레이더 중 제이컵 골드필드Jacob Goldfield라는 직원은 가끔 거래장에서 신발을 신지 않았다.

제이컵은 눈에 띄게 똑똑했던 젊은이로 다른 사람이 미처 발견하지 못한 생각의 빈틈을 잡아내는 능력이 있었다. 하지만 요즘보다 출근복이 훨씬 엄격했던 시절, 그는 브로드 스트리트 85번가에 있는 회사 사무실 건물에 도착해서는 엘리베이터를 타고 채권 부서로 가서 신발은 벗어 던지고 달랑 양말만 신고 일했다. 특이한 점은 단지 양말 하나가 아니었다. 수십 년이 흐르고 개인적으로 성장하면서 제이컵은 다른 사람들과 훨씬 잘 어울릴 줄 아는 사람이 되었지만, 그 당시에는 파트너를 비롯한 다른 직원을 비하하기 일쑤였기 때문에 대하기 어려웠다.

당연하게도 일부 시니어가 그를 불쾌하게 여기기 시작했다. 하지만 스티브와 나는 매우 다른 관점을 갖고 있었다. 우리는 동료들에게 이렇게 말했다. "자, 보세요. 참 특이하고 별난 사람이 다 있지요. 하지만 제이컵은 정말 머리가 좋아요. 그리고 팀에 도움이 되잖아요."

나는 한마디 더했다. "그리고 사실 나는 언젠가는 당신들이 제이컵의 파트너가 될 거라 예상합니다."

골드만삭스는 정말로 제이컵 골드필드를 파트너로 승진시켰다. 하지만 내가 예상한 그대로 됐다는 이유만으로 이 말을 꺼내든 건 아니다. 내가 이 사례를 꺼낸 이유는 모든 관리자가 접근해야 하는 방식을 강조하기 위해서다. 누가 팀에 속한 사람인지 또는 속하지 않은 사람인지, 그리고 어떤 직원을 승진시키고 승진시키지 않을지를 결정하는 방식 말이다.

많은 회사에서 제이컵 같은 인물은 직장 생활에 문제를 겪을 것이고 어쩌면 승진하지 못하거나 해고당했을 수도 있다. 전통적인 지휘 통제식 관리는 유행이 지났을 수 있지만, 관리자는 여전히 지시를 내릴 책임이 있고 직원은 관리자의 지시는 따를 책임이 있기 때문이다. 상급자의 리더십을 곤란하게 하는 제이컵의 태도와 다른 직원들의 직장 생활을 어렵게 만드는 그의 행동은 용납될 수 없었을 지도 모른다.

또한 제이컵 같은 직원은 다른 직원을 개인적으로 괴롭혔을지도 모른다. 개개인의 직원에 대한 감정을 기반으로 관리 결정을 내리는 건 자연스러운 일이다. 같이 일하기 좋은 사람에게는 보상을 주고 싶고 반대의 경우에는 보상을 주고 싶지 않은 것도 자연스러운 일이다.

이런 문제에 대해 나는 윤리적이거나 법적인 문제가 없는 한, 모든 의사결정의 기준은 문제의 직원이 조직의 장기적인 목표를 이루는 데 도움을 주는지 해를 끼치는지가 되어야 한다고 믿는다. 나는 골드만삭스에 제이컵이 큰 가치가 있다고 확신했다.

장기적 가치에 대한 이 질문을 더 복잡하게 만드는 것은 무엇인지 그리고 어떤 점이 일부 직원들을 불편하게 하는지에 대한 대답은 언제나 어느 정도 주관적일 수밖에 없다. 제이컵이 직원들과 잘 지내지 못할 때 그의 행동은 우리가 도모하는 회사 문화에 반대되는 것이었다고 100퍼센트 확신한다. 하지만 제이컵의 통찰력과 기술이 그의 기이한 행동보다 훨씬 중요하다고 똑같이 100퍼센트 확신할 수 있을까? 그럴 수 없었다. 나는 판단을 내릴 수밖에 없었다.

어떤 이들은 내가 특정 인물이 능력이 뛰어나다는 이유만으로 그의 독특한 행동을 그냥 눈감아주는 거라 느낄 수 있다. 그렇지만 나는 제이컵의 행동 때문에 개인적으로 힘든 적이 없었다. 사실, 나는 그와 잘 지냈다. 직장 생활을 하는 동안, 같이 일하기 좋고 높이 평가했던 다른 직원들과 마찬가지로 제이컵은 매우 명석했고 틀 밖에서 생각할 수 있었으며 특이한 성격과 뛰어난 유머 감각이 잘 어우러진 사람이었다. 하지만 다른 직원들은 제이컵이 무례하며 다루기 힘들다고 생각했다. 행동이 특이한 직원에게 특별한 재능이 있으면 그를 받아들이고, 뛰어나지 않다면 받아들이지 않아야 공평한 걸까?

내 대답은 예스이다. 조직은 목표를 이뤄야 하는 단체다. 직원이나 팀원이 가끔 신경을 거스른다면 그의 행동이 조직의 목표 달성을 방해하는 게 사실이다. 또한 지켜야 하는 선을 분명히 그어야 하는 것도 사실이다. 만약 어떤 사람이 폭력적이거나 약한 사람을 이용하려 한다면 아무리 인상적인 업무 능력을 보인다 해도 용납할 수 없다. 하지만 만약 그런 선을 넘지 않았다면 문제는 그 직원이 조직에 가져오는 긍정적인 점이 부정적인 점보다 더 큰지가 중요하다. 제이컵이 다른 직원을 짜증 나게 하는 게 아니라 업무를 방해했다면 나는 아마도 다르게 생각했을 것이다. 그때 나는 제이컵의 별난 행동을 참는 것이 더 큰 이득이라고 느꼈다.

재무부에 있을 때도 한 동료에 대해 비슷한 판단을 내렸다. 그는 가끔 사람들에게 혹독하게 굴 때도 있었지만 매우 효율적으로 일하는 직원이었다. 사람들이 그에 대해 불평하면 나는 이렇게 말하고는 했다. "그렇군요. 그에 대해 안 좋게 생각하는군요. 하지만 그가 얼마나 효율적으로 일하는지, 얼마나 많은 기여를 하는지 보세요. 왜 그런 점을 걱정합니까?"

내가 일했던 조직은 가장 중요한 자리를 포함한 각종 요직에 '까다로운 인물'을 기꺼이 수용하려고 했을 때 큰 이득을 보았다. 하지만 누가 '까다로운' 사람인지 의식적이거나 무의식적인 편견으로 판단할 가능성을 최소화하기 위해 중요한 단계를 밟는 것이 매우 중요하다.

조직에 크게 이바지하면서도 유별난 행동을 하는 직원을 어느 정도는 기꺼이 참아 내야 하는 것처럼 관리자는 개인적으로 호감을 느끼고 있지만 기여도는 낮은 직원에 대한 임금, 책임, 때로는 고용에 관한 힘든 결정도 마다하지 않아야 한다. 골드만삭스에 근무했던 한 직원이 떠오른다. 그는 직원들 사이에서 매우 인기가 좋았다. 하지만 그의 업무 능력은 상대적으로 평범했고 우리가 파트너에게 기대하는 수준과 꽤 거리가 있었다. 모든 사람이 그와 일하는 걸 좋아했지만, 우리는 그를 파트너로 승진시키지 않았다. 이런 상황에서 개인적 감정을 제쳐 두는 것이 매우 중요하다. 맡은 업무를 충분히 효과적으로 해내지 못하는 사람과 동행하는 것은 조직의 기능에 해를 끼치며, 결국 직원들의 사기에도 해가 되기 때문이다.

이런 태도는 너무 차갑게 들릴 수 있지만, 임금, 승진, 강등 같은 요소를 각 개인의 전반적인 기여도를 토대로 결정하는 것은 조직의 성공과 대다수 팀원의 기회와 업무적 만족감을 높이는 데 기본이다.

관리자는 업무에 이성적으로 접근해야 하지만 인간은 모두 실수를 저지를 때가 있다는 사실도 인지해야 한다. 부하 직원이 실수했을 때, 특히 그가 자신의 실수 때문에 긴장하고 있다면 관리자가 도움의 손길을 내미는 것이 중요하다. 냉철할 정도로 정직히 직원을 평가할 때와 똑같은 실용적 자세로, 관리자는 일이 잘못되었을 때 이해하기도 해야 한다. 그렇지만 만약 부하 직원의 의사결정에 잠재적인 문제가 있는지는 제대로 판단해야 한다.

내가 직원 관리에 대해 설명할 때 종종 쓰는 말이 있다. "당신은 당신을 위해 일하는 사람을 위해 일한다"라는 것이다. 어떤 일이 일어나더라도 직원들이 조직 내에서 하는 일에 긍정적으로 느끼도록 하는 게 관리자의 일이다. 문제가 생겼을 때 "어떻게 해야 하지?"라고 생각하는 건 관리자의 몫이다.

모든 관리자의 본질을 규정하는 특성이 칭찬과 비난을 어떻게 분배하는가인 이유가 바로 이것이다. 일부 관리자들은 의식적인 전략이나 개인 성향을 이유로 남의 성공을 가로채고 비난을 피하기도 한다. 하지만 최고의 관리자들은 그 반대로 한다.

L. 제이 테넌바움은 좋은 관리자의 완벽한 예이다. 아비트라지 부서에서 그와 함께 일할 때 직원들이 가끔 피할 수 없는 큰 손실을 보고하더라도 그는 절대 비난하지 않았다. 심지어 우리에게 책임이 있음에도 말이다. 그는 일이 잘되면 우리에게 공을 돌렸고 일이 잘못되면 자신의 탓이라고 말했다. 그리고 만약 직원을 지적할 일이 생기면 다른 동료들 앞에서 하기보다는 조용히 따로 불러 매우 건설적으로 얘기했다.

L. 제이가 직원들을 다루는 방법이 타고난 품성인지 혹은 신중한 경영 전략인지는 모르겠다. 나는 둘 다가 아닐까 생각한다. 나는 L. 제이의 직원 관리 스타일이 사업에도 큰 도움이 되었다고 자신 있게 말할 수 있다. 누군가 도움이 되는 비판을 하고 비난받을까 걱정할 필요 없이 터놓고 프로젝트를 점검할 수 있는 공동체, 신뢰할 만한 환경을 만들었기 때문이다. 개인적으로는 L. 제이의 접근법이 골드만삭스에서의 내 경력에 대단히 큰 도움이 되었다. 일이 잘 풀렸을 때는 다른 파트너에게 내가 개입했다는 걸 알렸고 일이 잘못됐을 때는 그가 자신의 책임으로 돌렸기 때문이다.

비록 L. 제이가 직원 관리에 특별히 신경을 쓴 건지는 모르겠지만, 나는 그에게서 직원 관리에 대한 폭넓은 교훈을 배웠다. 조직에서 성공은 위쪽으로 축적된다. 팀이 잘 나가면 리더에게도 좋은 결과가 생긴다.

나는 리더가 직원들에게 공을 돌리면 결국 리더에게 득이 된다는 사실을 알게 됐다. 예를 들어, 내가 국가경제위원회NEC 위원장으로 있을 때 두 명의 부위원장 중 한 명이었던 진 스퍼링Gene Sperling은 정책과 정치에 대단히 해박했으며 정치적으로 능숙하고 완전히 신뢰할 수 있는 사람이었다. 내가 재무부를 떠날 때 그는 빌 클린턴 대통령의 남은 임기 동안 국가경제위원회 국장을 지냈고 후에 오바마 대통령을 위해 같은 역할을 다시 맡았으며 조 바이든 대통령의 수석 고문으로 일했다.

그가 부위원장으로 일할 당시 내가 사무실로 향하며 이렇게 물었던 경험이 한 번 이상 있었다고 기억한다. "진은 어디 있지요?" 그러면 이런 대답이 돌아왔다. "아, 진은 지금 대통령에게 브리핑 중입니다." 이게 무슨 말이냐면 대통령이 진을 불렀고 진은 나에게 알리지 않고 즉, 내가 원한다면 나도 함께 대통령에게 갈 기회를 주지 않고 곧장 대통령 집무실로 내려갔다는 뜻이다.

이런 경우가 발생하면 어떤 사람은 그와 관계를 끊어 버리거나 최소한 좋은 관계를 유지하는 데 큰 지장을 받을지도 모르겠다. 하지만 진은 내가 늘 대단히 존경하고 신뢰하는 인물이었다. 나는 그가 언제나 NEC와 행정부의 목표를 달성하는 데 초점을 맞추고 있으며 대통령에게 잘 브리핑할 수 있도록 철저히 준비된 사람이라고 확신했다. 또한 대통령이 진에게 의지하는 것은 행정부 내 NEC의 위상과 NEC의 수장으로서 나의 위치에도 모두 좋은 일이라고 인식했다. 나는 그래서 이 일을 진에게 꺼내지 않기로 했고 그러지 않길 잘했다고 생각한다. 내 경험상 최고의 관리자는 주변에서 찾을 수 있는 가장 강한 사람에게 위협을 느끼기보다는 곁에 두려고 한다.

클린턴 대통령은 진을 직접 부름으로써 자신의 직원 관리법의 한 면을 보여 주었다. 그는 조직도의 정확한 체계를 따르기보다는 그 순간에 가장 도움이 될 만한 사람에게 의지했다. 내 경험에 따르면 이것은 최고의 결과를 얻는 데 유용할 수 있다. 하지만 조직 체계에 혼란이 생기지 않는 방식으로 또는 팀의 상위 구성원을 은밀히 해치지 않는 방식으로 해야만 한다.

조직도의 옛 가치를 생각하자니, 1970년 6월에 있었던 일이 생각난다. 골드만삭스가 펜 센트럴Penn Central이라는 운송회사에 단기 기업 부채 형태인 기업 어음을 발행했다가 펜 센트럴이 파산한 후 소송을 당했다. 그 소송은 심각해질 가능성이 있었고 파트너들은 이 사건을 골드만삭스의 지속적인 생존에 큰 위협으로 보았다. 그래서 골드만삭스에서 오랫동안 좋은 평가를 받은 로펌인 설리번&크롬웰Sullivan & Cromwell을 내세워 대변하려고 했다. 그 당시 나는 아비트라지 부서에 시니어 어소시에이트급 정도밖에 되지 않아 이 소송과는 아무런 관련이 없었다. 그런데도 나는 거스 레비에게 가서 이 문제에 의견이 있다고 말했다.

"우리가 차익 거래 포지션을 가졌던 사건이 있었습니다. 그리고 설리번&크롬웰이 관련 기업 중 한 곳을 대변했고 저는 이 소송을 조사해 보았습니다." 나는 계속 말을 이어 갔다. "이 사건의 판사는 설리번&크롬웰의 파트너가, 그러니까 골드만삭스를 담당하는 바로 그 변호사가 거만하고 전문가답지 않다고 말했습니다. 제 생각에는 설리번&크롬웰을 쓰면 안 될 거 같습니다."

지금 돌아보면 이는 건방진 행동이었다. 거칠기로 둘째가라면 서러운 거스는 당연히 이렇게 말하고도 남았을 것이다. "대체 너 누구야? 당장 여기서 나가. 그리고 다시는 이런 짓 하지 마." 하지만 대신 그는 내가 하는 말을 가만히 듣고 있었다. 그리고 그 말을 근거로 친구였던 연방 판사 — 공개적으로 말해 두자면 펜 센트럴 사건과는 아무런 관련이 없었던 인물 — 에게 의견을 물었다. 그 연방 판사는 문제의 설리번&크롬웰 변호사가 이 사건에 적합하지 않겠다는 내 의견에 동의했고 그래서 거스는 다른 소송 파트너를 고용했다.

특히 대기업일수록 조직도에 의존하지 않는 건 어려울 수 있다. 조직이란 질서에 맞게 기능해야 하고 조직의 구조를 인정하지 않으면 역효과와 분열을 초래할 수 있다. 하지만 거스 레비가 치명적일 뻔한 소송을 맞닥뜨렸을 때 했던 행동과 클린턴 대통령이 직접 진 스털링을 부른 행동은 대단히 큰 가치가 있다. 누가 제안했는지보다 조언과 아이디어의 질에 초점을 맞춘 것이다.

회의를 진행할 때도 조직도를 벗어나는 게 도움이 될 수 있다. 내가 국가경제위원회에서 일을 시작하기 전, 클린턴 대통령을 아는 이들에게 그가 어떤 사람인지 물었다. 주로 이런 답변들이 돌아왔다. "그와 의견이 다르더라도, 심지어 결론적으로 당신이 틀렸다고 해도, 당신이 합리적이고 사려 깊으며 현실적이고 진지하다면 그는 당신을 존중할 겁니다."

이 말은 정확히 사실로 드러났다. 클린턴 대통령은 백악관에서 고문들을 다 모았을 때, 고위급이 아니었던 사람을 포함해 모든 이의 의견과 관점을 듣고 싶어 했다. 마찬가지로 중요한 결정을 내릴 때는 누군가의 지위나 직함을 중요하게 여기지 않았다.

　나도 재무부를 지휘할 때 똑같이 하려고 했고 나와 자주 회의를 진행했던 래리 서머스도 마찬가지였다. 재임 초기에 멕시코 지원 프로그램에 대해 회의하는 동안 래리가 자신의 의견을 말하자, 테이블에 있던 고위 관계자들은 아무런 말도 하지 않거나 동의했던 걸로 기억한다. 하지만 그때 지위가 좀 낮았던 직원이 손을 들더니 래리의 의견이 틀렸다고 생각하는 이유를 설명하기 시작했다. 나는 그 젊은 반항아는 이제 목이 날아가리라 생각했다. 하지만 래리는 다른 비슷한 상황에서 그랬듯 그 직원에게 더 자세히 설명해 달라고 요구했다.

　래리의 반응은 세 가지 긍정적인 결과를 가져왔다. 첫째, 그 반대 의견에는 훌륭한 가치가 있었다. 우리는 반대 의견 덕에 더 나은 결정을 내렸다. 두 번째, 다른 사람들에게 상사와 의견이 달라도 얼마든지 나서서 발언하도록 독려했다. 세 번째, 나는 나중에 이 젊은 친구가 누구인지 물었고 그렇게 해서 나는 팀 가이트너와 처음으로 만나게 되었다.

　래리가 나이 어린 직원들의 말도 기꺼이 경청했기에 팀 가이트너라는 인물에게 뛰어난 실력이 있다는 사실을 알게 되었다. 팀은 재무부의 모든 국제 정책 활동에 깊이 개입하게 되었고 결국 오바마 대통령의 재무장관이 되었다. 래리가 관료적인 사람이었다면 우리는 팀 가이트너가 제안한 내용을 절대 알지 못했을 것이고 팀 전체의 능률을 떨어뜨렸을 것이다. 또한 팀은 두 행정부를 거치며 미국의 정책을 결정하는 중대한 역할을 맡을 기회를 결코 얻지 못했을 것이다.

훌륭한 의견이 필요할 때, 사람들이 조직도에 의지하는 이유는 이해할 만하다. 의견의 가치가 직원의 지위와 비례할 거라고 자기도 모르게 가정하는 것이다. 어떤 종류의 회의건 대개 젊은 직원들은 회의에 참여하기보다는 관찰하라는 지시를 받기 마련이다. 그러나 최고 관리자에게 언제나 최고의 아이디어가 있지 않다면 — 경험상 그럴 가능성은 작다 — 개인보다 조직도를 우선하는 것은 소중한 의견을 얻지 못한다는 뜻이고 결국 더 나쁜 결정을 내리게 된다는 의미다.

한 가지 중요한 점이 있다. 나는 자신이 무슨 말을 하는지도 모르면서 나서는 사람에게는 지위 여하를 막론하고 인내심을 크게 발휘한 적이 없다. 하지만 그가 문제를 꿰뚫어 보고 있는 직원이라면 자신의 의견을 막힘없이 표현하고 설명을 요청할 수 있는 분위기를 조성하는 게 전도유망한 젊은이를 식별하는 데 큰 도움이 된다. 내가 재무부에 있을 때 우리 부서에 비교적 젊은 직원인 캐롤라인 앳킨슨Caroline Atkinson — 그는 후에 오바마 대통령의 국제경제부 담당 부보좌관이 되었다 — 은 상사에게 눌리는 모습을 절대 보이지 않아 눈여겨보게 되었다. 캐롤라인은 묻고 싶은 게 있으면 언제든 질문을 던졌다. 그리고 대답이 이해가 가지 않으면 또다시 질문을 던졌다. 두번, 세 번까지도 질문을 던졌다.

일부 조직에서는 이렇게 질문하는 행위가 부적절하거나 거슬린다고 할 수도 있다. 하지만 나는 그 반대라고 생각한다. 캐롤라인의 질문은 매우 좋은 질문이었으며 그가 막힘없이 질문을 던지는 모습을 보고 나는 그의 능력이 대단하다고 확신할 수 있었다.

동시에 누구에게나 최고의 아이디어를 구하는 것은 복잡할 수 있다. 예를 들어, 스티브 프리드먼과 내가 골드만삭스의 공동 COO였을 때 회사는 일상적인 업무를 꽤 잘 해나가고 있었다. 하지만 당장의 긴급한 문제들을 잘 처리하더라도 회사의 장기적인 방향을 고려하기 위한 전략이 얼마나 중요한지 이전 선임 파트너들, 특히 존 화이트헤드John Whitehead에게 배웠다. 이런 면에서, 우리는 살로몬 브라더스를 비롯한 다른 기업들이 선수를 치고 나간다고 느꼈으며 특히 기업과 투자 고객을 위한 새로운 금융 상품을 개발하는 데 더 혁신적이라고 보았다. 스티브는 이 점을 매우 우려하고 있었다. 그는 이렇게 말했다. "우리가 지금 잘하고 있긴 하지요. 그런데 더 혁신적이고 전략적으로 나가지 않으면 계속 이렇게 잘될 수는 없을 겁니다."

새로운 전략을 개발하는 데 적합한 그룹은 회사의 다양한 부서를 이끄는 능력이 출중한 사람들로 구성된 경영위원회였을 것이다. 하지만 여러 가지 이유로 우리는 그들이 이 전략적 업무에 적합하지는 않다고 느꼈다. 동시에 관리위원회를 노골적으로 무시하고 그들이 이 과정에서 배제되었다고 느끼는 상황을 만든다면 그건 실수라고 생각했다.

그래서 우리는 스티브와 내가 공동 의장을 맡는 새로운 이름의 위원회를 만들었다. 우리는 이 특정 업무에 가장 적합하다고 여겨지는 직원들을 파트너로 뽑았고 이들이 사실상 전략계획위원회가 되었다. 그리고 그 위원회는 관리위원회에 보고하는 형식을 취했다. 중요한 업무에 맞는 최고의 아이디어를 얻기 위해서 조직의 노력과 창의성을 추가로 투자해야 했지만, 결과적으로 이득이었다고 본다.

이와 유사하게, 올바른 조직 문화를 양성하기 위해서라면 시간과 노력을 들일 가치가 있다고 생각한다. 회사 문화는 그냥 만들어지는 게 아니다. 리더들은 어떤 문화를 구축할 것인지 깊이 고민해야 한다. 대개 이것은 그들 자신의 개인적인 가치와 믿음에서 나온다. 사람들은 조직의 리더를 보고 온갖 단서를 얻는다. 리더가 어떻게 행동하는지, 사람들을 어떻게 대하는지, — 고객과 동료를 포함 — 윤리적 기준과 전략적 중심은 무엇인지, 위기가 발생했을 때, 누군가 실수했을 때 어떻게 대응하는지 말이다.

리더마다 어떤 문화를 양성하고 싶은가는 저마다의 생각이 있고 다양한 접근법이 있을 수 있다. 예를 들면, 제너럴 일렉트릭의 CEO였던 잭 웰치Jack Welch는 지휘 및 통제식 구조를 선호한 인물로 문화란 어때야 하는지 그의 친구인 존 웨인버그John Weinberg와 매우 다른 아이디어를 갖고 있었다. 존은 잭이 GE를 운영하는 기간에 골드만삭스를 운영했었다. 하지만 세부적인 사항과는 상관없이 강한 문화는 스티브 프리드먼이 '전략적 역동성'이라고 부르던 것을 뜻한다. 이는 전술과 장기 전략은 변하고 응용될 수 있지만, 핵심 가치와 원칙은 변함없이 유지되는 환경을 뜻한다.

이런 식으로 신념의 닻을 굳건히 내리고 있지 않는다면 조직과 리더는 방황하며 떠돌거나 끝내 자신에게 진실하지 않은 결정을 내릴 수 있다. 리더가 가치관을 일관되게 고수하지 않으면 직원들은 눈치를 채게 마련이다. 한 친구는 이런 말을 했다. "자네가 오늘 한 말을 사람들은 5년 후 자네에게 똑같이 인용할 거야."

리더가 바라는 조직 문화가 어떤 것인지 명확히 인식하고 있다 해도 그걸 실제로 이루기 위해서는 끊임없이 노력해야 한다. 예를 들어, 뉴욕이 코비드19를 막기 위해 락다운을 선언하고 얼마 지나지 않은 시기였다. 나는 상임 고문으로 있던 독립 투자 은행인 센터뷰의 공동 CEO였던 블레어 에프론Blair Effron, 로버트 프루잔Robert Pruzan과 얘기를 나누고 있었다. 센터뷰는 직원들에게 재택근무를 지시한 상태였다. 우리는 이 상황에 적응하려면 무엇을 해야 할지 논의 중이었다. 나는 기술적 및 생산성 문제뿐 아니라 모두가 같은 공간에 있지 않고도 어떻게 하면 조직 문화를 유지할지에 초점을 맞췄다. 특히 동료 직원과 회사 문화, 우리 회사가 운영되는 방식을 모르는 신입 직원들과 경력직으로 고용되어 온 직원들이 걱정되었다.

나는 이런 식의 딜레마에 쉬운 답을 갖고 있지 않았고 그런 답이 있을 거라 기대하지도 않았다. 하지만 회사의 문화가 저절로 유지되길 바라기보다는 의식적으로 계속해서 문화를 만들어 나가기 위해 노력해야 한다는 건 알고 있었다. 그것이 팬데믹 처음 몇 달 동안 센터뷰가 신입 직원에게 회사 문화를 알리고 강조하기 위해 다양한 조치를 취한 이유였다. 블레어와 로버트는 시니어 직원들이 어떻게 지내는지 확인하기 위해 전화를 했다. 격주 수요일에는 직원들을 모으기 위해 외부 강연자를 초청해 버추얼 타운 홀을 열었다. 화상 회의로 사무실 문화를 완전히 실현하는 것은 불가능했지만, 놀라운 점은 회사가 얼마나 큰 노력을 들였는가였다.

회사 고유의 문화는 목적을 이루기 위한 수단이기도 한 동시에 목적 그 자체이기도 하다. 예를 들면, 스티브와 내가 골드만삭스를 이끌고 있을 때 우리는 직장 분위기가 협동적이고 협업에 열려 있길 바랐다. 직원들이 자신의 업무를 긍정적으로 여기고 자신이 회사에서 존중받는다 여기며 스스로를 자랑스러워했으면 했다. 무엇보다 직원들이 책임감을 가지고 우리의 클라이언트에게 집중하고, 장기적인 안목으로 좋은 일을 하기를 원했다. 우리는 이런 모든 것이 더 성공적인 회사를 만들어 가는 데 도움이 될 거라 믿었다. 하지만 이건 우리가 하고 싶은 직장 생활을 방식이기도 했다. 즉, 회사 문화의 본질적인 가치는 우리의 일을 더 만족스럽게 해주는 것이었다.

우리는 직장 문화를 매우 중요한 위치에 두었기 때문에 인사 결정에도 주요한 고려사항이었다. 예를 들어, 직원을 고용할 때도 그가 회사의 문화와 맞는지 고려했다. 앞서 언급했듯 나는 다른 직원이 같이 일하기 어렵다고 하는 이들과도 기꺼이 일하려고 하는 편이다. 하지만 만약 어떤 직원이 회사의 문화를 크게 손상시킬 것 같으면, 예를 들어 어떤 직원이 다른 이의 공을 가로채거나 개인적 야망 때문에 다른 직원을 밀어낸다는 소문이 있다면 그 직원의 업무 능력이 매우 뛰어날지라도 고용하지 않았다. 그 대가는 예상되는 이득보다 더 클 테니 말이다.

나는 항상 정반대의 원칙도 사실일 수 있다고 생각한다. 직장 문화를 활발히 발전시킨 직원은 중요한 공헌을 한 것이다. 그 공헌이 뭐라 꼬집어 말할 수 없다고 할지라도 그는 보상받을 자격이 있다. 골드만삭스는 '문화 운반자'라는 용어를 사용했다. 이 용어는 회사에서 만들고자 하는 환경을 구체화하고 촉진한 직원, 자신에게 곧장 이익이 돌아가지 않아도 다른 직원의 성공을 돕는 직원, 그리고 지나치게 자기중심적이지 않으면서도 업무를 진지하게 받아들이는 직원에게 사용했다. 이런 특성을 가진 관리자들은 같은 부서에 있는 하위 직원들에게도 영향을 미친다.

'문화 운반자'가 공식적인 직함은 아니었지만, 직장 문화에 긍정적인 영향을 끼쳤는지는 연봉이나 연간 보너스를 결정할 때 중요한 고려사항이었다. 문화 운반자가 보상받을 수 없는 정부 관련 분야의 경우, 나는 그런 직원을 인정해 주고 가능하다면 더 중요한 업무를 주려고 노력했다. 예를 들면, 실비아 매슈스는 백악관에서 국가경제위원회를 설립할 때 중요한 문화 운반자였다. 실비아는 직원들을 따뜻하고 정중하게 대했으며 최대한의 능력을 발휘하도록 격려했다.

문화 운반자를 알아보고 보상하는 것과 더불어 직장 문화를 양성하는 또 다른 방법은 젊은 직원들을 그들이 꼭 참석하지 않아도 되는 회의에 참석하게 하는 것이다. 예를 들어, 골드만삭스에서는 일주일에 한 번 경영위원회를 열었는데, 그런 회의는 대개 클라이언트를 위한 주요 트랜잭션을 검토했다. 이런 간단한 프레젠테이션에 꼭 필요한 참석자는 파트너 한 명 내지는 많아야 두세 명이었다.

하지만 우리는 가끔 더 많이 참석하곤 했다. 발표하는 파트너에게 젊은 직원들도 몇 명 데려오라고 했다. 젊은 직원들이 팀에 더 소속감을 느끼길 원했고 회사의 일원이라고 생각하길 바랐다. 이렇게 하니 실제로 두 가지가 모두 이뤄졌다. 같은 이유로 파트너에게 적절할 때는 클라이언트 미팅 때 주니어 직원을 더 데려가라고 독려했다. 이런 경우 회의가 진행되는 동안 클라이언트 앞에서 주니어 직원은 의견을 내기보다는 관찰할 것을 지시받았다. 시간이 제한되어 있고 너무 많은 사람이 저마다 의견을 내다 보면 혼란스러울 수 있기 때문이다. 하지만 우리는 젊은 직원들이 회의에 참석해 귀중한 교훈을 배우고 사기를 높일 수 있다고 보았다. 직원들에게 회의를 되돌아보고 어떤 생각이나 반대 의견이 떠오른다면 말해 달라고 했다.

질문의 효용

내가 직원 관리에 접근하는 마지막 방법은 질문을 던지는 것이다. 2000년대 초, 씨티그룹에서 새로운 역할을 맡았을 때 은행의 리더들이 대규모로 모이는 정기 회의가 있었다. 나중에 나는 공동 CEO 였던 샌디 웨일Sandy Weill이 역시 재무부에서 씨티그룹으로 옮겨 온 마이크 프로맨Mike Froman을 잡아당기면서 이렇게 물었다는 걸 알게 되었다. "로버트는 왜 저렇게 질문이 많아요?" 마이크는 이렇게 답했다고 한다. "저 사람 원래 저렇습니다."

마이크는 나를 잘 알았다. 나는 어떤 말을 들으면 궁금해하고 곰곰이 생각해 본다. 그리고 무언가를 생각하면 의견보다는 대개 질문으로 반응한다. 회의가 끝나고 나면 내 노트에는 물음표가 가득한 경우가 많다.

아마도 질문을 좋아하는 성향은 내가 생각하는 방식이 원래 그렇기 때문일 테다. 이는 관리자로서 매우 귀중한 자질이다. 당연한 말이지만 질문하는 방식으로 더 많이 배울 수 있다. 또한 사람들의 직업과 사고에 대한 순수한 호기심은 환영받기 마련이고 생산적인 관계를 형성하는 데 도움이 되기도 한다. 사람들은 최종 결정에 동의하지 않더라도 심지어 그 결정이 자신이 선택한 결정이 아닐지라도 만약 자신의 의견이 경청되었다고 느낀다면 실행하려고 할 것이다. 또한 최종 결정을 내리는 책임이 있는 리더는 질문을 이용해 직원들이 더 많이 말하게 할 수 있기 때문에 서술보다는 질문을 더 선호한다.

예를 들어, 나는 여러 회의에서 의사결정자들이 자신의 의견을 먼저 말하고 그다음 다른 직원들이 따르게 두는 것을 흔히 보았다. 하지만 질문을 던지며 회의를 진행하고 다른 직원들이 의견을 말하게 한 다음, 그제야 나 자신의 의견을 말하면 다른 직원에게 더 많은 아이디어를 끌어낼 수 있어 더 생산적인 토론이 되고 더 나은 결정을 내리게 된다.

내 의견을 굳혔을 때라도 요점을 말하고 싶으면 나는 내 관점을 질문으로 대체하고는 한다. "중국 경제에 참 문제가 많은 것으로 보입니다"라고 말하는 대신 "대부분 미국 투자자들이 생각하는 것보다 중국에 더 많은 문제가 있다고 보나요?"하고 묻는 것이다. 이런 방법은 직원들이 자신의 의견을 더 많이 이야기하도록 하고 더 깊게 생각하게 한다. 직원들의 생각이 나와 다를 때도 있다. 만약 직원의 의견이 옳다고 생각하면 내 생각을 바꾸기도 한다. 또는 직원의 의견이 설득력이 떨어질 경우도 있어 그럴 때는 내 의견에 더 심지를 굳힐 수 있다.

이런 질문의 현실적인 예가 몇 년 전 열렸던 콘퍼런스에서 일어났다. — 이는 참가자에 대한 대략적인 정보는 공개해도 되지만 이름을 공개할 수는 없는 모임이었다.

아무튼 당시 트럼프 행정부에서 일했던 한 저명한 기업인이 자신이 배운 것에 대해 민간 분야부터 공공 부분에 걸쳐 이야기하고 있었다. 그의 요지는 민간에서 정부 분야로의 전환은 쉬웠고 필요했던 건 정부를 비즈니스처럼 대하는 게 전부였다는 거다.

나도 민간에서 공공 부문으로 이동한 경우인데 이 사람의 관점에 강경한 의견이 있었다고 말한다면 절제한 표현이겠다. 정부와 비즈니스에서 리더십과 경영은 유사점이 있다고 생각한다. 그래서 한쪽에서 쌓은 경험이 다른 쪽에서 유용할 수 있다. 하지만 근본적으로 다른 점이 더 많다. 민간 부분 리더들은 정부에 들어가면 효율적으로 일하기 위해 이런 차이를 인지하고 대응하는 작업이 반드시 필요하다. 그리고 그 발언자가 대단히 거만하다고 생각했다. 하지만 내 의견을 그냥 말하기보다는 진심이 담겨 있으면서도 요점이 있는 질문으로 바꿔보았다. "이제 두 분야 다 해보셨으니 다른 점은 뭐라고 생각하십니까?" 그의 대답이 무엇이었는지 기억나지는 않지만 이런 열린 질문이 그 어떤 말보다 나았으리라 회상한다.

내 경험에 근거한다면 나는 그 질문에 이렇게 대답했을 것이다. 첫째, 비즈니스는 일반적으로 정부보다 더 단순한 임무와 조직 체계를 갖고 있다. 민간 분야의 조직은 다른 전략과 제품을 갖을 수 있고 다른 산업에 속할 수도 있지만, 그들은 대개 시간이 지날수록 높은 수익성이라는 대단히 중요한 목표를 공유한다. 반면 정부 분야에는 늘 경쟁과 관심사, 이데올로기와 이해관계 그리고 안건이 있다.

둘째, 수십 년 전에 비하면 민간 부문 기관들은 이제 더 포괄적이고 협의적인 경영 시스템을 채택하지만, 의사결정은 여전히 중앙집중적이고 계층화된 경향이 있다. 심지어 내가 골드만삭스에 있을 때 운영되던 개인 사설 파트너십에서도 리더들은 여전히 책임자였다. 책임자들은 "좋습니다. 이런 식으로 합시다"라고 말할 수 있었고 그러면 조직은 최소한 그런 방향으로 일을 진행한다. 정부에서는 대통령이라 할지라도 유일한 최종 권한은 거의 없다. 다른 지부, 정치인, 내각 기관과 관료 기관들이 각자의 권력이 있어서 대체로 리더들은 일을 진행하려면 협심하여 일을 성사시킬 방법을 강구해야 한다.

셋째, 정부의 의사결정은 민간 부분의 의사결정보다 훨씬 더 많은 언론의 집중을 받으며 논평의 대상이 된다. 어떤 면에서는 비슷해졌다고 말할 수 있다. 즉, 비즈니스를 집중적으로 다루는 케이블 TV, 소셜 미디어 그리고 수익성보다는 더 폭넓은 사회적 목적을 염두에 두어야 한다는 사회적 압력은 대중이 더 정밀히 비즈니스의 세부 사항들을 들여다볼 가능성을 높였다. 하지만 그렇다고 해도 정부는 대중에게 직접적인 영향을 끼치며 종종 매우 실제적인 방식으로 영향을 미친다. 정부의 '주주들'은 사실상 모든 미국인이다. 그리고 정부가 하는 일의 많은 부분은 언론 보도를 통해 대중에게 공개된다.

정부와 언론이 엮이는 정도는 민간 기업과 매우 다르다. 만약 반복적인 정부의 결정이 부정적인 결과를 낳는다면 주요 국가적 기사가 될 수 있다. 게다가 행정부는 중요한 역할을 하지만 당파적이고 적대적일 수 있기도 하며 비판하거나 악마화할 기회를 노리는 국회의원들에게 공격적인 관리 감독의 대상이 된다. 나는 백악관과 재무부에 근무하는 동안 우리의 결정과 대중의 인식을 다룬 언론 보도에 어떻게 잘 대처할 수 있는지 많은 신경을 썼고, 이는 민간 부분에서라면 필요하지 않았을 것이다. 민간 부분에서 공공 부문으로 옮겨 간 리더라면 적응하기가 힘들고 혼란스럽다고 느낄 수 있다. 그리고 나는 이 업무에 적당히 유능해지기까지 꽤 많은 시간과 건설적인 비판을 받아야 했다.

공공과 민간 분야의 마지막 차이는 보상이다. 민간 분야의 관리자들은 문화를 양성하는 데 도움을 주고 최고 성과자에게 보상을 주거나 재정적 인센티브를 사용할 수 있다. 대부분은 제약 없이 직원을 승진시키거나 강등시키고 해고할 수 있다. 하지만 반대로 연방 정부에서 직원에게 주는 보상은 일반직 보수표라고 알려진 급여 체계를 기초로 한다. 특정 정치적 임명의 경우 명망과 권력이 여러 가지 면으로 수입을 대신하지만 그렇다고 해도 급여는 정부의 통상적 범위 내에 들고 이는 일반적으로 민간 부문에서 비슷한 역할을 맡았을 때와 비교할 수 없는 수준이다. 골드만삭스에 있을 때는 만약 회사가 실적이 좋으면 모두가 보너스를 받았다. 재무부에 있을 때 미국 경제가 호황이었다고 해도 아무도 보너스를 받지 않았다.

재무부 같은 내각부에서는 공무원 보호 법안으로 대부분 직원이 전직이나 해임으로부터 보호를 받는 경력 직원이었다. 나는 재부무에 막강한 경력 직원들이 포진해 있어서 운이 좋은 편이었지만, 그렇지 않았다고 해도 내가 할 수 있는 일은 거의 없었다. 정부에 독립적인 공무원 조직이 있으면 좋은 이유가 있다. 공무원들이 과도한 정치적 영향력을 받지 않도록 도와주기 때문이다. 하지만 이 독립성은 민간 부분에서는 동일한 방식으로 존재하지 않는 경영 관리의 어려움을 낳고 조직의 목표를 이루기 위한 유용한 도구를 제거한다.

최고의 결정

달리 말하면 비즈니스에서도 경영 관리는 어려울 수 있지만, 정부에서는 훨씬 더 어렵다. 나 역시 공공 분야에 진입했을 때 색다른 어려움을 겪긴 했지만, 관리에 대한 나의 근본적인 접근법은 변하지 않았다. 오히려 업무 능력과 연계된 직접적이고 임무와 보상이 없으니 개인의 복잡성을 인지하는 직원 관리가 훨씬 유용해졌고, 직원들이 목표를 공유하는 것 역시 훨씬 중요해졌다. 그로써 직장 문화는 성공에 더욱 핵심적인 요인이 되었다. 업무에 헌신하고 목표를 이루도록 조직을 돕는 사람들을 주변에 두는 것이 중요해졌다.

레이 영이 나를 골드만삭스에 끌어당기고 거의 50년이 지난 후, 나는 직원 관리를 위한 보편적 진리를 개발했다. 그건 바로 모든 조직은 제각각의 목표와 어려움이 있지만, 그 안에 있는 개인은 한도 끝도 없이 복잡하다는 점을 공유한다.

복잡성을 수용하는 관리자가 매번 옳은 결정을 내리지는 않을 테지만 복잡성을 수용하지 않는 관리자보다 더 큰 성공의 기회를 줄 것이다. 조직과 국가, 사회가 앞으로 겪을 거대한 위기를 생각할 때 그리고 그런 어려움을 해결하지 못할 경우에 일어날 결과를 생각할 때 우리의 성공의 가능성을 높이는 것이 얼마나 이득일지를 아무리 강조해도 지나치지 않다.

5장

문제에
압도당하지 않는 비결

"그리고 내가 지켜본 많은 이들과
나에게 이런 강렬한 직업의식은 위기 상황에 필수였다.
문제는 적절한 헌신을 쏟는 것이 아니라 문제에 압도되지 않는 것이다."

1987년 2월 12일, 나는 콜로라도 민주당 의원인 팀 워스Tim Wirth와 골드만삭스 사무실에 앉아 있었다. 그는 대통령 당선의 야망을 품은 인물로 널리 알려져 있었다. 그때 우리가 회의에서 무엇을 논의했는 지는 잊었다. 아마도 그 회의가 어떻게 끝났는지 너무도 생생히 기억 하고 있기 때문일 거다.

내 비서였던 노마가 문을 열었다. "밥 프리먼Bob Freeman이 찾으십니다."

밥은 내가 회사에 더 광범위하게 개입하기 위해 아비트라지 부서 를 떠난 후 부서를 넘겨받았다. 나는 그를 대단히 존경했다. 그래도 미국의 상원의원과 회의 중에 노마가 회의를 중단시켜 꽤 놀랐다.

"지금 워스 상원의원과 있다고 전해 주세요. 끝나는 대로 바로 가 겠습니다." 하지만 노마는 군건했다. "안 됩니다. 급한 건이라고 합니다."그래서 나는 전화기를 들었다.

수화기를 통해 전달된 밥의 목소리는 굉장히 떨렸다. "제가 지금 사무실에 앉아 있는데요. 내부자 거래로 저를 체포한답니다."

나는 회사 변호사와 연락하겠다고 말했다. 그리고는 사무실에 앉아 있던 상원의원에게 얼굴을 돌렸다. "정말 믿어지지 않는 일이 일어났습니다. 제 파트너 중 하나가 체포된다네요."

워스 의원에게서 주저함이란 찾아볼 수 없었다. "세상에, 저런. 늦었네요. 전 그만 가보겠습니다." 그는 이렇게 말하더니 눈썹을 휘날리며 사라졌다. 나는 내 사무실에서 그렇게 빨리 사라지는 사람은 본 적이 없었다.

그날의 사건은 너무 특이했기 때문에 기억할 만했다. 하지만 우리는 큰 위기가 닥쳤다는 사실을 알게 되었을 때의 기분을 잘 알고 있다. 긴급한 상황, 스트레스 수치는 치솟고 앞으로 나아갈 길이 느닷없이 보이지 않는다.

이런 상황을 잘 다룰 수 있는 비결을 아는 사람은 없다. 하지만 위기를 맞았을 때 매우 중요한 질문이 하나 있다. 그것은 '이 위기를 어떻게 헤쳐 나갈 것인가'이다.

• •

골드만삭스에서 일어났던 체포에 관련된 일은 그 상황이 특히 초

최고의 결정

반에는 얼마나 무서웠는지 이루 말할 수 없을 정도였다. 적어도 처음에는 도대체 무슨 일이 일어나고 있는지 또는 우리 파트너나 회사에 얼마나 큰 어려움이 닥칠지 알 수가 없었다. 한동안 아비트라지 부서의 주요 인물이던 이반 보스키Ivan Boesky가 내부 거래로 조사를 받는 중이라는 소문이 돌았다. 나중에 그가 키더 피바디Kidder Peabody의 은행원 마티 시겔Marty Siegel과 공모했다는 사실이 밝혀졌다. 이반 보스키는 일반 대중은 알 수 없는 정보를 시겔에게서 쥐도 새도 모르게 받는 대가로 현금다발을 골목에 놔뒀다. 그런 다음 시겔이 골목으로 가서 현금을 가져온 것이다.

두 남자는 모두 유죄를 인정했고 징역형을 선고받았다. 분명 옳은 결과였다고 생각한다. 내부자 거래는 불법이며 분명 그래야 한다. 내부자 거래는 시장과 금융 시스템에 대한 대중의 신뢰를 약화할 뿐 아니라 내부 거래를 하는 사람들에게 부당한 혜택을 준다. 당국이 보스키와 시겔이 저지른 일로 그들을 기소하고 그들의 내부자 거래 계획을 강력하게 조사하는 건 옳은 일이다.

하지만 나중에 밝혀졌듯 당국은 너무 지나쳤다. 검찰은 지나친 열정으로 시겔이 자신의 형량을 줄이려고 말한 거짓 정보에 자극받아 보스키, 시겔과 함께 그들의 계획에 동참하지 않은 사람들까지 기소했다. 밥 프리먼이 열여섯 건의 내부자 거래 혐의로 체포된 후 그의 혐의는 모두 기각될 터였다.

하지만 그 당시에는 사건이 어떻게 풀릴지 도저히 알 길이 없었다. 우리가 아는 기라고는 파트너들 그리고 골드만삭스 자체가 거대한 법적 위험에 봉착했다는 거였다.

특히 우리를 겨냥한 검사였던 야망 있는 미국 연방 검사인 루돌프 줄리아니 Rudolph Giuliani 때문에 특히 우려되었다. 줄리아니는 이미 드라마틱하고 세간의 이목을 끄는 체포와 유죄 판결로 유명했고, 그가 공명정대한 법 집행보다는 정치가로서 경력을 시작하는 데 더 무게를 둔다는 추측이 있었다. 수십 년이 지나고 줄리아니의 화려한 행동과 진실하지 않은 태도는 그를 지켜보던 많은 사람에게 법치주의에 반하는 모습으로 비칠 터였다. 그리고 심지어 그는 나중에 추가로 알게 된 모든 것을 알았더라면 밥 프리먼을 체포하지 않았으리라고 결국 인정했다. 하지만 그 당시 줄리아니는 공격적인 스타일로 엄청난 칭송을 받고 있었다.

줄리아니는 뉴욕 시장으로서 불균형적으로 많은 비중의 소수 인종을 자잘한 범죄로 기소하거나, 트럼프 대통령이 선거 위반이라는 거짓 주장에 공식 대변인으로 활동하고, 월스트리트 은행에서 권력이 막강하고 부유한 개인들을 내부자 거래로 조사하며 주요 언론의 관심을 끄는 재능이 있었다. 골드만삭스 수사도 예외가 아니었다. 내가 그 갑작스러웠던 전화를 받고 상원의원이 서둘러 사무실을 나가고 난 다음 날 아침 「뉴욕타임스」는 한 페이지가 아닌 두 페이지에 걸쳐 1면에 줄리아니의 놀라운 기소에 관한 기사를 실었다.

기사는 밥과 키더 피바디의 두 명의 파트너를 언급했다. "월스트

리트에서 세 명의 저명한 인물을 갑작스레 체포한 사건은 정부가 이제 내부 거래 남용에 우위를 점하고 있다는 것을 나타낸다." 기사는 익명의 제보자로부터 얻었다는 오싹하고 확실하다는 말을 인용하고 있었다. "골드만삭스의 아비트라지 부서의 총책임자를 체포했다는 것은 그에 대한 조사를 완벽히 끝냈다는 뜻이다."

또 다른 신문의 1면 기사는 더 심각했다. 네 번째 문단의 한 문장은 체포된 세 명이 모두 혐의를 인정하지 않고 있다고 기록하고 있었다. 하지만 그 한 문장을 둘러싼 모든 글은 밥을 포함한 은행가들에게 대한 줄리아니의 기소를 설명하는 자세한 내용으로 꽉 들어차 있었다. 아비트라지 부서, 내부자 거래법 혹은 월스트리트에 관해 잘 모르는 사람이라면 누구나 검찰이 흑백이 분명한 사건을 다루는 것처럼 보일 터였다.

사건의 이면을 보면 우리는 줄리아니의 기소가 근거가 없다는 것이 밝혀질 거라 확신했다. 밥이 체포되기 몇 달 전, 수사에 대한 소문이 돌기 시작했을 때 나는 뉴욕 최고의 소송 전문변호사인 아서 리만Arthur Liman에게 전화를 걸어 불법 행위의 모든 가능성을 조사하고 회사를 도울 수 있을 만한 변호사를 추천해 달라고 부탁했다. 그는 래리 페도위츠Larry Pedowitz를 추천했다. 래리는 법률 회사 왁텔 립튼Wachtell Lipton을 나오기 전 뉴욕 남부 지역의 형사국의 책임자로 줄리아니 밑에서 일했었다.

래리는 정말이지 뛰어났다. 그는 조사를 철저히 진행한 후 골드만삭스 파트너에게 내부자 거래법을 위반하거나 다른 불법을 저지른 사람이 있다는 징후는 없었다고 말했다.

그래도 경험이 많은 형사 변호사이기에 래리는 낙천주의와는 거리가 멀었다. 그는 이렇게 말했다. "만약 당신이 조사 대상이라면 기소될 가능성은 85퍼센트입니다. 그리고 기소된 사람 중 유죄 판결을 받을 확률은 매우 높습니다." 다시 말하면 래리는 줄리아니의 기소가 근거 없다고 느끼긴 해도 그건 중요하지 않을 수 있다고 경고했다.

— 약 2년 후, 비슷한 논리로 시걸의 진술과 기소와는 아무런 상관없는 줄리아니의 후속 조사 과정에서 나온 관련 없는 정보를 근거로 내부자 거래 한 건에 대해 유죄를 인정하게 된 상황이 발생했다. 그의 변호사들은 밥이 불법적인 일을 하지 않았다고 믿었지만, 불확실한 배심원 재판을 받느니 하나의 기소 조항에 유죄를 인정하고 판사 앞에서 선고를 받으라고 조언했다.

한 명의 파트너의 인생과 커리어가 위태로운 지경에 있는 걸 넘어 — 물론 그것도 중요하지만 — 더 나아가 검사들이 회사 전체를 기소할 가능성도 실제로 있었다. 회사가 이런 혐의에서 생존해 낼 수 있을지는 전혀 알 수 없었다. 더 심각한 건 이 일이 골드만삭스가 여전히 프라이빗 파트너십이었을 때 일어났다는 점이다. 이는 모든 파트너의 회사 내의 재산뿐 아니라 회사 밖의 개인 자산까지 위험하다는 뜻이었다. 만약 골드만삭스가 법적으로 책임을 진다면 파트너들은 회사의 일부 혹은 지분 전부를 잃을 수 있고 개인적인 저축과 투자 그리고 심지어는 집까지 압류될 가능성이 있었다.

게다가 이 모든 문제보다도 나는 잘못한 일이 없음에도 불구하고 줄리아니의 목록에서 내 이름이 나올 가능성이 있어 불안했다. 결국 골드만삭스에 대한 의혹은 아비트라지 부서와 관련이 있으니까. 나는 전 부서장이었고 여전히 그 부서의 보고를 받는 선임 파트너였다. 만약 정치적인 야망이 있던 미국 연방 검사가 더 큰 물고기를 잡으려 한다면 내가 논리적으로 맞는 다음 타깃이었다.

하지만 만약 직접적인 타깃이 아니더라도 위기는 어떤 식으로든 개인적이다. 그들은 회사뿐 아니라 회사에 다니는 각 개인의 정당성까지 의심한 것이다. 바로 이 점이 위기를 관리하는 좋은 접근법은 개인을 관리하는 것에서 시작해야 한다고 생각하는 이유다.

최고의 리더라면 어떤 어려움에도 두려움과 의심에 일절 흔들리지 않는다고 짐작할 것이다. 하지만 그건 사실이라 하기 힘들다. 위기 상황에서는 모두가 크게 불안해하고 두려워한다. 위기에 대응하는 리더들의 결정적인 차이는 그가 내적 반응을 통제할 수 있는지 또는 그 내적 반응이 그의 행동과 판단에 영향을 미치는 감정 상태로 옮겨 가는지다.

나는 위기 상황이 닥치고 압력이 세지면 유능한 사람들조차 이성을 잃는 경우를 종종 보았다. 예를 들어, 줄리아니가 그의 혐의를 발표하고 나서 얼마 후, 나는 공동 선임 파트너인 스티브 프리드먼과 다른 파트너를 만나 회사로 갔다. 우리는 회사가 어떤 불법적인 일에도 가담하지 않았다는 완전한 확신에도 불구하고 클라이언트들이 회사를 저버릴까 걱정됐다. 클라이언트들은 우리가 버텨낼 수 있을지 의심하거나 우리가 처한 상황과 엮이길 원하지 않았기 때문이다. 당시 뉴욕에서 가장 유명하고 중요한 변호사였던 마티 립턴Marty lipton은 이런 우려를 해결하기 위해 우리에게 편지를 써주기로 했다. 정확한 단어는 생각나지 않지만, 핵심은 그의 회사가 골드만삭스의 행동과 부채를 평가했고 줄리아니의 혐의가 우리 회사의 생존에 위험이 될 거 같지는 않다는 내용이었다.

이건 우리에게 커다란 발전이었다. 스티브와 내가 재빨리 인지했듯 이 편지는 불안해하는 클라이언트들의 걱정을 달래 줄 것이었다. 하지만 우리가 회의실로 데려온 다른 파트너는 너무 불안해서 어쩔 줄 몰라 했다. 그는 마티에게 걱정이 되는 온갖 이유를 늘어놓기 시작했다. 그러고 나서 그는 어쩌면 마티가 우리에게 그 편지를 주는 건 실수인지도 모른다며 조바심을 내기 시작했다. 사실을 참작해도 부적절했고 회사의 이해와 완전히 반대인 견해였다.

그 파트너가 평소에는 신중하고 철저히 생각하며 의지할 수 있는 판단력의 소유자라는 점을 강조하고 싶다. 하지만 이 사건의 압박감과 두려운 마음이 그의 판단을 흐려 놓았다. 사실 나는 다양한 분야에서 이런 상황이 반복되는 걸 봐왔다.

비합리적인 낙관주의는 위기의 순간에 비합리적인 비관주의만큼이나 위협이 된다는 사실을 주목해야 한다. 사람들은 가끔 당황해서 차분함을 잃어버리거나 희망이 없는 상황이라고 결론을 내리고는 한다. 하지만 겉으로 보기에는 엄청난 위기와 잠재적인 결과에 직면했을 때 부정적인 정보를 무시하고 심각한 상황인데도 모든 게 다 괜찮은 척 할 수도 있다. 위기 상황에서 조직은 너무 희망적이거나 최후의 종말이라며 비관하는 리더를 대할 여유가 없다.

그러므로 자기 자신에게 진솔하면서도 차분함을 유지하는 것이 위기관리의 필수다. 극한의 불확실성을 맞아 대단히 부정적인 결과가 생길 것 같을 때 또는 매우 불안하고 깊은 공포감을 느낄 때도 있을 것이다. 하지만 의사를 결정하고 당신 주변의 사람들을 대할 때 그런 감정을 모두 제쳐 둘 수 있어야 한다.

2009년 나는 당시 재무장관이던 팀 가이트너와 골드만삭스 운영자였던 로이드 플랭크페인Lloyd Blankfein과 공개 행사 전 환영회에서 만났다. 그때는 2008년 금융 위기로 인한 대공황의 시기였고 두 사람 모두 저마다의 이유로 언론에서 자주 비판을 받던 차였다. 여론의 압력은 점점 더 나빠지고 있었다. 팀은 이렇게 충고했다. "돌아가는 모든 상황에서 자신을 분리해 낼 줄 알아야 해요. '젠장' 그러고는 그냥 당신이 옳다고 생각하는 대로 하세요."

모든 사람이 이렇게 침착함을 유지할 수는 없다. 하지만 팀처럼 할 수 있는 사람들은 위기 상황을 대처할 준비가 최고로 잘 되어 있다. 이런 리더는 압박감에 영향은 받지 않지만, 스트레스를 받으면서도 냉정함을 유지하기 위해 다양한 기술과 성격적 특징에 의존한다.

아마도 긴급한 상황이 일어나도 자기 자신을 잘 관리할 수 있는 사람들의 가장 일반적인 특징은 구분하는 능력일 것이다. 이들은 그들 앞에 놓인 긴급한 상황에 완전히 집중할 수 있다. 그 집중을 방해하는 불안과 두려움, 다른 모든 것들은 제쳐 둘 수 있다. 그러고 나서 그 제쳐 둔 부분은 잊어버리고 스트레스를 받지 않으면서 업무의 다른 면에 관여하며 앞으로 나아갈 수 있다.

압박감을 대하는 또 다른 방법은 거대하게 느껴지는 어려운 일을 더 작고 관리하기 쉬운 작은 업무로 세분화하고 시간을 할당하는 것이다. 이것이 바로 내가 골드만삭스가 줄리아니에게 처음 타깃이 되었을 때 했던 일이다. 나는 "어떻게 하면 이 일을 잘 뚫고 지나가지?"라고 묻기보다는 "지금 무엇을 해야 할까? 오늘 무엇을 해야 할까?"를 확인했다. "한 번에 하나씩"이라는 말은 어쩌면 진부한 표현일지 몰라도 위기의 상황에서는 그 진부한 말이 맞았다.

예를 들어, 줄리아니의 기소 다음에 이어진 법적 절차 중 초반에 나는 내가 대배심 앞에서 증언하기 위해 소환될 것이라는 사실을 알게 되었다. 나는 조사의 대상도, 목표도 아닌 증인으로 소환되는 거였지만 그래도 끔찍한 일일 터였다. 대배심 앞에서 증언할 때는 변호사를 동반할 수 없기 때문에 변호사가 동석했을 때보다 훨씬 더 무방비로 노출된 느낌을 받을 수밖에 없다. 게다가 완전히 진실만을 밝힌 증인조차도 심각한 법적 문제에 엮일 수 있다. 이론적으로 고의가 아닌 위증은 없지만 실제로는 의도한 바와 다른 식으로 해석될 수 있는

최고의 결정

어떤 말을 했거나 당신이 몰랐던 새로운 사실이 드러나면 위증 혐의에 걸려들 수 있다.

결국 나는 대배심 앞에서 모두 합쳐 네 번을 증인으로 출석했고 증언하는 일에 점점 더 편안해졌다. 하지만 처음에는 너무 걱정되어 내가 숨길 게 있어서가 아니라 실수로 틀린 말을 할 가능성을 피하고자 수정 헌법 5조[1]를 택하려고 했다. 증언하기로 한 후에도 나는 일이 잘못될까 매우 걱정했다. 증언해야 한다는 생각이 계속해서 머리에서 맴돌아 떨치기가 매우 힘들었다. 하지만 하루에 하나씩 또는 한 시간에 하나씩 되새기자 내 업무를 하고 회사가 위기에 대응하도록 돕는 일이 점차 쉬워졌다. 걱정되는 마음을 완전히 피할 방법은 찾지 못했다. 하지만 나에게 닥친 위기를 세분화한 후 현재에 집중하는 방법으로 걱정하는 마음을 접어두고 해야 할 일을 해낼 수 있었다.

이해하기는 쉽지만 실천하기는 어려운 또 다른 위기관리 이론은 상황을 멀리서 보는 것이다. 압박감이 심해지면 리더는 다른 이들의 마음에서 자신의 중요성을 쉽사리 과대평가할 수 있다. 줄리아니가 우리 본사에서 직원을 체포하고 며칠 동안, 나는 뉴욕을 걸어 다니는 동안 사람들이 전부 나를 쳐다본다고 생각하거나 모든 사람이 회사에서 기소된 파트너를 다룬 「뉴욕타임스」 기사만 생각한다고 느꼈다. 하지만 물론, 이건 사실이 아니다. 사람들 대부분은 대개 자신의

---

1   헌법 5조: 묵비권

삶에 대해 생각한다. 정말 대단하고 마음을 완전히 휘젓는 추문에 엮인 게 아니라면 사람들이 당신에게 어떤 관심을 주든 역경에는 끝이 있을 것이고 끝내 지나갈 것이다. 이 점을 명심해야 한다. 이렇게 하면 불안감을 줄일 수 있게 되어 좋은 결정을 내리기가 더 쉬워지고 당신이 삶을 더 충만히 사는 데 도움이 된다.

내가 본 많은 리더가 사용하는 냉정함을 유지하는 또 다른 방법은 심각한 상황을 웃어넘기는 유머 감각이다. 훌륭한 리더는 위기를 대단히 심각하게 받아들이면서도 동시에 이를 해결하려고 근면하게 일하면서 유머 감각을 잃지 않았다. 이런 식으로 유머를 좋아하는 게 대응 기제인지 타고난 개인적 특성인지 혹은 둘 다인지 분명히 말할 수는 없다. 하지만 심각한 상황에서조차 유머가 의사결정자들을 차분하게 유지하는 데 도움을 준다고 믿는다.

이제 내가 직장과 관련된 위기 상황에서 자기 자신을 관리하기 위한 접근법 중 가장 유용하다고 생각하는 '응용 실존주의'에 대해 얘기하겠다. 나는 따로 정의가 존재하는 실존주의 학파 얘기를 하려는 것이 아니다. 내가 말하고자 하는 바는 진정한 시공간의 우주적 의미에서 위기를 인식하는 것 그리고 위기를 해결하는 데 누군가의 성공이나 실패는 상관이 없다는 것을 인식해 틈을 벌리는 동시에 업무에 완전히 헌신하는 능력을 말한다.

대학생 시절, 내가 생각한 응용 실존주의의 버전은 파리의 카페에 편안하게 앉아 있는 도피성 환상에 몰두하는 일이었다. 나는 버거운 학문적 혹은 직업적 위기가 생길 때마다 이렇게 되뇌곤 했다. "만약 이게 해결되지 않으면 나는 언제든 레프트 뱅크²로 가면 돼." 물론 한 번도 이를 심각하게 고려해 보지는 않았지만, 파리에서 이렇게 살 거라는 상상은 모든 과목에서 낙제를 받는 최악의 시나리오조차도 어느 정도 괜찮게 받아들이게 해주었다. 그러면서 세상은 흘러갔고 나도 그랬다.

나이가 들면서 책으로 가득한 파리의 고즈넉한 다락방에서 살 가능성은 제로에서 아예 존재하지 않는 것으로 되었고 스트레스를 대처하는 전략으로 파리의 레프트 뱅크를 떠올리는 건 포기했다. 대신 다른 공식을 사용하기 시작했다. "이건 지금은 상당히 중요하지만 10만 년 후에는 전혀 중요한 게 아닐 거야."

결과와 스트레스를 이렇게 바라보는 방식은 처음에는 빈말로 들릴 수 있다. 만약 우리가 하는 일이 길게 봤을 때 그 어떤 것도 중요하지 않다면 왜 열심히 하겠는가? 하지만 내 일에 헌신하게 되는 것은 나에게 문제가 된 적이 없고 일을 효과적으로 잘하는 사람이라면 누구에게든 문제가 되지 않을 것이다. 그리고 내가 지켜본 많은 이들과 나에게 이런 강렬한 직업의식은 위기 상황에 필수였다. 문제는 적절한 헌신을 쏟는 것이 아니라 문제에 압도되지 않는 것이다.

---

2   레프트 뱅크: 파리 센 강을 중심으로 아래쪽을 뜻한다. 예술인들이 모여 살았던 곳

나는 문제에 접근하는 이런 방식을 내 커리어에도 적용해 왔다. 재무부에 근무하던 시절 그리고 트럼프주의가 공화당을 향한 영향력을 계속해서 확대하던 때 민주주의에 대한 공격, 기후변화 문제 무시, 저소득층에 관한 관심 부족, 현대 주류 정치에 백인 민족주의 도입 등이 걱정되었다. 그러므로 민주주의를 보호하기 위해 더 적극적으로 노력하고 트럼프 대통령과 그의 정치 브랜드에 반대하는 후보들과 기관들을 지원하기 위해 많은 시간과 노력, 재정 지원을 들이게 되었다.

하지만 트럼프 대통령이 2020년 선거에서 패배하기 전에도 나는 내가 속한 그룹의 사람들을 사로잡았던 심리적 압박을 벗어날 수 있었다. 그들처럼 나도 트럼프와 트럼프주의가 민주주의는 물론, 어쩌면 지구에 실질적인 위협이 된다고 느꼈다. 하지만 나는 내가 하는 일에 계속 집중할 수 있는 마음의 공간을 찾았다. 처음에는 역설적으로 보일 수 있지만, 업무에 자신을 헌신하고 업무에서 거리를 벌리는 일을 동시에 함으로써 극도의 스트레스를 받는 순간 조직을 훨씬 더 효율적으로 이끌 수 있다.

하지만 응용 실존주의 그리고 위기 상황에서 자신을 관리하는 것은 시작점에 불과하다. 위기 그 자체도 관리해야 하기 때문이다.

큰 문제가 닥쳤을 때 관리란 직원, 클라이언트, 고객, 채권자 같은 이해관계자와의 소통 및 대중을 향한 많은 수의 공개 성명을 포함한다. 하지만 나는 종종 좀 더 작은 행동부터 시작된다고 믿는다. 그건 바로 직원과 소통하는 것이다. 사무실에서 나와 직원들이 어떤지 확인하는 일은 중요하다. 비록 누군가 위기에 관해 묻는다면 대답해야겠지만 이 행위의 목표는 위기를 논하는 게 아니다. 대신 중요한 건 모든 이가 리더와 잘 소통하고 있다고 느끼게 하는 것이다. 직원들은 조직의 리더들이 집중하고 있고 조직과 개개인 모두에게 공을 들이고 있다는 걸 알아야 한다.

"어떻게 지내세요? 무슨 일 있었어요?" 같은 간단한 상호작용도 의사결정자가 존재하며 어떤 위기가 닥치든 침착하게 함께 노력해 극복하려고 헌신한다는 걸 상기시킬 수 있다.

물론 더 규모가 큰 회사나 조직에서는 직원들과 소통한다는 게 간단하지는 않다. 그리고 코비드19의 여파와 아직도 씨름 중인 이 세상에서 직원들과 기본적인 소통을 원격으로 해야 할 때도 있을 것이다. 하지만 비유적인 표현일지라도 기본적인 소통은 위기가 닥쳤을 때 리더의 역할 중 많은 부분을 압축한다. 조직의 매니저들과 소통하고 그룹과 만나며 현대 기술 덕택에 가능해진 다양한 소통 수단을 활용할 수 있다. 리더십은 난기류 가운데 평온함을 전달하면서도 상황의 심각성을 인지하여 뚜렷하게 발휘되어야 한다.

위기관리는 단순히 균형을 유지하는 행위가 아니라 여러 가지의 균형을 맞추는 행위로 모든 것을 동시에 수행해야 한다. 가장 중요한 것은 진실하게 대하는 동시에 확신을 주는 것이다. 혼란이 조직을 뒤집어 놓으려고 할 때 정직함은 매우 중요하다. 직원들에게 일이 다 술술 풀릴 거라고 말하고 싶을지라도 만약 주변 사람에게 신뢰를 잃는다면 당신은 사람들을 이끄는 능력을 잃게 될 것이다.

솔직하다는 것이 마음속에 있는 모든 말을 다 털어놓거나 알고 있는 정보를 모두 공유해야 한다는 뜻은 아니다. 만약 당신의 전체 조직이 위기에 빠졌다면 당연히 심히 고통스러울 것이다. 하지만 만약 당신이 주변 사람들에게 그런 상태를 내비친다면 또는 완전히 진실해지려고 두려움과 걱정에 묶여 있는 모습을 보인다면 그것은 전체 조직을 소용돌이 바닥으로 끌고 갈 것이다. 위기를 맞았을 때 신뢰를 유지하는 것과 현실적인 자신감을 내비치는 것 사이에서 하나만을 선택할 수는 없다. 둘 다를 해내야만 한다.

나는 의사결정 과정의 다른 경우에는 매우 도움이 된다고 생각하는 확률적 언어를 위기 상황에서는 덜 사용하려고 한다. 줄리아니의 조사를 받던 초기 시절에 만약 누군가가 "골드만삭스가 살아남을 수 있을까요?"라고 묻는다면 나는 퍼센트로 가능성을 말하지 않았다. 그 사람의 시선은 회사가 살아남지 못할 무시할 수 없는 가능성에 집중하게 되기 때문이다. 동시에 나는 내가 믿지 않는 것은 그 어떤 것도 말하지 않았다. 대신 이런 말을 해주었다. "우리는 잘 이겨낼 겁니다. 인생에서 확실한 일이란 없고 우리는 어려운 상황을 맞았지요. 하지만 뛰어난 변호인단이 있고 조사를 잘 마쳤고 상황을 잘 처리할 수 있는 준비가 되었으니 앞으로 나아갈 겁니다."

위기 상황에서 조직을 관리할 수 있는 또 다른 중요한 요소는 모을 수 있는 모든 사실 정보를 보아 그들이 이끄는 방향이 어디든 따라가는 것이다. 일어난 사건을 이해하고 일어난 사건의 잠재적인 법적 파장을 이해하기란 매우 어려울 수 있다. 하지만 리더와 법률팀은 문제가 발생하기까지 정확히 무슨 일이 일어났는지 정확히 파악해야 한다.

철저히 조사하면 회사와 내부 인물들에 대한 부정적인 사실이 들어날 수도 있다. 하지만 이런 문제를 피할 방법은 없다. 위기를 다룰 때 당신이 할 수 있는 유일한 일은 철저히 조사 중 어떤 사실이 나타날지 정확히 알 수 없다는 점을 인정하고 모든 사람에게 잘 준비해두라고 경고하는 것이다. 깜깜한 어둠 속에서 아무것도 모르고 있는 것보다는 사실을 추구하는 게 훨씬 나은 선택이다.

당신이 언론, 대중과 채권자, 직원과 분명하고 솔직히 의사소통할 거라면 사실을 아는 것은 특히 더 중요하다. 내 경험상 언론과 신뢰 있는 관계를 유지하는 것은 매우 중요하다. 세간의 시선을 끄는 문제가 닥쳤다면 언론은 조직 내외부에서 상황이 어떻게 인식되는지 좌지우지할 수 있고 당신이 얼마나 훌륭히 또는 형편없이 대처하고 있는지에 큰 영향을 미칠 수 있다. 그러므로 언론과 소통하기 위해서는 많은 집중이 요구되고 신중하게 균형을 잡아야 한다. 즉, 오해의 소지가 없는 한 당신이 아는 모든 것을 말하지 않아도 되지만 늘 진실만을 말해야 한다.

물론 리더들이 언론에 솔직하고 도움이 되는 대화를 했다고 해도 언론은 종종 불쾌하고 불공평할 수 있다. 나는 언론의 자유의 중요성을 굳게 믿는 사람이지만, 직장 생활을 통해 객관성을 추구하는 언론일지라도 때로는 어쩌면 매우 자주 선정적이고 과장하며 상황과 관련 없는 얘기를 하거나 증거가 부족한 상태에서도 기사를 싣는 느낌을 받을 때가 있었다. 틀린 정보가 소셜 미디어를 통해 퍼지는 방식은 이런 경향을 수십 배로 증폭시킨다. 하지만 이야기를 구성하기 위해 당신이 할 수 있는 일이 거의 없다고 해도 시도는 해봐야 한다. 목적은 당신의 메시지를 정직하게 널리 전달하기 위한 것이다.

나는 정부에 근무하던 시절 언론과의 관계를 맺는 법에 대한 많은 배움을 얻었다. 골드만삭스는 금융 쪽 언론에서 자주 다뤘고 때로는 꽤 신랄하게 비판을 받았지만, 나는 고위 정부 관리들과 부서들이 직면했던 정밀한 조사를 대비하기에는 충분히 준비되지 않았다. 내가 미국 국가경제위원회에 있을 당시 인터뷰할 때는 실비아 매슈스와 진 스펄링에게 의지해 도움을 받았다. 백악관에서 막 일하기 시작했을 때 내가 리포터에게 무언가 말하면 진은 "음, 그러니까 사실은 이런 말씀을 하신 겁니다"라고 말하고는 했다.

진의 말은 종종 웃음을 자아내곤 했지만, 그의 말이 완전히 농담은 아니었다. 곧 언론을 대하는 나의 능력을 발전시켜야 할 여지가 많다는 걸 분명히 알게 되었다. 한번은 피트 도메니치 Pete Domenici 와 함께 TV 인터뷰를 하게 되었다. 피트는 뉴멕시코 공화당 의원으로 상원예산위원회의 의장이었고 멕시코의 경제 정책에 가장 영향력이 큰 정치인이었다. 인터뷰를 진행하는 사람이 질문을 던졌다. "클린턴 정부는 세금 정책을 어떻게 진행하고 있나요?" 나는 이런 식으로 자세하게 대답하기 시작했다. "우리는 최상위층에서 소득세를 인상할 예정이고 그렇게 되면 적자 감소에 기여할 거로 예상합니다…" 하지만 도메니치 의원은 그저 똑같은 요점만 계속 반복했다. "세금을 올릴 겁니다. 세금을 올릴 거예요."

인터뷰가 끝났을 때 나는 복잡한 세금 문제를 국민에게 매우 효과적으로 잘 설명했다고 생각했다. 내가 진에게 말했다. "아휴. 내가 아주 잘 해냈네요!"

그랬더니 진이 이렇게 물었다. "사람들이 인터뷰에서 뭘 기억하게 될지 아세요?"

"아니, 모르겠는데요. 뭘 기억할까요?"

"'사람은 참 똑똑하고 좋은데 세금을 올리고 싶어 하는구나' 이렇게 기억할 겁니다."

결국 백악관에 있던 동료의 조언에 따라 나는 미디어 트레이너이자 스피치 코치로 유명해 민주 당원들 대부분을 훈련한 마이클 시핸Michael Sheehan을 만나러 갔다. 그는 정말 대단했다. 우리가 만났을 때 나는 이렇게 말했다. "저는 정말이지 다른 사람인 척은 못 해요."

그의 대답은 이랬다. "제가 텔레비전에서 어떻게 말해야 하는지 알려드릴게요. 하지만 당신이 아닌 다른 사람이 될 필요는 전혀 없습니다."

마이클은 그 말을 지켰다. 그는 언론 매체의 기술적인 세부 사항도 가르쳐 주었다. TV 화면에서 사람은 덜 활력 있어 보이기 때문에 평소 말하는 것보다 더 강한 억양을 써야 한다. 또한 TV 화면은 사람을 우울하게 비추는 경향이 있어서 약간의 미소를 유지하는 게 좋다. 그러면 가정에서 TV를 보는 시청자들에게 중립적으로 보이기 때문이다.

마이클은 또한 내가 리포터의 질문에 대답하면서 내 메시지를 끼워 넣는 법도 알려 주었다. 이건 대단히 중요한 기술로 다양한 커뮤니케이션 전문가에게 배울 수 있었다. 당시 클린턴 대통령의 최고 커뮤니케이션 고문이었던 조지 스테파노풀로스George Stephanopoulos는 이렇게 말하곤 했다. "모든 질문이 기회입니다" 일부 질문이 아주 좋아 보이지는 않을 수 있어도 어떤 면에서는 그의 말이 맞았다. 내가 재무부에 있을 때 장관의 선임 고문이었던 데이비드 드레이어David Dreyer는 그런 기회를 어떻게 최대한 활용할 수 있는지 알려 주었다.

그는 "무슨 말을 하든지 질문과 연결해야 합니다"라고 설명했다. "그런 다음 거기서부터 당신이 하고 싶은 말이 무엇이든 말하고 당신이 가고 싶은 방향이 어디든 가십시오." 이런 방식으로 리더는 리포터의 관심과 우선순위를 진지한 태도로 대하면서도 언론과 소통을 사용해 대화를 조정해 나갈 수 있다.

위기가 닥쳤을 때 정직하면서도 전략적으로 언론에 대할 수 있는 능력은 조직의 메시지를 잘 전달하는 데 도움이 된다. 동시에 만약 당신이 이 일을 상당히 잘하더라도 이룰 수 있는 건 딱 그 정도라는 점을 인지해야 한다. 조지 스테파노풀로스가 홍보국장에서 내려오고 백악관에서 새로운 역할을 맡았을 때 그가 대통령의 신임을 잃었다는 소문이 돌았으나 그건 사실이 아니었다. 그는 대통령의 수석 고문이 되었고 백악관에서 진행되는 거의 모든 일에 관여했다. 나는 그에게 이렇게 물었던 기억이 난다. "그냥 나서서 그 소문은 사실이 아니라고 반박하는 게 어때요?"

내 말에 조지는 이렇게 답했다. "불이 번지기 시작하면 할 수 있는 일이 없습니다. 언론은 휘몰아치기 마련이고 언론이 하는 이야기가 옳든 그르든 아니면 이도 저도 아니든 상관이 없습니다. 저절로 소멸하기까지 그냥 계속 번지게 되어 있습니다."

조직이 위기 상황을 잘 이겨 나가도록 도울 수 있는 방법 하나는 리더십을 유지하는 것이다. 하지만 안타깝게도 급박한 상황에서는 그게 늘 쉬운 건 아니다. 예를 들어, 내가 씨티에서 상위 고문이 되고 나서 약 8년 후 은행은 금융 위기와 그 뒤를 이어 닥친 대공황으로 막대한 손실을 입었다. 여론의 뭇매를 맞고 내가 대단히 존경했던 척크 프린스Chuck Prince CEO는 위기가 시작하자마자 사임했다. 척이 씨티를 떠날 무렵, 그는 자신의 자리가 위태롭다고 느꼈고 나도 그가 옳다고 생각한다. 하지만 우리가 직원과 주주 모두를 위해 문제를 해결하려고 애쓰고 있는데 안정적인 리더십이 없어진 것은 문제를 더 하는 셈이었다. 만약 씨티가 심각한 재정 어려움에서 회복하지 못했다면 미국 경제 전반에 큰 영향을 미칠 수 있었기 때문이다.

다음 장에서 내가 씨티에서 겪은 일들을 더 언급하겠지만 위기관리와 연관되어 있기에, 위기는 고위급의 안전에만 위협적인 게 아니라는 점을 지적하고 싶다. 위기는 조직이 유능한 직원들을 보유하는 걸 더 어렵게 한다. 씨티에서 회사의 회생을 도울 수 있던 사람들은 다른 기회를 찾아 떠날 수 있었다. 척의 후임으로 씨티의 상임 CEO 가 된 비크람 팬디트Vikram Pandit가 직원들의 사기를 높이고 최고의 인재를 붙잡아 둘 수 있었던 중요한 이유는 자신의 연봉을 1달러로 줄인 것이었다. 이는 그가 씨티를 구제하는 게 자신의 단기적인 금융 이득보다 더 중요한 일이라고 파악한 증거였고 나는 그게 다른 직원이 씨티에 머물면서 은행 회생을 돕는 데 영감을 주었다고 생각한다. 그것은 또한 회사의 장기적인 전망에 대한 그의 자신감을 보여 주기도 했다.

씨티의 경우 규제 당국의 개입도 컸다. 나는 민간 기관과 정부 기관 모두에서 일했고 두 분야에서 일하는 사람들에게 커다란 존경심을 갖고 있다. 자유 시장은 적절한 규제가 있어야만 효과적으로 기능할 수 있다. 바로 이것이 내가 규제 기관과 소통하는 개인 기관에서 일하는 사람들에게 조언하고 싶은 것이다. 나는 이들에게 규제 기관의 관심과 이를 대처하는 방법을 이해하고 그들과 완전히 투명하게 그리고 당신이 모든 당사자에게 문제를 어떻게 해결할 계획인지 만족스러운 방법으로 말하기를 권한다.

또한 어려운 상황을 맞은 기관들은 일상적인 위기관리에 책임이 있는 직원과 그렇지 않은 직원을 분명히 구별해야 한다. 리더 중 몇 명을 위기관리자로 지정하는 것은 중요하다. 이들은 이 업무에만 집중할 것이다. 하지만 다른 모든 직원에게 자신의 업무에 집중하라고 말하는 것도 똑같이 중요하다. 조직은 업무에 방해가 되는 요소는 무시해야만 한다.

이를 다 합치면 위기가 닥칠 때 당신이 맞은 위험의 규모에 따라 적절히 계획을 짜야 한다는 게 분명해진다. 당신은 누가 위기관리팀이 될지 결정해야 한다. 클라이언트, 고객, 채권자, 직원들과 다른 주주들을 어떻게 대처할 것인지, 언론에 어떻게 대응할 것인지 전반적인 전략은 무엇이 될지를 생각해야 한다. 하지만 동시에 위기관리가 당신의 목표를 추구하는 걸 방해하는 정도를 제한해야 한다. 위기를 대비하는 계획이 위기보다 먼저 조직을 소모해 버리지 않도록 신중해야 한다.

결국 정상으로 돌아가는 것이 위기관리의 최종 목표이다. 그리고 어떤 경우 개인, 회사, 비영리, 심지어 정부 기관까지도 이전보다 더 강해질 수 있다. 위기를 겪어서 얻게 된 교훈은 다른 위기를 예방하거나 완화하는 데 도움이 된다. 또한 위기의 문화적 측면을 잘 대처하지 않으면 손가락질을 받으면서 조직을 산산이 분열시킬 수 있지만, 힘든 시기를 거치면서 발전한 연대감은 힘든 순간이 지난 한참 후에도 조직의 문화를 강화할 수 있다.

지금으로부터 10만 년 후에는 중대하고 예상치 못한 위협을 대처하는 리더의 능력이나 무능함은 중요하지 않을 것이다. 하지만 그보다 더 짧은 기간에 만약 우리가 인류 역사상 가장 시급한 문제를 해결해야 한다면, 의사결정자들은 위기발생률을 줄이는 것뿐 아니라 잘 대처하는 능력도 신경 써야 할 것이다.

6장

실패에서
배우는 방법

· · ·

"만약 당신의 목표가 앞으로 더 나은 결정을 위한 교훈을 얻는 거라면
부정적 결과와 긍정적 결과 모두를 평가하는 올바른 접근법은
단지 유용할 뿐만 아니라 필수적이다."

1980년대 내가 속했던 골드만삭스의 아비트라지 부서에 믿기 힘든 사건이 벌어졌다. 겨우 한 달 만에 부서에서 전체 회사가 1년 동안 벌었던 돈보다 더 많은 액수의 돈을 잃은 것이다.

무슨 일이 일어난 건지 대략 설명하자면 이렇다. 우리는 시장에 널리 퍼진 인플레이션이 상승할 거라는 예상에 영향을 받은 포지션을 상당수 갖고 있었다. 모두의 예상을 깨고, 당시 연방준비제도 의장이었던 폴 볼커 Paul Volcker 는 금리를 극적으로 인상해 인플레이션을 낮췄다. 이는 우리 포지션의 시장 가치도 하락했다는 것을 의미했다. 그것도 적은 금액이나 개별적이 아니라 전체가 크게 하락한 것이다.

골드만삭스는 70~80명 정도 되는 모든 파트너가 모여 매월 회의를 했다. 그달의 회의 날짜가 슬금슬금 다가오고 있었고, 나는 회의의 주요 안건이 무엇이 될지 짐작하고 있었다. 그건 물론 내가 맡은 부서 덕에 벌어진 어마어마한 손실이었다.

그때 파트너 콘퍼런스룸으로 들어서면서 어떤 감정이 들었는지는 정확히 기억나지 않는다. 하지만 우리가 처한 상황 그리고 그걸 설명하려면 정말 힘들겠다고 생각했던 건 분명 기억한다. 문제는 골드만삭스에서 리스크 아비트라지에 대해 잘 아는 사람이 거의 없었다는 거였다. 이 부서는 발표된 합병이나 인수가 진행될 확률을 계산한 다음 그 계산을 근거로 회사의 주식을 사고파는 일을 한다. 나는 리스크 아비트라지 일과 같이 살고 숨 쉬었으며 아비트라지 부서는 그동안 회사의 주요 이익을 내는 곳이었다. 하지만 동료 파트너 대부분은 투자 전문 은행가로 완전히 다른 세상에 사는 사람들이었다. 회사를 운영하던 존 와인버그나 존 화이트헤드조차도 아비트라지가 어떤 식으로 운영되는지 잘 알지 못했다. 이들은 기업 자문 출신이라 리스크에 대해서는 관여해 보지 않았다.

더 복잡한 문제는 파트너들이 우리에게 닥친 리스크에 개인적으로 노출되어 있다는 거였다. 이전 장에서 언급한 대로 골드만삭스는 당시 공기업이라기보다는 파트너십 형태였다. 회사의 자본 그리고 내 부서에서 발생한 손실은 주주가 아니라 파트너에게 돌아갔다.

단기간이라도 내 부서가 그 방에 있던 사람들에게 입힌 타격을 생각하면 익스포저를 크게 줄이거나 심지어 더 큰 피해를 보기 전에 남은 포지션도 다 내리라고 요구했어도 전혀 놀랄 일이 아니었다. 대부분 조직이라면 그렇게 했을 것이고 아마도 회사에서의 내 역할이나 심지어는 자리 자체가 위험했을 것이다.

하지만 그런 일은 일어나지 않았다. 대신 우리는 두 가지 중요하고도 어려운 문제를 풀어 나갔다. 결국 모든 개인, 리더, 조직이 직면하게 되는 두 가지 질문은 이것이다. 이 일에서 무엇을 배울 수 있을까? 그리고 앞으로의 결정에 그것이 어떻게 영향을 끼쳐야 할까?

• • •

과거의 결정을 평가하는 것은 의사결정에서 가장 중요한 부분인 동시에 가장 흔히 간과하는 부분이기도 하다. 한 사람의 과거 행동을 철저히 판단하는 과정은 그 사람의 미래 결정을 발전시킬 수 있는 교훈을 얻기 위해 반드시 필요하다. 그러므로 과거의 결정을 점검하고 분석하는 것은 중요하기도 하고 복잡하기도 하다.

하지만 놀랍게도 그리고 걱정스럽게도 내가 만난 많은 이들은 결정에 대한 평가를 복잡한 문제로 보지 않는다. 대신 온전히 결과에만 집중하는 경향이 있다. 그들은 트레이더나 투자자가 시장에서 돈을 얼마나 벌었는지로 결정을 판단한다. 기업에서는 회사가 경쟁사와 비교해 일 년간 실적이 얼마나 좋았는지로 CEO를 평가한다. 대통령을 뽑거나 재선할 때는 "4년 전보다 지금이 나은가?"라고 묻는다. 나는 개인적인 경험을 통해 재임 동안 경제 확장을 이룬 재무장관은 그가 받아야 하는 것보다 더 많은 인정을 받는다는 것을 알고 있다.

일이 잘 안 풀리면 사람들은 긍정적인 결과를 축하하던 그 똑같은 본능으로 모든 부정적인 결과는 형편없는 의사결정 때문이라고 생각한다. 예를 들면, 20여 년 전 경제가 급성장할 거라는 기대를 한 몸에 받았던 브릭스 — 브라질, 러시아, 인도, 중국, 남아프리카 — 로 많은 투자금이 들어갔다. 하지만 코로나-19 팬데믹이 일어나기 전, 중국을 제외한 모든 나라에서 심각한 문제가 발생하자 많은 분석가와 전문가들은 브릭스에 투자하라고 했던 사람들이 잘못된 판단을 내렸다고 비판했다.

어떤 면에서 결정을 내린 후에 일어난 일을 근거로 그 결정을 평가하는 행동은 인간의 본성이다. — 특히 정부에서 이런 일이 만연된 듯하다. 언론과 반대 정당은 일이 잘못되면 다 같이 뛰어들어 비난하는 데 열을 올리는 걸 볼 수 있다 — 우리는 결정을 내린 다음 발생한 결과에만 집중하고 그전에 했던 분석의 질에는 신경을 쓰지 않는다.

이는 분명히 큰 실수다. 극단적인 예를 들어보면 결과 중심 평가의 문제를 명백히 알 수 있다. 만약 어떤 사람이 복권을 사서 백만 대 일의 잭폿에 당첨되었다면 많은 이들은 당첨자의 행운을 부러워할 것이다. 하지만 복권을 사는데 돈을 쓰는 게 훌륭한 재정적 판단이었다고 말하는 사람은 거의 없을 것이다. 언젠가는 복권에 또 당첨되었으면 좋겠다는 현실적인 희망을 품고 있다고 말하는 사람도 드물 것이다. 대신 우리는 상황을 그대로 인지할 것이다. 위험 보상 확률이 매우 불리한데도 누군가는 운이 좋았다고 생각하는 것이다.

하지만 거의 모든 사회 영역에서 결정을 평가할 때, 복권 당첨자를 평가할 때 쓰던 것과는 완전히 다르고 덜 지적인 접근법을 쓰는 경향이 있다. 우리는 결과가 발생하는데 행운이 하는 역할을 무시한다. 대신 과정과 결과 사이에 완벽한 인과관계가 있다는 듯 행동한다. 긍정적 결과는 항상 좋은 결정에서 나오고 부정적인 결과는 나쁜 결정에서 나온다는 것이다.

결정을 평가하는 이 방법은 단순히 잘못된 것만이 아니다. 위험하기도 하다. 만약 당신이 과거의 결정에 대해 잘못된 판단을 하면 잘못된 결론을 도출하고 따라서 미래에 자신감만 높아진 채로 더 나쁜 결정을 내리게 된다.

단도직입적으로 말한다면, 사회의 많은 부분에서 가장 중요한 기능 즉, 이미 일어난 일로부터 교훈을 배우는 기능이 망가진 것이다.

결과에 의지하는 방식에 대해 내가 우려한다고 해서 내가 결과를 완전히 무시한다는 뜻은 아니다. 그러나 나는 결과를 하나의 평가 요소로만 본다. 나는 결과보다는 의사결정 분석과 과정의 건전성에 더 초점을 맞추고 싶다.

라틴 용어가 딱히 필요하지는 않겠지만 수십 년 전에 내 머릿속에 들어와 박힌 것이 있다. 나는 결정을 평가할 때 오로지 결과에만 근거하는 것을 언급하기 위해 종종 라틴어로 '사실 후'라는 *ex post* *facto*의 줄임말인 *ex post*라는 단어를 자주 사용한다. 이와 유사하게 당시 구할 수 있는 정보, 그 결정이 나오게 된 과정 분석 그리고 실제 결과가 나오기 전에 내린 확률의 판단을 근거로 한 결정의 평가를 언급하기 위해 '사건 전'이라는 뜻의 *ex ante*를 사용한다.

마지막 말인 실제 결과가 나오기 전에 내렸던 확률의 판단이라는 부분이 특히 중요하다. 모든 일은 항상 지나고 나면 명확해지는 법이다. 또는 확률론적인 용어로 말한다면, 만약 결과가 이미 현실로 일어났다면 그것이 실현된 확률은 당연히 100퍼센트다. 하지만 똑같이 분명하게도 결과가 발생하기 전까지 확률은 100퍼센트가 아니다. *ex ante* 접근법은 사건 발생 후가 아니라 전에 존재했던 확률을 고려하는 것이 중요하다는 사실을 강조한다.

결과 중심의 *ex post* 접근법을 취한 많은 의사결정자들은 결과와 결정이 잘못 해석될 수 있는 두 가지 광범위한 오류를 고려하지 못한다. 첫째는 당신이 잘못된 이유로 '옳을 수' 있다는 것이다. 좀 전에 예로 든 복권 당첨자처럼 긍정적인 결과가 나오긴 했지만 건전하지 못한 결정을 내릴 수 있다. 결국, 당신이 만약 100년에 1년 있을 만한 일을 예상한다면 100년 중 1년은 '옳을' 것이다. 이런 이유로 일이 잘못되었을 때만 결정을 평가하는 것은 충분하지 않다. 일이 잘 풀릴 때도 역시 결정을 평가해야만 한다.

내가 직장 생활을 시작했을 때 내렸던 개인적인 선택을 생각해 보자. 나는 1966년 뉴욕에 있는 대형 로펌에서 2년간 일한 후 투자 은

최고의 결정

행으로 가서 '아비트라지'라는 부서로 뛰어들었다. 그때는 그게 뭔지 잘 알지도 못했다. 그 후 수십 년 동안 내 인생이 어떻게 달라졌는지만 본다면 외부 관찰자 입장에서는 내가 매우 훌륭한 결정을 내렸다고 결론 낼 수 있다. 하지만 사실은 그게 아니었다.

우선 나는 리스크 아비트라지 분야를 전혀 원하지 않았다. 리서치나 투자 은행에 지원했다. 하지만 그때는 지금과는 다른 시절이라 오늘날과 비교해 금융 회사의 규모가 매우 작았고 상대적으로 직원을 몇 명 안 뽑았을 뿐 아니라 나 같은 젊은 변호사를 투자 은행에 채용하는 것은 매우 드문 일이었다. 결과적으로 나는 아비트라지 부서 외에 그 어떤 오퍼도 받지 못했다.

더 큰 문제는 아비트라지에 대해 아는 게 거의 없었다는 것이다. 아비트라지는 공개적으로 발표된 기업 거래를 분석하고 거래를 논의하기 위해 관련 회사의 재무 담당자에게 연락하는 일을 한다. 이런 일은 내 경험과는 거리가 멀어 보였다. — 그리고 회사 담당자에게 전화를 거는 일은 내 컴포트 존을 넘어서는 일이기도 했다. — 아비트라지 업무가 끊임없이 큰 리스크를 관리하고 엄청난 스트레스를 받는 일이라는 사실을 알고 있을 만큼 충분히 조사한 것도 아니었다. 나는 중요한 커리어 체인지를 하기 전에 기업 실사를 한 적이 없었다. 직장을 잘 바꾸지 못할 수도 있다는 가능성도 전혀 고려하지 않았다. 그냥 막무가내로 뛰어든 것이다.

그런데 알고 보니 아비트라지 부서의 업무가 분석적으로나 심리학적으로 나에게 찰떡같이 잘 맞았던 것이다. 여러 회사의 임원들에게 전화하는 것도 점차 편안해졌고 업무의 중압감도 잘 이겨 내게 되었다. 또한 앞에도 언급했듯 아비트라지는 상대적으로 직원 수가 적은데도 회사의 중요 이익을 내는 부서였다. 내가 만약 리서치나 투자 은행에서 자리를 잡았다면 내 커리어는 이렇게 성공적이지 않았을 것이다.

하지만 모든 게 잘 되었다고 해도 내 의사결정 과정에 치명적인 결함이 있다는 사실은 변하지 않는다. 나는 당시 미지의 분야에 발을 들여놓기 전에 문제를 미리 선별하고 연구했어야 했다.

골드만삭스에 입사한 지 4년 차에 화이트 웰드White Weld라는 오래된 투자 은행 회사가 내가 이직한다면 파트너 자리를 주겠다고 제안했을 때도 비슷하게 운이 좋았다. 나는 골드만삭스에 적어도 2~3년은 더 있으려고 했지만 거기서는 절대 파트너가 될 수 없다고 판단해 기꺼이 그 오퍼를 받아들였다. 그리고 나서 내 상사이자 당시 골드만삭스 파트너였던 L. 제이 테넌바움에게 말하러 갔다. 그는 어째서 자신에게 먼저 오지 않았냐며 길길이 화를 냈다. 하지만 다행히도 L. 제이와 회사를 운영하던 거스 레비는 내가 이직하는 걸 바라지 않았고 내게 욕을 퍼붓는 대신 그해 말에 나를 파트너로 승진시켰다.

그리고 화이트 웰드는 몇 년 후 금융 시장 상황과 산업의 변화가 다수의 오래된 회사들을 위협하자 큰 손실을 보았고 결국 메릴린치Merrill Lynch에 매각되었다. 내가 화이트 웰드에 갔더라면 커리어는 달라졌을지도 모른다. 그러는 동안 골드만삭스는 시간이 흘러도 잘 나갔다.

하지만 역시나 결과가 좋았다고 해도 내 결정이 지혜로웠다거나 성공 가능성이 있는 방식으로 진행했다는 의미는 아니다. 나는 화이트 웰드에 대해 더 많은 조사를 했어야 했다. 그리고 다른 회사의 오퍼를 받아들이기 전에 L. 제이와 거스에게 가서 상황을 설명하고 골드만삭스의 결정을 존중한다고 말한 다음 그들이 어떻게 반응하는지 살펴야 했다. 대신 나는 불충분한 조사를 기반으로 행동했고 L. 제이와 거스를 분노하게 하는 방법을 선택했으며 덜 성공적일 길로 걸어갔다. 나는 가능한 최고의 결과를 얻었지만, 그 결과를 얻기 위해 가능한 최선의 과정을 거친 건 아니었다.

틀린 이유로 옳을 위험 그리고 틀린 결론을 도출할 위험은 특히 투자에서 민감한 사항이다. 널리 존경받고 성공한 자문 회사의 한 CEO는 고액 자산을 가진 투자자였다. 그가 한번은 나에게 그의 회사가 2008년과 2009년 시장 붕괴 후 많은 투자를 했다고 말했다.

"시장은 돌아왔어요. 시장은 늘 돌아오지. 그래서 구매한 겁니다." 그가 자신의 논리를 설명했다.

그의 회사는 이 전략으로 승승장구했고 시장은 정말 돌아왔다. 하지만 그 논리에 대한 나의 반응은 즉, 테일 리스크에 대한 나의 접근법은 약간 비판적이었다. "나는 그 사고 프로세스가 틀렸다고 생각합니다. 지금 하신 말씀은 시장은 늘 돌아올 거기 때문에, 그러므로 주식을 구매하기로 결정하신 거지요. 그리고 시장은 제2차 세계대전 후에 언제나 돌아왔지만 그렇다고 항상 돌아온다는 의미는 아닙니다. 결과는 좋게 나왔고 어쩌면 그 결정을 평가하는 데 옳은 접근법을 취했더라도 같은 결론에 도달했을 수도 있어요. 하지만 그렇게 했다고는 생각 안 합니다."

이건 단순히 의미론의 문제도 아니고 과도한 인정을 주고 싶지 않기 때문도 아니었다. 만약 회사가 지난 위기로부터 배운 교훈이 "시장은 늘 돌아오니 위기 때는 많이 구매해야 한다"라면 결국 그 회사는 위험한 결정을 내리고 예상치 못한 리스크를 감수하고 큰돈을 잃을 가능성이 크다.

물론 당신이 틀린 이유로 '옳을' 수 있는 그 똑같은 방법으로 옳은 이유로 '틀릴' 수도 있다. 즉, 당신의 논리가 건전한 *ex ante*이지만 그럼에도 결과는 부정적으로 나올 수 있다.

복권 당첨의 예와 마찬가지로 극단적으로 보면 이는 꽤 이해하기 쉽다. 내가 이런 내기를 제안했다고 가정해 보자. 당신은 종이에 1~10 사이의 숫자를 아무거나 적는다. 만약 내가 번호를 맞추면 당신은 나에게 1달러를 준다. 하지만 내가 틀리면 내가 당신에게 1달러를 준다. 당신은 당연히 이 내기를 받아들일 것이다.

— 옐로우 노트로 이 결정의 지혜를 확인할 수 있다. 열 번 중 아홉 번은 1달러를 벌 수 있다. 열 번 중 한 번은 1달러를 잃게 된다. 이는 평균적으로 당신이 내기에서 80센트의 이익을 기대할 수 있다는

의미이다. 당신이 원래 갖고 있던 1달러에 더하면 1.80달러의 기대 가치가 된다. 만약 당신이 내기를 받아들이지 않으면 당신은 이익이 0이거나 당신의 원래 금액인 1달러의 기대 가치에 100퍼센트 손해를 보게 된다.

만약 내가 숫자를 맞춰서 당신이 지면 실망할 테지만, 내기를 괜히 했다는 결론을 내리지는 않을 것이고 나의 제안을 다시 받아들이는 데 주저하지 않을 것이다.

하지만 훨씬 더 큰 파장을 낳는 결정이라면 많은 사람은 누군가 좋은 선택 즉, 긍정적인 결과가 나올 가능성이 큰 결정을 내렸고 다른 결과는 그저 우연히 발생했다는 가능성을 받아들이지 않을 것이다. 대신 과거에 저질렀던 실수를 다시 저지르지 않으려는 마음에, 부정적인 결과 이전에 내린 결정이 무엇이든 반복하지 않으려고 한다. 어떤 경우에는 미래에 좋은 결정을 내리는 걸 단념하기도 한다.

나는 골드만삭스 보상위원회에 의장을 맡던 수년간 이 문제에 대해 고심했다. 현실적으로 사람들이 잘못된 이유로 옳았을 때 할 수 있는 일은 많지 않다. 만약 누군가 자신의 논리 그리고 리스크와 보상을 잘못 계산했어도 회사에 커다란 이익을 가져왔다면, 자신이 벌어들인 이익이 반영된 보너스를 받을 거라 기대한다. 만약 보너스를 받지 못하면 무척 언짢아하는 경향이 있다.

하지만 상황이 반대라면 즉, 실적이 나쁜 해였다면 나는 제한된 시간 그리고 회사에서 일하는 많은 직원 수를 고려할 때 그들의 저조한 성과가 나쁜 의사결정의 결과인지 또는 부정적 결과가 일어날 확률이 높았던 것인지 판단하려고 할 것이다. 또한 관리자를 비롯해 그 직원과 함께 일한 동료들과 얘기해 그가 사고하는 방식을 설명하라고 요구할 것이다. 만약 그 직원이 부정적인 결과를 냈지만 좋은 의사결정자라면, 나는 적어도 어느 정도는 그 사실을 반영하는 보상을 주도록 노력할 것이다.

내가 옳은 사고로 틀릴 가능성 즉, 접근법과 사고방식이 좋았어도 안 좋은 결과가 나올 경우를 설명하는 방식은 보상을 넘어선다. 나는 그동안 일했던 여러 기관에서 만약 일이 잘못되면 책임자의 잘못이라고 가정하지 않으려고 노력했다. 대신 결과가 바람직하지 않더라도 그 사람이 사실상 좋은 결정을 내렸는지 판단하려고 했다.

나는 누구나 실수한다는 말을 믿지만 이건 완전히 포인트가 다른 얘기다. 즉, 모든 이가 처음에는 실수를 걱정하면서 좋은 결정을 내리려고 한다. 실수는 나쁜 결과를 내기 때문이다. 생각해 보면 어떤 동료에게 결과에 상관없이 좋은 결정을 내렸으니 사과하지 말라고 했던 일이 여러 번 있었다. 그리고 그렇게 사과한 기억은 사람들에게 미래에 잘못된 교훈을 배우게 한다.

옳은 논리였지만 결과적으로 틀린 최근의 예는 내 개인 투자 포트폴리오에 관한 것이다. 몇 년 전 코로나바이러스 팬데믹이 터지고 처음 몇 달간에 일어난 일이었다. 당시 나는 시장이 상황에 더 부정적으로 반응하지 않는다는 게 말이 안 된다고 생각해 심각하고 장기적인 시장 하락세의 가능성에 대비해 일종의 보험인 '풋옵션'을 구매했다. 결국 시장은 초기 하락 후 금세 회복되었고 나는 풋옵션의 처음 구매 가격을 잃었다. 그러나 리스크에 대한 옳은 판단을 내렸고 그런 리스크를 완화하기 위해 몇 가지 조치를 취한 것은 여전히 옳았다고 생각한다.

훌륭한 논리를 펼쳤음에도 불구하고 부정적인 결과가 나올 수 있는 또 다른 경우는 성공 가능성이 작지만 높은 보상이 있는 행동 방침을 따랐을 때다. 내가 좀 전에 제시했던 숫자 맞추기 내기로 돌아가 보자. 이번에는 새로운 제안을 하겠다. 내가 1부터 10 사이에서 고른 숫자를 당신이 맞춘다면 당신에게 100달러를 주겠다. 당신이 다른 숫자를 부른다면 당신은 나에게 1달러를 줘야 한다. 이건 할 만한 내기다. 비록 백 번 중 아흔아홉 번은 당신이 져도 말이다.

— 이때도 옐로우 노트가 도움이 된다. 이 새로운 내기를 받아들이면 당신은 열 번 중 한 번은 100달러의 이익을 갖는다. 열 번 중 아홉 번은 1달러의 손해를 본다. 기대 이익은 9.10달러이고 원래 갖고 있던 1달러를 더하면 예상 가치는 10.10달러이다. 내기를 하지 않는 예상 가치인 1달러보다 훨씬 더 큰 가치다.

주요 기관의 지도자들조차도 성공 가능성은 작지만 큰 성과를 볼 수 있는 결정이 좋을 수 있다는 것을 종종 알아채지 못한다. 1990년대 러시아 경제는 보리스 옐친 대통령 아래서 심하게 흔들렸다. 클린턴 행정부는 옐친 정부에 가능한 재정 자원을 분할해서 제공했고 각

분할은 개혁 제정에 진전을 조건으로 했지만 안타깝게도 우리의 개입은 바랐던 경제 결과나 정치적 결과를 가져오지 않았다. 조지 W. 부시 대통령이 취임한 후 얼마 지나지 않아 재무장관이 된 폴 오닐Paul O'Neill은 우리가 러시아에 사용해 온 전략을 비판했다.

새 정부가 이전 정부와 의견이 다를 수 있다는 점이 나를 괴롭힌 게 아니다. 내가 괴로웠던 이유는 오닐의 주장 때문이었다. 그는 우리의 노력이 성공적인 것으로 증명되지 않았기 때문에 우리의 시도가 틀렸다고 말했다. ― 오닐에게 러시아를 도왔던 방법과 멕시코 경제를 안정시키기 위한 방법이 비슷한데 왜 멕시코 때는 찬성했냐는 질문을 던지자 그는 다시 결과를 지적했다. "제 마음에 들었던 건 그게 효과가 있었다는 겁니다"라고 말했다.

나는 이것이 의사결정자의 행동을 판단하거나 자신의 방향을 정하는 잘못된 방법이라고 생각한다. 러시아의 경제 위기에 관해서는 비록 우리가 원했던 결과가 나오지는 않았으나 그 결정이 옳았다고 본다. 우리는 프로세스를 철저히 점검했고 진행했다. 중요한 질문들을 신중히 빠짐없이 검토했다. 어떻게 하면 러시아의 개혁가들을 지원할 수 있을까? 그리고 그 개혁가들은 안정된 경제에서 얼마나 많은 이익을 얻을 수 있을까? 러시아 입법부가 우리가 그 프로그램을 지속할 수 있게 하는 개혁을 제정할 가능성은 얼마였나? 우리가 어떤 지원도 하지 않으면서 갑자기 철회한다면 러시아에서 민주주의를 육성하려는 노력은 어떻게 될 것인가?

이런 질문을 하다 보니 그 프로그램이 성공할 가능성이 얼마나 작은지 명확히 알게 되었다. 우리는 러시아의 부패가 심각하고 개혁의 가능성이 극히 낮으며 일부 지원금은 잘못된 곳으로 흘러갈 수 있다는 것을 인지했다.

하지만 끝내 우리는 성공 가능성이 상대적으로 작다는 걸 알면서도 경제 구조 프로그램을 시작했다. 성공할 경우, 세계 안정, 민주주의, 미국의 국익에 대한 잠재적 이익이 대단히 클 거라 판단했기 때문이다. 달리 말하면, 긍정적인 결과의 낮은 확률과 결과의 영향을 곱했을 때 기댓값은 여전히 매우 높았다. 하지만 러시아 입법부가 필요한 개혁을 통과시키지 않을 게 명백해지고 지원금의 상당 액수가 잘못된 손에 넘어가고 있다고 결론 나자, 그 프로그램을 유지하는 기대 가치가 바뀌었고 우리는 중단하기에 이르렀다.

물론 이는 확률과 결과에 대한 우리의 판단이었을 뿐이다. 오닐 장관은 우리가 성공의 가능성을 과대평가했거나 성공의 이익을 과대평가했다고 주장할 수 있다. 우리가 동의하지 않을 수 있지만, 이것은 우리의 의사결정을 평가하는 방법에 대한 생산적이고 *ex ante* 토론으로 이어졌을 것이다. 하지만 그 대신 오닐 장관은 확률을 무시하고 더 나쁜 결정으로 이어질 수 있는 *ex post*에 전념했다.

이런 방법 중 그 어떤 것도 결과와 완전히 무관하다는 의미는 아니다. 많은 경우 어쩌면 대부분의 경우, 좋은 결정은 더 나은 결과로 이어지고 나쁜 결정은 더 나쁜 결과로 이어지게 마련이다. 하지만 긍정적인 결과가 나오면 반사적으로 축하해 주고 부정적인 결과가 발생하면 비난하는 것은 다음의 네 가지 주요 사항을 포함해 다른 가능성을 보지 못하게 한다.

첫째, 긍정적인 결과의 가능성을 과대평가하더라도 긍정적인 결과는 실현될 수 있다.

둘째, 원하던 결과와 관련된 이익의 규모를 과대평가하더라도 긍정적인 결과를 얻을 수도 있다.

셋째, 원하던 결과의 가능성을 정확하게 예측할 수 있지만, 원하지 않던 결과를 얻을 수 있다.

마지막으로, 내가 러시아 경제에 접근했던 방법을 믿듯 당신은 가능성은 작지만 높은 잠재적 이익이 있다고 판단한 방향으로 결정할 수 있다. 하지만 그래도 원하던 결과는 발생하지 않을 수 있다.

만약 과거에 내린 결정을 평가하는 일이 너무 복잡하다면 그게 사실이기 때문이다. 과거의 결정에 대해 지속적으로 가치 있는 판단을 내리고 미래에 더 나은 결정을 할 수 있는 교훈을 얻는 유일한 방법은 *ex ante* 접근법의 복잡성을 수용하는 것이다.

물론 *ex ante* 접근법은 그 자체로 유혹이 동반된다는 점을 깨달아야만 한다. 만약 당신이 내가 반대하는 결정을 내렸고 모든 일이 결국 다 잘됐다면, 나는 당신이 훌륭한 결정을 내렸다는 가능성은 점검도 하지 않은 채 그저 운이 좋았다고 반사적으로 말할지도 모른다. 운이 작용하지 않았음을 증명하는 것은 당연히 불가능하기 때문에

　　　　　　　　　　　　　　　　　　　　　　최고의 결정

나는 당신이 훌륭한 결정을 내렸다는 사실을 인지하지 않아도 된다.

그 대신 부정적인 결과가 일어났을 때 똑같은 사고방식을 부정직하게 사용할 수 있다. 만약 내가 Y가 일어날 거로 예측했기 때문에 X를 했는데 Z가 일어난다면, 나는 언제나 "*ex ante*에서 Y가 가장 가능성이 컸지만, 내가 그냥 운이 없었을 뿐이야"라고 말할 수 있다.

내가 알고 지내는 성공한 투자가 중 이런 행동을 하는 사람이 있다. 그는 늘 무언가가 55퍼센트는 일어날 거라 말한다. 만약 그 일이 일어나면 그는 자신이 정확하게 예측했다고 말한다. 만약 일이 잘 안 되면 확률이 반반에 가까웠다고 경고하지 않았느냐고 말하고는 한다. 그는 확률론적 사고의 언어를 사용하긴 하지만 그건 전혀 확률론적 사고가 아니다. 만약 어떤 사람이 자신이 달성한 긍정적인 결과에는 공로를 인정받을 자격이 있고 부정적인 결과에는 비난받을 이유가 없다고 결론 내린다면, 그것은 그 사람이 지적으로 엄격하지 않다는 충분한 증거다.

결정을 평가하기 위한 *ex ante* 접근법에 따라 나오는 유혹을 피하기에 쉬운 방법은 없다. 어려운 방법만 존재할 뿐이다. 그건 바로 지적 성실성[1]의 높은 기준에 자신을 붙들어 매고 과거의 결정을 점검

---

1   지적 성실성intellectual integrity: 지적 청렴이라고도 하며 진실을 배우거나 주어진 상황에서 가능한 최선의 결정에 도달하기 위해 철저하게 정직하게 노력하는 것. 객관성과 증거를 기반한 의사결정, 공정함을 중시한다.

하는 것이다. 설사 원치 않는 결론에 도달하게 되더라도 말이다.

결정을 평가하기 위해 *ex ante* 접근법을 취했더라도 결정이 훌륭했는지 아닌지를 판단하기 위한 완벽한 테스트는 존재하지 않는다. 그래서 나는 다양한 법적인 문제에 적용되는 '합리적인 사람' 기준을 차용한다. 예를 들어, 내 집 안에서 무언가 망가져 당신이 다쳤다면 이렇게 물을 수 있다. 합리적인 사람이라면 망가진 부분으로 인해 발생할 리스크를 알아채고 고쳤을까? 대답이 그렇다면 나에게 책임이 있는 것이고 아니라면 없는 것이다.

두 가지 방식으로 과거 결정의 품질을 평가할 때도 똑같은 접근법이 적용된다. 합리적인 사람이라면 당시 의사결정자가 갖고 있던 모든 정보를 확인하고 그 결정이 타당한지 아닌지를 느꼈을까? 합리적인 사람이 당시 사용했던 정보의 분석과 의사결정 과정을 보고 그 접근법이 엄격한지 아닌지를 느꼈을까?

이와 더불어 이 두 질문에 대한 대답과는 상관없이 그 결정과 결과를 보고 합리적인 사람은 미래에 의사결정을 구상할 수 있는 어떤 교훈을 배웠을까? 이 질문은 거의 사후 판단에 의존하기 때문에 과거 결정의 품질을 판단하는 것과는 상관이 없다. 하지만 질문을 던지는 것은 중요하다. 그러면 미래에 더 좋은 결정을 내리는 데 도움이 될 수 있기 때문이다.

과거에 내렸던 결정을 엄격하게 평가하고 그것으로부터 배울 수 있도록 설계된 질문을 할 때, 단순한 대답을 얻을 수 있는 경우는 드물다. 예를 하나만 들자면, 지정학 분야에서 대단히 유명하고 유능한 친구가 한 명 있다. 오늘날까지 그는 2003년 이라크에 침공하기로 한 결정이 옳은 판단이었다고 주장하고 가난한 나라의 재건을 위한 의도가 전부라는 논리를 펼친다.

나는 그 반대의 의견을 강하게 주장한다. 하지만 그 누구도 100퍼센트 확신을 갖고 객관적으로 누가 옳고 그른지 판단할 수 없다. 우리가 할 수 있는 최고의 대처법은 지적인 엄격함과 열린 마음으로 그 문제에 접근하고 각 입장의 논리를 비교해 최대한 타당한 결론을 도출하는 것이다. 그리고 앞으로 비슷한 상황이 발생했을 때 그 결론을 적용하는 것이다.

이런 모든 복잡한 내용을 더 어렵게 하는 요소는 우리가 각 개인의 결정이라고 생각하는 것이 단 하나의 선택이나 순간의 산물인 경우가 드물다는 점이다. 대신 중대한 결정은 여러 시간에 걸친 다양한 요소의 결과이며 좋은 교훈을 배우려면 이 모든 것을 고려해야 한다. 그리고 이것은 결과에 상관없이 중요하지만, 과거의 일이 부정적으로 판명되었을 때 분석하는 것이 특히 중요하다.

이 점을 생각하면 내가 씨티그룹에서 수석 고문이었을 때의 경험이 떠오른다. 재무부를 떠나고 얼마 지나지 않아 씨티에 합류했을 때였다. 처음 몇 년간 씨티는 꽤 순항했다. 하지만 2007년 가을, CEO였던 척 프린스Chuck Prince에게 전화가 왔다. 토요일이었고 나는 내 아파트에 있었다.

"우리 LBOs에 문제가 있습니다." — LBOs, 레버리지 바이아웃[2]을 의미한다.

주말에 집에 있는 내게 척이 전화를 했다는 건 좋은 신호는 아니었지만, 딱히 드문 경우도 아니었다. 나는 회의로 문제를 토론하고 해결할 방법을 마련하고 다음 문제로 넘어가면 된다고 생각했다.

하지만 내 생각은 틀렸다. 수석 고문인 나와 씨티그룹의 많은 고위 지도부가 참석한 그 회의에서 처음 알게 된 사실은 채권 부서의 트레이더에게 닥친 상황이 회사 역사상 가장 심각한 위기를 낳을 거라는 거였다. 우리에게 닥친 가장 큰 문제는 사실 레버리지 바이아웃이 아니었다. 서브프라임 모기지[3]에 힘을 받은 부채담보부증권[4]이 문제였다. 이러한 부채담보부증권은 리스크 수준이 다른 '트랜치'로

---

2   레버리지 바이아웃leveraged buyouts: 인수금융을 통한 인수합병 방식. 인수 대상 기업의 자산을 담보로 투자자금을 빌려서 기업을 인수한 후, 투자를 통해 기업가치를 올린다. 후에 다시 매각하면 여러 배의 차익을 남길 수 있어 자산매각 가격이 오를 가능성이 있는 경우에 쓰이는 M&A 기법

3   서브프라임 모기지: sub '낮은', prime '신용'의 합성어. 신용등급이 낮은 저소득층을 대상으로 주택자금을 빌려주는 미국의 주택담보 대출상품

4   부채담보부증권collateralized debt obligation: 회사채나 금융 회사의 대출 채권 등을 한데 묶어 유동시킨 신용파생 상품. 부채의 성격을 갖는 금융 자산으로 대출이나 채권에서 나오는 원금과 이자를 기초로 만든 금융 상품의 묶음. 핵심 기능은 신용 부도 위험을 재분배하는 것이며 재분배하여 나눈 조각을 트랜치tranche라고 한다.

나뉜다. '슈퍼 시니어 트랜치'[5] 소유자들은 먼저 상환받고 '시니어 트랜치'[6] 소유자들은 그다음에 상환받는 식이다.

2000년대 초중반, 주택 시장이 붐이었을 때 대부분 금융 회사는 주식이나 채권을 파는 것과 똑같은 방식으로 CDO를 사고팔았다. 하지만 2007년 9월 12일, 척이 나에게 참석을 요청한 회의에서 우리는 씨티의 장부에 서브프라임 대출로 430억 달러의 자산이 있다는 사실을 전달받았다. 그 어떤 금융기관보다도 더 큰 규모의 액수였다. 그리고 이런 자산은 고위 경영진과 이사회와 공유하는 '리스크 보고서'에 나와 있지 않았다.

나는 다양한 조직을 두루 거치며 거의 모든 곳에서 좋고 나쁜 결과를 다 경험했다. 하지만 씨티에서 일어난 일은 내가 고위급 역할을 했던 대규모 조직에서 일어났던 일 중 최악의 결과였다. 그렇다. 씨티는 금융 위기와 뒤이은 대공황으로부터 회복되었다. 그리고 그렇지 못한 다른 금융기관들도 있다. 그러나 씨티는 심각한 영향을 받았고 연방 정부의 대규모 긴급 자금 투입으로 겨우 안정화되었다. 자금

---

5   슈퍼시니어 트랜치: 시니어 트랜치의 손실을 가정할 때 설정하는 트랜치. 가장 안전하게 위험을 해지하려는 재보험사의 분산 투자 도구로 활용된다. 신용평가를 하지 않으므로 투자자는 신용평가사의 신용등급 없이 투자하게 된다.
6   시니어 트랜치: 가장 후순위 손실 트랜치이며 손실을 입을 가능성은 작지만 시가평가위험에 노출되어 있다.

투입액은 다른 어떤 금융기관보다 더 많은 액수였다. 씨티는 결국 대출금을 갚았고 정부는 씨티 지분을 120억 달러의 이익을 내고 납세자들에게 팔았지만, 변하지 않는 사실이 있다. 그건 바로 씨티는 연방 정부의 지원으로 구조되어야 했다는 점이다.

씨티의 어려운 상황은 월가를 훌쩍 넘어 흘러갔다. 씨티의 주주들, 즉 부유한 투자자뿐 아니라 연기금, 노조 혜택 계획, 401(k)[7]을 통해 투자했던 은퇴자들은 고통스러운 타격을 입었다.

씨티의 문제는 대공황 이후 최악의 글로벌 금융 위기의 일부 혹은 기여자가 되기도 했다. 금융 섹터 근처에도 안 갔던 사람들, 그리고 대공황 이전 호황기에 경제적 이익을 받지 못한 수백만 명의 사람들이 일자리, 집과 저축을 잃었다. 결국 경제는 회복되었지만 고용 시장과 주택 시장은 위기 전 수준으로 돌아가는 데 수년이 걸렸다. 내가 씨티에 있을 때 씨티가 촉발한 위기로 인해 사람들의 삶이 뒤집혔고 일부는 영원히 바뀌었다. 비극이자 부인할 수 없는 사실이다. 직장과 집을 잃은 것에 더해, 이 사태로 셀 수 없이 많은 미국인이 우리의 금융 시스템과 제도에 신뢰를 잃었다. 사회 전반적으로 오늘날까지도 여전히 믿음의 상실이 남긴 여파를 느끼고 있다.

---

7   401(k): 미국의 퇴직연금. 한국의 국민연금과 비슷한 종류의 저축. 미국의 내국세 입법 401조 k항에 직장 가입 연금이 규정되어 있기 때문에 이렇게 불린다.

자산 관리자와 연방 준비 제도 이사회에서 워싱턴 정책 입안자와 언론에 이르기까지 금융 시스템 전반에 걸쳐 오직 소수의 사람만이 이 위기가 닥치는 것을 알고 있었다. 내가 그들 중 하나가 아니었다는 점이 후회스럽다. 되돌아보니, 내가 무슨 일이 일어날지 더 잘 봤더라면 주의를 환기시킬 수 있었을지도 모른다.

하지만 과거의 일을 평가할 때 단지 "되돌아간다면 어떻게 내가 다르게 했을까?"라는 질문보다는 더 나아가 "바로 그 당시에 내가 무엇을 다르게 해야 했을까?"라고 물어야 한다. 누군가의 판단을 *ex ante*로 평가하는 걸 포함해 과거를 엄격하게 분석하는 것은 리더가 앞으로 더 나은 결정을 내릴 수 있는 교훈을 배우는 최고의 방법이다. 얼마나 깊이 사고하든지 이미 일어난 일을 바꿀 수는 없을 것이다. 하지만 앞으로 일어날 일은 바꿀 수 있을지도 모른다.

반대의 경우도 마찬가지다. 리더와 대중이 위기 이전의 의사결정을 온전히 보는 데 실패한다면 즉, 이미 일어난 일을 무시하거나 과도하게 결과 중심적인 방식으로 지난 일을 평가한다면, 다음 위기를 더 빨리 맞거나 더 큰 타격을 입거나 혹은 둘 다를 겪게 될 가능성이 커진다. 그리고 미국이 경험했듯 다음 위기를 예방하거나 완화하는 데 실패해 가장 큰 고통을 겪을 많은 사람은 월가나 워싱턴에 있는 이들이 아니다. 그들은 저소득층과 중산층 가정으로 지극히 현실적으로 정부와 금융 부문의 지도자들이 내리는 타당한 결정에 경제적 안녕이 달린 이들이다.

과거를 되돌아보는 것은 감정적으로도 아픈 일이다. 나는 지난 40년간 이런저런 형태로 공인으로 살아왔다. 하지만 내가 받았던 비판 중 내용이나 어조 면에서 씨티의 마지막 한 해에 받았던 것만큼 혹독한 건 없었다. 미국 전역이 받은 충격과 경제가 무너지자 수많은 사람이 받은 고통을 생각하면 놀라운 일이 아니다. 나는 금융 부문과 공공 정책에서 자리를 확실히 잡은 인물이었고, 위기가 발생했을 때 위기의 한가운데 있는 금융 회사 중 한 곳의 선임 고문이었다. 내가 많은 비판을 받지 않았다면 이상했을 것이다.

궁극적으로 어떤 비판이 정확하고 어떤 비판은 그렇지 않은지에 대한 최고의 심사위원은 내가 아니다. "뭐가 잘못됐지?"라고 스스로 묻는 것도 중요한 게 아니다. 대신 내 목표는 내가 일부 역할을 했던 사건을 최대한 객관적으로 분석하는 것이다. 이것이 한 개인의 관점임을 인지하면서도 나 자신의 의사결정과 관련해 미래의 리더들은 어떤 교훈을 배울 수 있는지 알아내는 것이다.

예를 들어, 내가 위기를 앞두고 더 나은 결정을 내릴 수도 있었다고 믿는 한 부분은 씨티의 문화와 관련이 있다. 씨티는 단기 지향의 문화를 갖고 있었다. 회사의 초점은 대체로 다음 해나 5년 후가 아닌, 다음 분기에 맞춰져 있었다. 씨티에 있는 동안 나는 씨티가 장기적인 시각을 갖도록 독려하고는 했다. 하지만 문화를 바꾸어야 한다고 더 강하게 밀어붙었어야 했고 *ex ante*를 더 강하게 주장했어야 했다. 앞으로 금융기관의 리더들은 회사가 장기적인 시각을 갖도록 더 많은 노력을 기울어야 할 것이다.

　이런 종류의 단기적인 관점은 씨티가 직면한 위기 상황에 어느 정도로 책임이 있을까? 단정하기는 어렵다. 다양한 문화의 여러 금융기관이 중대한 손실을 겪었기 때문이다. 하지만 씨티에 길게 보고 사고하는 문화가 있었다면 트레이더들이 장기적인 리스크를 철저히 분석하지 않은 채 서브프라임 CDO에서 그렇게 큰 포지션을 사진 않았을 것이다. 이 경우에서 단기적인 사고가 어느 정도까지 나쁜 결과를 초래했는지에는 상관없이 씨티가 단기에 집중하는 방식은 예상보다 더 나쁜 결과를 냈고 그 방식을 바꾸기 위해 더 노력하지 않은 내 결정은 분명 잘못이었다.

　위기가 발생하기 전에 내가 저지른 또 하나의 의사결정 실수는 주택 시장과 관련이 있다. 씨티를 거의 붕괴 직전까지 몰고 간 근원이었던 CDO는 서브프라임 모기지 때문이었다. 위기 상황이 닥치기 1년 전, 나는 주택 시장이 과도해질 가능성이 있다고 언급하며 특정 지표 — 예를 들어, 신용스프레드[8]가 매우 축소되거나 미국 가계가 지속 불가능한 수준으로 부채를 떠안고 있다는 점 — 를 지적했다. 하지만 딱히 주택 시장에 초점을 맞추지는 않았다.

8　신용스프레드credit spreads: 미국채 대비 회사채 수익률 차이. 축소되면 기업들이 돈을 빌리기 쉽고, 확대되면 경기가 축소되어 기업들이 자금을 빌리기가 어렵다.

이 부분에서 나는 결과 중심 분석의 덫에 빠지지 않으려고 조심해야 한다. 주택 시장 붕괴가 위기를 초래했기 때문에 지금 돌아보면 당연히 주택 시장에 더 집중했어야 했다고 판단하기 쉽다. 그러나 그때 내가 그때 알았던 것만을 알았더라도 주택에 더 많은 관심을 기울여야 했다고 믿는다. 일부 분석가들은 주택 시장에서 경고 사인을 포착하고 지적하려고 했다. 나는 질문을 던질 수 있었고 그래야 했으며 그들이 무슨 말을 하는지 그리고 왜 하는지를 이해하려고 해야 했다.

금융계의 사람들이 서브프라임 주택 시장의 붕괴를 예측했어야 했다고 말하려는 게 아니다. 대다수 사람은 그렇지 않았다. 나는 합리적인 사람은 위기를 정확히 예견하는 가능성을 높이는 방식으로 문제를 조사해야 했다고 말하는 것이다. 나는 내가 마땅히 그랬어야 하는 만큼 호기심을 보이지 않았다.

제2의 대공황이 일어나지 않을 거라는 믿음

당연하게도 서브프라임 모기지로 인한 430억 달러의 CDO를 보유하기로 한 씨티의 판단도 실수였다고 생각한다. 하지만 그 실수가 정확히 무엇이었는지 이해하는 것이 중요하다. 어떤 이는 씨티가 매우 변동성이 큰 모기지 담보 증권에서 430억 달러의 포지션을 갖고 있었기에 리스크에 대해 공격적이었다고 결론 냈다. 사실 은행이 서브프라임 CDO에서 430억 달러 포지션을 갖고 있던 이유는 큰 신용 리스크를 맡으려고 했기 때문이 아니다. 씨티가 서프프라임 CDO에 포지션을 보유한 것은 심각한 실수로 드러났지만, 사실상 신용 위험이 전혀 없다는 견해 때문이었다.

게다가 씨티가 보유한 CDO가 '슈퍼 시니어 트랜치'였기 때문에 독립 신용평가 기관들은 최고 등급인 AAA로 평가했다. '머니 굿'으로 간주된 것이고 사실 AAA 등급 증권은 매우 안전하다고 생각되기에 포지션은 이사회와 고위 지도부가 보는 리스크 보고서에 포함되지 않았던 것이다. 이런 이유로 많은 이들이 2007년 말이 되어서야 CDO에 대해 알게 되었다.

내가 430억 달러 포지션을 알게 되었을 때조차도 미국 국채와 같은 신용등급이던 CDO가 디폴트될 수 있다는 리스크에는 초점을 맞추지 않았다. 나는 트레이더들에게 430억 달러의 자산 자체를 보유하고 있는 게 걱정된다고 말했다. 투자 은행은 스토리지 사업이 아니라 이사 업체 사업이라는 오래된 농담이 있다. 금리가 바뀌면 우리 포지션 가치가 하락할 것도 걱정이었다. 하지만 나는 AAA 등급이 거의 0으로 떨어질 가능성에 대해서 실질적으로 생각해 보지 않았다.

금융기관, 금융 언론인 그리고 시장을 규제하는 기관이 있는 월가에서 AAA 등급은 사실상 디폴트 리스크가 없다는 뜻이라는 건 논란의 여지가 아예 없을 뿐 아니라 명백한 사실로 여겨졌다. 돌아보면, 모든 사람이 어떤 문제에 대해 똑같은 의견을 갖고 있다는 면에서 집딘적인 잘못된 가정은 일종의 집단 사고groupthink가 아니었나 생각한다. 대신 발생한 일은 일종의 집단적 비사고group-non-think였다. 그 문제를 철저히 분석한 사람이 거의 아무도 없었던 것이다.

그래서 위기를 통해 월가의 의사결정자들이 배워야 할 가장 중요한 교훈을 알 수 있게 된다. 가장 분명한 건, 단지 증권이 신용평가기관에서 AAA 등급을 받았다고 해서 그것이 실제로 신용 위험이 없다는 뜻은 아니다. 나는 투자 회사는 여전히 AAA 등급의 증권을 심각한 신용 문제가 발생할 가능성은 없는 것으로 취급해야 한다고 생각한다. 하지만 기업은 신용등급 기관이 절대로 실수하지 않는 것은 아니기 때문에 증권의 신용을 조사하고, 자체적으로 세밀한 분석을 해야 하며 독립적인 판단을 내려야 한다.

씨티와 금융 시스템에서 일어난 일에서 배울 수 있는 더 폭넓은 교훈이 있다. AAA 등급의 증권과 관련된 리스크를 넘어서 예측 자체의 본질을 다루는 것이다.

조직이나 개인이 예측하지 않는다고 말하는 건 쉽지만 그건 결코 완전한 사실이 아니다. 예를 들어 소행성이 내일 지구에 충돌한다고 하자. 하지만 우리 대부분은 그런 가능성에 대해 비상 계획을 세우지는 않는다. 대부분은 그런 가정을 하고 있다는 걸 전혀 인식하지도 않을 것이다. — 거스 레비가 골드만삭스 동료들에게 "그 어떤 것도 가정하지 마라"라고 상기시켰을 때 나는 그도 글자 그대로를 의미하는 건 아니라고 생각한다.

문제는 어떤 예측이 너무 널리 퍼져서 우리가 더는 그것이 예측이라고 인지하지 못하고 그 예측이 합리적인지 아닌지 제대로 평가하는 능력을 잃었을 때 일어날 수 있다. 비록 예상보다 높은 채무 불이행 위험이 있다고 판명된 AAA 등급의 증권에서 앞으로 위기가 발생할 수 있다는 건 불가능하진 않지만 상대적으로 가능성은 적다고 생각한다. 기관과 금융 시스템의 조직들이 같은 실수를 두 번은 하지 않으려 할 것이기 때문이다. 하지만 조만간 결함이 있으면서도 결국 위기를 몰고 올 만연된 예측이 있을 것 같다.

그러므로 오늘날 씨티 같은 은행에 있는 트레이너와 포지션 담당자들에게 조언을 건넨다면, 크든 작든 미처 인지하지도 못할 수 있는 여러 예측을 주기적으로 판별하라고 하겠다. 이런 예측 대부분은 논란의 여지가 없다고 밝혀질 것이다. 그러나 일부 경우에는 점검할 목록을 만들어 두면, 거의 진실로 보이는 것이 사실은 테일 리스크를 포함한 높은 확률의 가능성이라는 것을 인지할 수 있을 것이다.

위기를 철저히 평가하고 분석하는 일은 금융 분야뿐만 아니라 정치계 전반의 정책 결정자들에게 교훈이 된다.

그 위기 상황에 이르는 몇 년 동안, 경제 정책의 많은 주요 사상가들은 제2의 대공황이 아예 불가능하다고 믿는 듯했다. 나는 1990년대 초, 전설적인 뉴욕 상원의원인 다니엘 패트릭 모이니한Daniel Patrick Moynihan과 함께했던 점심 식사를 또렷이 기억한다. 나는 모이니한 상원의원을 깊이 존경했고 대화 중에 그가 했던 말은 수년간 나의 뇌리에 박히게 되었다. "우리는 비즈니스 사이클을 길들였어요. 여전히 경기 침체를 겪을 테지만 이제는 새로운 정책 도구가 있고 1930년 대에 겪었던 같은 위기는 다시는 겪게 되지 않을 겁니다."

대공황 말부터 2007년까지는 그의 말이 맞았다. 하지만 돌이켜 보면 그의 분석은 결과를 근거로 한 것이었다. 본질적으로 그는 우리 가 수십 년간 대규모 경제 붕괴를 경험하지 않았기 때문에 비즈니스 사이클을 길들였다고 주장했다. 그 주장은 대공황이 터지자 틀린 것 으로 드러났다.

모이니한 상원의원만 이런 관점을 갖고 있던 건 아니었다. 지금 생각해 보면 놀라운 건 수많은 경제 사상가들이 위기가 일어나지 않 을 거라고 매우 자신만만했다는 것이다.

우리가 위기 전에 집단적 사고를 점검하는 *ex ante* 접근법을 취해 도달할 수 있는 가장 중요한 결론은 경제 정책에 대한 만연된 과도한 자신감의 위험성이다. 제2차 세계대전 이후 우리는 정책을 더 정교 하게 가다듬었지만, 시스템적인 위기의 가능성이 완전히 사라졌다고 결론지은 것은 잘못이었다. 그런 과도한 자신감 때문에 우리는 위기 에 대한 준비를 소홀히 하게 되었다.

위기의 여파로 인해 최악의 상황은 드물지만 실제로 일어날 때가 있다는 점을 인지해야 한다. 그리고 거의 당연하게도 최악의 상황은 극소수의 사람만 예상하는 방식으로 일어난다. 그러므로 정책 입안 자들의 일은 단지 위기를 줄이고 합리적인 규제와 재정 정책으로 손실을 최대한 줄이는 것만이 아니다. 거의 발생하지 않는 위기라도 언제까지나 피할 수 없다는 사실을 인지하고 그 점을 의사결정에 고려해야 한다.

나 또한 1990년대 경제 정책 입안자로서 나 자신의 의사결정에 대해 많은 생각을 했다. 1999년을 예로 들면 상업 은행과 투자 은행을 분리한 1930년대의 글래스 스티걸법을 폐지하기 위해 초당적 입법을 지지했다. 그건 당시에 논쟁이 많았던 결정이었고 글래스 스티걸법의 폐지가 2007년에 시작된 경제 위기의 주요인이라고 주장하는 사람도 있다.

나는 그 아이디어를 두고 고심했고 최대한 객관적으로 보려고 노력했다. 그리고 그 주장은 사실에 근거하지 않는다고 생각했다. 이 문제를 두고 유명한 은행 전문가들과 대화를 나누기도 했다. 대화를 나누었던 모든 전문가는 글래스 스티걸법이 1999년 완전히 폐지되었을 때, 수년간 연방 준비 제도 이사회는 은행이 본질적으로 그들이 했던 모든 것이 위기에 불을 붙였다는 방식으로 해석했다. ─ 글래스 스티걸법은 은행이 보험을 작성하고 판매하는 것을 막았을 테지만 그러한 활동은 2007년과 2008년 씨티와 비슷한 은행에 닥쳤던 위기와 거의 관련이 없다. 1933년 원래 글래스 스티걸법조차도 금융 회사가 대량의 CDO를 구매하는 것을 막지는 못했을 것이다. 이는 그 법은 결코 적용되지 않았고 은행이 늘 허용하던 모기지 대출을 통해 이뤄졌기 때문이다.

글래스 스티걸법을 폐지한 것이 금융 위기를 초래하지 않았다는 나의 의견에 확신은 있지만, 결과 기반 분석을 넘어서는 다양한 의견이 있다면 그런 의견들을 교환하는 건 도움이 된다고 생각한다. 글래스 스티걸법이 폐지되었다는 점을 지적하고 후에 경제가 무너졌다는 점을 또 지적하고 그 결론으로부터 글래스 스티걸법의 폐지가 경제 붕괴를 일으킨 게 분명하다고 결론을 내리는 것으로는 충분치 않다. 하지만 나는 2007년~2008년 위기를 초래한 금융 규제 그리고 다음 위기를 막을 수 있을 규제에 대한 지적이고 철저한 토론이 미래의 의사결정자들에게 도움이 될 거로 믿는다. 비록 내가 모든 요점마다 동의하지는 않아도 그리고 어떤 의견이 옳은지 완전히 확신하는 게 불가능할지라도 말이다.

그 위기의 여파로 널리 제기된 또 다른 문제는 '파생상품'의 역할이다. 이는 경제가 붕괴되기 전에 부실한 규제를 받은 비전통적인 금융 상품의 형태로 위기 상황 때는 거대 보험 회사인 AIG의 지급 능력을 위협했다. 나는 파생상품이 투자자들에게 주는 익스포저 노출과 잠재적이고 불안정한 영향 때문에 더 강력하게 규제해야 한다고 오랫동안 믿어 왔다. 나는 골드만삭스의 공동 수석 파트너였을 때 시카고 공정무역위원회에 가서 더 엄격한 마진과 자본 요건을 부과하라고 요구했다. 이는 투자자들이 빌린 돈으로 파생상품을 구매할 수 있는 능력을 제한하게 된다. 그리고 파생상품을 구매하고 판매한 은행들이 더 많은 자본을 보유하도록 요구할 것이다. 나중에 재무부에서 일할 때도 복잡한 정책적 접근을 요구했고 그런 접근법은 득보다는 실이 많을 수 있다고 느끼긴 했지만, 그럼에도 파생상품의 규제를 계속 지지했다.

결국 내 우려에도 불구하고 아시아 금융 위기 같은 문제가 우선시되었기 때문에 파생상품 규제에 더 깊이 집중할 기회는 잡지 못했다. 2010년 도드-프랭크 금융 규제 법안이 파생상품을 중심으로 새로운 규칙을 부과했고 비록 내가 동의하긴 했지만 그 법안은 더 높은 마진과 자본 요건을 요구했어야 했다고 생각했다.

더 넓게 보면, 나는 앞으로 정책 입안자들이 규제가 금융 부문의 혁신과 보조를 맞출 수 있도록 더 많을 일을 해야 한다고 생각한다. 그리고 미래의 위기로 인한 경제적 어려움을 줄이기 위해서뿐 아니라 국민이 규제가 적절하다고 믿는다면 금융 부문을 더 신뢰하게 되므로 금융 산업이 이 아이디어를 지지해야 한다고 생각한다. 이와 비슷한 논리로 나는 2010년 도드-프랭크 법안의 일부로 소비자 금융 보호국 창설을 지지하게 되었다.

대공황 동안 일어난 일을 신중하고 포괄적으로 분석하고 지난 결정에서 배우는 것은 결과에만 전적으로 의존하는 것처럼 간단하지도 않고 딱히 만족스럽지도 않다. 하지만 그것은 노력, 복잡성, 불확실성의 가치가 있다. 만약 당신의 목표가 앞으로 더 나은 결정을 위한 교훈을 얻는 거라면 부정적 결과와 긍정적 결과 모두를 평가하는 올바른 접근법은 단지 유용할 뿐 아니라 필수적이다.

이제 40년도 더 전으로 돌아가, 내 부서가 큰돈을 잃고 나서 골드만삭스에서 열렸던 파트너 회의실로 가보자. 처음에는 파트너들이 어떻게 나올지 정말 확신할 수 없었다. 하지만 나는 이렇게 말했다. "우리가 이런 손실을 입게 된 이유는 연준이 금리를 인상해 시장의 구조가 바뀌었기 때문입니다. 지금 당장의 결과에만 포커스를 맞추기보다는 그 변화를 고려해서 각 포지션의 기대 가치 분석을 다시 점검해 봅시다. 포지션이 여전히 긍정적인 가치를 낼 거 같지 않으면 줄이거나 없애고 손실을 받아들입시다. 하지만 철저한 재검증 후에도 만약 기대 가치가 긍정적이라면 그 포지션을 그냥 유지하는 데만 그치지 맙시다. 포지션을 늘리는 것을 고려해 보지요."

경영위원회와 파트너들은 내가 이 접근법을 취하는 데 동의했다. 우리는 옐로우 노트를 꺼내 새로운 현실에 근거한 우리의 포지션 — 인플레이션 기대치의 변화, 시장의 변화 그리고 수익 전망의 변화 — 을 하나씩 검토하고 이런 질문을 던졌다. "팔아야 하나, 팔지 말아야 하나?" 어떤 경우는 우리의 기존 포지션에 추가하기까지 했다.

이 정도로 부정적인 결과 후에 이런 아이디어로 일을 진행하는 기관은 손에 꼽을 정도로 적을 것이다. 하지만 골드만삭스의 파트너들은 그랬다. 그리고 운 좋게도 이 경우 우리는 우리의 손실을 줄이는 것으로 끝나지 않았다. 시장이 회복되자, 타당한 결정 그리고 과거의 결정을 평가하고 배우는 옳은 접근법 덕분에 매우 긍정적인 결과로 이어졌다.

7장

규제 없는
토론

"진정으로 충분한 정보를 갖는 방법은 모든 관련된 문제에 대해
성숙하고 정직하며 꾸밈없는 의견 교환을 하는 것이다."

인생과 커리어를 돌아볼 때 내가 가장 선명하게 기억하는 순간들 그리고 의사결정에 가장 큰 영향을 준 순간은 누군가 통찰력이 있으면서도 도전적인 포인트를 제기했을 때다. 그런 순간이 50년도 더 전에 골드만삭스 파트너 회의실에서 일어났다.

1971년 초반이었다. 골드만삭스가 펜 센트럴을 위해 기업 어음을 발행한 지 얼마 되지 않아 펜 센트럴의 파산을 둘러싸고 벌어진 소송은 골드만삭스를 파산시킬 정도로 위협적이었다. — 이는 내가 거스 레비의 초기 선임 변호사 선택에 우려를 표했던 때와 같은 법적 문제였다. 파트너 회의가 열렸을 즈음에는 회사의 위험은 대부분 지나갔지만, 그 사건은 여전히 사람들의 마음에 남아 있었다. 그런데 젊은 파트너였던 리처드 멘셜Richard Menschel이 손을 들었다.

"펜 센트럴이 시니어 파트너의 클라이언트였기 때문에 자세히 보지 않있던 긴가요?"

리처드가 시니어 파트너라 함은 골드만삭스를 책임지던 거스를 말하는 거였고 거스는 회의를 진행하던 사람이었다. 나는 거스가 그 질문에 정확히 뭐라고 대답했는지 기억하지 못하지만, 그의 어조는 분명히 기억한다. 부드럽게 표현하자면 그는 웃지 않았다.

거스가 처음에는 분노하긴 했어도, 나중에까지 앙심을 품거나 하진 않았다. 리처드의 우려에 거스는 행동을 통해 어떤 의견을 표시해도 된다는 열린 마음을 보여 주었다. 회의가 끝나고 잠시 후, 골드만삭스는 우리가 기업 어음을 발행하는 방식을 검토하는 컨설턴트로 경험 많은 독립 신용 분석가를 고용했다. 그 컨설턴트는 골드만삭스의 프로세스와 관련해 중요한 조언을 해주었다. 결국 골드만삭스는 리처드의 도전적인 질문 덕분에 운영 방식을 개선할 수 있었다.

나는 운 좋게도 그룹의 합의 사항이나 최종 의사결정자의 의견에 반대하는 걸 허용할 뿐 아니라 적극적으로 격려했던 수많은 회의에 참석해 왔다. 캐비닛 룸이나 루즈벨트 룸에 앉아 클린턴 대통령과 다른 최고 고문들과 함께 경제 주요 문제를 논의했던 것을 생생히 기억한다. 만약 모두가 한 방향으로 가거나 대통령의 말에 동의하면 대통령은 나서서 누군가 반대의 의견을 내라고 요구했다. "이 문제의 다른 측면은 뭐죠? 이 의견에 반대하는 사람들은 뭐라고 주장하나요? 우리가 틀렸다면 왜 틀렸을까요?"

정부와 정치 분야에서 이런 방식으로 의견 교환을 독려하기란 민간 분야보다 훨씬 어려울 수 있다. 정부의 여러 부분에서 투명성을 중요하게 여긴다면 물론 좋을 때도 있겠지만 오히려 솔직하게 말하지 못하게 될 수도 있다. 또한 정부와 관련된 사람들은 민간 분야와 비교해 상대편 그리고 언론의 조사와 비판을 더 자주 받기 마련이라, 사람들이 실수를 인정하는 걸 더 꺼릴 수 있다. 마지막으로 비공개회의에서조차도 누군가 불편한 질문이나 주장을 언론에 흘릴 가능성이 커질수록 다양한 의견의 토론을 내려는 분위기는 냉각될 수 있다.

하지만 이런 어려움에도 불구하고 내가 놀랐던 점은 클린턴 대통령은 질문을 던지고 자신과 반대 의견을 주장하고 심지어 자신의 과거 결정을 비판하는 것도 편안하게 할 수 있는 분위기를 조성했다는 것이다. 그래서 모든 사람이 최고의 방법을 찾기 위해 협심할 수 있었다. 의견을 주장하고 논쟁에 반박하고 제안을 시험하자고 직언할 수 있었다. 그런데 문득 생각하니 우리가 신나게 논쟁을 벌이고 있는 사람에게 특정한 직위가 있었다. 그리고 그 직위는 미국 대통령이라는 사실을 깨닫게 되기도 했다. 미국 대통령은 지구에서 가장 막강한 사람임에도 불구하고 대통령을 '위해서' 일한다고 느낀 적은 한 번도 없었다. 늘 그와 '함께' 일한다고 느꼈다.

나는 미국 국가경제위원회 그리고 후에 재무부를 맡았을 때도 이런 유사한 분위기로 회의를 이끌려고 했다. 우리의 토론은 순전히 지적인 토론이었으며 늘 긴급한 상황을 다뤘던 건 아니었다. 연방준비제도의 의장이었던 앨런 그린스펀Alan Greenspan은 이런 회의를 보더니 대학원 시절의 세미나 같다고 표현하기도 했다. 앨런은 재무부에 와서 회의에 참석하는 걸 무척 좋아했다. 나는 그가 흥미롭다고 느꼈던 그 포인트가 우리 토론의 핵심이라고 생각한다. 어려운 질문을 제기하고 다양한 의견을 내며 서로 독려하는 분위기는 우리가 최고의 결정을 내릴 수 있도록 정보를 주고 서로를 이해할 수 있도록 했다.

이런 분위기로 진행했던 회의를 되돌아보면 참 즐거웠고 애정이 간다. 그리고 건전한 의사결정의 가장 중요한 필수 요소를 드러낸다고 생각한다. 그건 바로 '규제 없는 토론'에 대한 헌신이다.

이 주제에 대한 나의 의견은 내가 읽어 온 작가와 사상가들, 대학과 로스쿨의 교수님들 그리고 수년간 함께 공부했던 학생들에 의해 형성되었다. 또한 내가 알고 지낸 사람들과의 다양한 토론 그리고 내 의견에 반대하거나 심지어는 길길이 뛰며 분노했던 사람들과 일한 경험을 포함해 최근의 경험에 의해서도 형성되었다.

이런 경험은 여러 가지 이유로 소중하다. 첫째, 나에게 새로운 아이디어를 떠올리게 했다. 둘째, 어떤 경우는 내 마음을 바꾸기도 했다. 셋째, 지적으로 자극을 받게 돼서 문제를 더 잘 판별하고 논쟁을 평가하며 내 의견을 더 잘 뒷받침할 수 있는 사례를 고심해야 했다. 이런 방식으로 내가 더 좋은 의사결정자가 되는 데 도움이 되었다. 당신이 가능성과 결과에 대해 최고의 평가를 하려고 한다면 충분한 정보가 있어야 한다. 그리고 진정으로 충분한 정보를 갖는 방법은 모든 관련된 문제에 대해 성숙하고 정직하며 꾸밈없는 의견 교환을 하

최고의 결정

는 것이다.

간단히 말하자면 나는 자유로운 의견 교환을 허용하고 보호하며 격려하는 개인, 조직, 사회가 그렇지 않은 사람들보다 더 나은 결정을 내린다고 믿는다.

처음에는 단순해 보이는 아이디어일 수 있다. 특히 수정 헌법 제1조[1]를 따르는 국가와 문화에서 말이다. 하지만 내 경험으로는 규제 없는 토론을 조성하는 것은 실제로 단순하지도, 쉽지도 않은 일이다. 사람들이 그들의 의견을 공개적으로 진술하고 토론하는 환경을 만드는 것은 의사결정자들이 겪어 온 가장 큰 문제였다. 하지만 어떤 면에서는 그 문제가 오늘날처럼 심각했던 적은 없었다.

더 설명하기 전에 '규제 없는 토론'이 정말 무슨 의미인지 점검해야 한다. 결국 어떤 토론도 진정으로 허용치가 없는 건 아니다. 미국에서 헌법은 정부의 언론 제한을 금지하고 표현의 자유를 옹호하는 더 광범위한 원칙을 설명하고 있지만, 수정 헌법 제1조조차도 제한을 두고 실질적인 경고를 하고 있다. 화자는 표현의 자유라는 명목으로 직접적으로 폭력을 선동하거나 명예훼손을 저지르거나 공공연한 외설 행위를 해서는 안 된다. 나는 이것들은 합리적인 제한이라고 생

---

[1] 수정 헌법 1조First Amendment: 의회가 특정 종교의 설립을 존중하지 않거나 종교행사, 언론의 자유를 억압하거나 국민이 평화롭게 집합하고 정부에 불만을 청원할 수 있는 권리를 금지하는 법률을 제정해서는 안 된다.

각한다.

우리가 말할 때도 상대적으로 제한된 일련의 명시적 제약을 받지만, 모든 토론은 암묵적인 사회적 관습에도 제약을 받는다. 예를 들어, 만약 당신이 토론 주제와 전혀 관련이 없는 말을 계속하거나 당신의 의견을 지지하기 위해 거짓말을 하거나 사람을 개인적으로 공격한다면, 누군가는 당신을 토론에 더는 참여시키지 않을 것이다. 그러한 배제는 규제 없는 토론이라는 아이디어에 반하는 게 아니다. 그것은 단순히 문제의 사람이 당신과 토론하지 않기로 선택했다는 것을 의미한다.

내가 의미하는 규제 없는 토론이란 각각의 순간과 상황에서 어떤 말을 할 수 있고 없는지의 한계를 정의하는 것이 아니라 전체적인 접근에 관한 것이다. 토론이나 의사결정 과정을 "규제 없는" 것이라 말할 때, 나는 그것에 참여하는 사람들의 의견이 곤란한 것이거나 인기가 없더라도 그대로 표현할 수 있도록 허용하는 것을 의미한다.

'열린 의견 교환'을 서로에게 소리 지르는 것과 비슷하다고 생각하는 사람들도 있지만, 나는 그 반대라고 생각한다. 규제 없는 토론이 활발해질 수 있는 문화를 조성하려면 서로를 존중하는 태도에서 시작해야 한다. 대부분 사람과 마찬가지로 나도 개인은 서로 배려하려고 노력해야 하고 그것이 정당한 근거가 있는 한 서로의 말을 믿어주어야 한다고 생각한다. 이건 단지 예의나 교양의 문제가 아니다. 만약 당신이 다른 사람들이 선의로 행동한다고 가정하고 당신도 그렇다고 다른 사람들이 생각하는 게 확실하다면, 당신은 진심을 말하고 또한 다른 사람들의 진심에 열린 마음으로 귀를 기울일 가망성이 크다.

이는 대단히 중요한 것이다. 내 경험상 가장 생산적인 토론 분위기를 조성하려면 열린 마음을 가져야 한다. 열린 마음이란 복잡성과 불확실성을 인식하고, 사려 깊은 반대 의견과 불편한 주제의 토론을 장려하고 리더의 의견을 논의 제외 대상이나 절대 옳은 것으로 취급하지 않는 것이다. 지적으로 열린 마음과 규제 없는 토론을 보호하는 또 다른 요소는 사람들이 그들의 지식의 격차를 편안하게 인지하는 환경을 만드는 것이다. "모르겠어요"를 너무 자주 말하면 실패로 비춰질 수 있다. 이런 생각은 한 개인이 자신의 무지가 드러날까 우려해 질문을 하지 않게 되고, 그러면 그룹과 리더가 충분한 정보를 얻게 되지 못하게 되어 그들의 의사결정이 잘못될 가능성을 높인다. 반대로 지식의 격차를 인정하고 더 많은 정보를 구하면 개인과 조직이 더 좋은 결정을 내리게 한다. 내 친구이자 미국 외교협회 회장인 리처드 하스Richard Haass는 "모른다는 말은 입증할 수 있는 진술입니다"라고 말했다.

지적으로 열린 태도를 보이면 사람들이 최고의 결정을 내리기 위해 리더와 함께 일할 수 있고 그들의 견해가 존중되며 이전 장에서 설명한 "뭐가 문제지?" 하는 질문을 스스럼없이 물을 수 있는 환경이 만들어진다.

이것은 특히 리처드 멘셸이 파트너 회의에서 펜 센트럴에 대해 질문을 던졌던 것처럼 그 질문의 답이 CEO나 다른 고위 간부가 내린 결정에 의문을 제기할 때 특히 중요하다. 이런 질문을 잘 하지 않는 이유는 사실 간단하다. 최고 간부 같은 고위인사는 질문받는 일에 익숙지 않다. 특히 그들보다 낮은 직급의 직원들에게 말이다. 어떤 경우는 간부가 위협적인 분위기를 조성해 직원들이 의문이 생겨도 질문을 못 하게 하기도 한다. 고위층에게 의문을 제기하는 자리에 있는 사람도 그들이 질문을 좋아하지 않을 거라고 가정해 버리기도 한다.

하지만 만약 리더가 어려운 질문을 받지 않는다든가 실수를 인정하지 않으려 한다면 결정을 평가하는 것은 매우 어려워진다. 또는 고위 지도부는 실수할 수 없다거나 실수한 것에 대해 듣고 싶어 하지 않는다고 짐작한다면, 조직은 그들의 실수에서 배울 수 없다.

내가 골드만삭스의 리더였을 때 나는 모든 직원이 리처드가 1971년에 했던 것처럼 용기를 내어 당당하게 질문하기를 바랐다. 난해한 질문을 할 수 없다거나 솔직하게 논의하기 힘든 환경에서는 조직이 제대로 작동하지 못할 가능성이 크다. 하지만 나는 이런 종류의 기능 장애가 조직에서 지나치게 자주 일어난다고 생각한다. 특히 그런 조직에 있는 직원들이 지도부의 지난 결정을 면밀히 검사하길 꺼릴 때 더 그렇다.

조직이 과거에 내렸던 결정의 좋고 나쁨을 적극적으로 평가하려고 할 때조차도 누구를 비난할 것인지에 초점을 맞출 때가 너무 많

최고의 결정

다. 그런 식의 평가는 대체로 역효과를 낳는다. 일단 사람들이 경영진이 희생양을 찾고 있다는 걸 알게 되면 평가보다는 자리보전에 더 신경을 쓰기 때문이다. 결국 의사결정자들은 조직이 발견할 수도 있었던 통찰력을 얻지 못하게 된다.

직원들이 실수를 편안하게 인지하는 환경을 만드는 것은 단지 격려 차원에서 좋을 뿐 아니라 실용적이기도 하다. 이는 리더가 일이 돌아가는 상황을 더 잘 이해하고 미래의 의사결정을 발전시키는 데 도움을 준다. 사람들은 부당하게 불이익을 받거나 심지어는 그들의 일자리나 직위를 잃지 않을 거라는 것을 믿어야 할 필요가 있다.

이런 연유로 나는 그른 판단을 내린 사람이 실수에서 배우고 정직하게 분석했다면 그에게 부정적인 결과를 주지 않으려고 언제나 노력해 왔다. 만약 누군가 계속해서 잘못된 판단을 한다면 그건 다른 이야기다. 하지만 단 한 번의 실수를 저질렀고 심지어 큰 실수를 저질렀어도 문제가 복잡해서 피하기 힘든 실수였다면 나는 그 사람에게 "그게 인생이야"라고 말한 다음 앞으로 우리의 판단력을 향상시키는 방법에 집중할 것이다.

의사결정 과정의 도전자

이렇게 해서 규제 없는 토론의 양성에 관한 또 다른 중요한 점을 언급하게 된다. 그건 바로 의사결정 과정을 예리하게 다듬을 수 있는 어렵고 자극적인 질문을 던지는 행복한 도전자가 있다면 크게 도움이 된다는 것이다.

일을 잘하는 도전자들은 까다로운 사람들이 아니다. 어떤 이는 자신의 근거가 충분치 않더라도 문제를 제기하면서 궤변을 늘어놓기를 좋아한다. 그런 어리석은 악마의 변호인[2]은 거의 도움이 되지 않는다. 하지만 몰랐던 문제나 불편한 문제를 제기하거나 심지어 희박해도 현실적으로 가능성이 있을 때 "이런 일이 일어날 가능성이 작긴 하지만, 우리가 확실히 점검했던가요?"라고 묻는 누군가가 있다면 그는 대단히 소중한 인재다.

당신은 사람들 사이에서 널리 퍼져 당연시되는 말에 의문을 던지고 어렵고 논쟁적인 질문을 제기하는 것에 심리적으로 이끌릴 수도 있고 아닐 수도 있다. 많은 이들은 후자에 속한다. 이들은 의사결정에 크게 기여하고 많은 장점을 갖고 있을 수 있지만, 불편하거나 리더의 관점과 대립각을 세우는 질문, 그리고 자신의 지식 격차가 드러날 수 있는 질문을 던지는 데는 소극적이다. 그와 반대로 나는 최고의 도전자들이 그 역할에 딱 맞는다는 것을 알게 되었다. 이들 중 일부는 가끔 다소 어려운 성격의 소유자일 수 있다. — 골드만삭스에서

---

2   악마의 변호인devil's advocate: 활발한 논쟁을 위해 일부러 반대 의견을 내놓는 사람

신발을 잘 신지 않았던 제이컵 골드필드 같은 사람은 타고난 도전자였다. 나는 언제나 지적으로 엄격한 도전자가 토론과 의사결정에 가져오는 이익이 다른 비용보다 훨씬 더 크다고 믿었다.

당신의 팀에 있는 사람들이 얼마나 똑똑하고 특출난지에 상관없이 당신을 시험하고 당신의 사고를 점검하는 누군가가 있어야 한다. 활발한 토론이 벌어지고 있을 때도 토론이 무엇에 관한 것이든 그것을 벗어나 다른 사람들이 보지 못하는 가능성을 볼 수 있는 사람을 두는 것이 중요하다. 그리고 그런 사람을 적극적으로 고용해야 할 뿐 아니라 열심히 찾아야 하고 그들이 자신의 방식으로 토론하는 것에 편안함을 느낄 수 있는 분위기를 유지해야 한다.

이 말은 도전자의 아이디어가 늘 좋다는 의미는 아니다. 그들이 하는 말을 반사적으로 거부해서는 안 된다는 의미다. 좋은 의사결정자라고 해서 도전적인 의견에 동의할 의무는 없다. 하지만 그들의 말에 귀를 기울일 필요는 있다.

끝으로 어쩌면 가장 중요한 점은 자유로운 토론을 원하는 의사결정자들은 직원들이 의견과 아이디어를 제시하는 능력을 줄어들게 하는 냉각 효과를 경계해야 한다.

이런 면에서 나는 1971년의 거스의 분노를 다시 살펴보아야 한다. 그날 거스가 보였던 반응은 약간 다른 문화와 리더가 있는 다른 회사에서라면 냉각 효과를 불러올 수 있었다. 리처드가 회의실에서 실제로 자유롭게 발언할 수 있었어도, 선임 파트너를 화나게 하면 회사에서 자신의 성공이 위험해질 거라 생각했다거나 다른 파트너가 그런 불편한 주제를 제기했다는 이유로 그를 인식 공격할 거라고 느꼈다고 상상해 보라. 이런 종류의 냉각 효과의 영향을 측정하기는 힘들지만 그렇다고 그 효과가 현실적이지 않다거나 존재하지 않는다는 뜻은 아니다.

인기 없는 아이디어를 표현하는 것이 기대 가치 표에 어떤 냉각 효과를 끼치는지 생각해 보자. 만약 누군가 확률과 결과에 관해 판단을 내릴 때 일부 고려할 사항이 기대 가치 표에서 제외되면 최상의 결정을 내릴 가능성은 줄어들고 실제로 종종 줄어든다.

나는 많은 사람이 열린 토론을 냉각할 수 있는데도 질문을 자주 무시하거나 그들의 행동이 냉각 효과를 불러올지 신경 쓰지 않거나 또는 냉각 효과가 끼치는 부정적인 영향을 과소평가한다고 생각한다.

자유로운 의견 교환을 냉각시키는 비용과 그것을 보호하는 더 큰 이익 때문에 자유로운 의견 교환을 보호하는 것이 단지 의사결정에 도움이 되는 접근법일 뿐 아니라 리더들이 반드시 지켜야 할 강력한 지도 원리라고 생각한다. 이론상으로 모든 잠재적인 행동 방침은 옐로우 노트로 점검할 수 있다. 하지만 실제로는 대부분의 극한 상황을 제외하고는 열린 토론을 줄이거나 내가 동의하지 않는 의견을 억압하는 것을 실행할 수 있는 옵션으로 고려해서는 안 된다고 생각한다.

이 강력한 지도 원리를 실제로 적용하기는 쉽지 않은 데다 가끔 논쟁을 불러일으키기도 한다. 예를 들면, 2006년 이란 대통령인 마무드 아마디네자드가 뉴욕을 방문했다. 많은 외국 정상이 미국에 우호적인지 비우호적인지와는 상관없이 전통적으로 외교협회는 뉴욕 본사의 회원국 자격에 참여하도록 초청한다.

하지만 그 방문은 달랐다. 아마디네자드 대통령은 홀로코스트를 부정하는 사람으로 잘 알려져 있었기 때문이다. 그런 그가 저명하고 존중받는 기관에 초대를 받을 수도 있다는 점은 상당한 반대를 촉발했다. 여러 차례 토론이 오간 후, 외교협회 지도자들은 회의를 진행하기로 결정했다. 그들은 그 일이 외교 정책에 관심과 영향력을 가진 참석자들이 상대방의 의견을 더 잘 이해할 계기가 될 거라 믿었다.

내가 개인적으로 이 결정에 참여한 건 아니었다. 하지만 이 결정은 옳은 것이었다고 생각한다. 외교협회는 연설자와 그의 견해의 본질을 반영하기 위해 행사의 형식을 약간 수정했다. ― 예를 들어, 아마디네자드는 연설해 달라는 요청은 받았지만, 협회 회원들과 함께하는 식사 자리에는 초대받지 않았다. 그건 너무 사교적으로 보였을 것이다. 초대를 확대한 것은 비용을 치러야 했다. 아마디네자드 대통령은 영향력 있는 뉴요커들에게 그의 거짓이고 해로우며 혐오스러운 아이디어를 설명할 수 있는 포럼을 열 수 있었다. 하지만 결국 외교협회의 의사결정자들은 열린 의견 교환을 보호하는 원칙을 준수하는 것이 훨씬 더 큰 장기적인 이익을 가져왔다고 인식했다.

지금까지 비즈니스, 정부와 공공 정책 토론의 중요성에 관해 이야기했다. 하지만 나는 동일한 아이디어가 사회의 모든 요소에도 확대

된다고 생각한다. 특히 많은 사람과 내가 세계를 탐험하는 데 필요한 기초를 닦은 곳이며, 세계에 영향을 미치고 세상을 발전시킬 수 있는 결정을 내리는 기반인 학교와 대학에도 적용된다.

대학에서 규제받지 않은 토론과 열린 의견 교환의 정신을 얼마큼 허용할 것인가에 대한 열띤 토론은 언제나 있었다. 1958년 내가 하버드 대학 2학년일 때 데이비드 왕David Wang이라는 백인 우월주의자이자 반유대주의자가 일련의 논쟁적인 발언 — 내 견해로는 역겨운 — 을 하도록 초대받았다.

하버드 자유연합 회장이었던 허버트 밀스테인Herbert Milstein 같은 사람도 있다. 그는 "자유주의 사회는 자유로운 토론을 허용해야 한다"라고 주장했다. 데이비드 왕이 학교 내에서 그의 의견을 말하는 걸 금지해야 한다고 느끼는 사람들도 있었다. 왕의 연설은 폭탄 위협으로 중단되기까지 했다.

이 토론은 내가 학생이었을 때도 있었지만 토론의 강도는 이제 완전히 더 심해진 것 같다. 대학에서 자유 표현에 관한 토론의 윤곽도 바뀌었는데 내가 보기에는 더 나아진 거 같지 않다.

몇 년 전, 손녀인 엘리자에게 이메일을 한 통 받았다. 엘리자는 하버드 2학년으로 데이비드 왕이 초청 연사로 초대되었을 당시의 나와 같은 나이였다.

엘리자는 백인 우월주의자를 학교로 초대한 어떤 그룹에 관해 얘기했다. 「하버드 크림슨」의 한 논설 기사는 대학이 백인 우월주의자가 발언할 수 있도록 허용해야 하고 학생들 스스로가 찬반 이유를 결정해야 한다고 주장했다. 엘리자는 그 글에 동의하지 않는다고 쓰고 있었다.

많은 사람이, 특히 엘리자 세대의 사람들은 백인 우월주의자의 주장을 캠퍼스 내에서 발언하도록 허용하는 것에 대해 다양한 의견을 갖는 게 놀라운 일은 아니라고 생각한다. 내가 대학에 들어갔을 때는 매우 느리긴 했지만 시민의 평등권도 서서히 발전하는 것처럼 보였다. 오늘날의 대학생들은 매우 다른 순간을 사는 듯하다. 백인 민족주의를 포함한 극단주의 이데올로기의 지배는 후퇴하기보다는 강해지고 있는 것 같다. 소셜 미디어도 한몫하는 덕에 잘못된 정보, 부정직한 주장, 위험한 음모론이 이전에 보지 못한 속도로 퍼질 수 있다.

그래도 나는 여전히 다른 견해를 갖고 있다. 나는 엘리자에게 백인 우월주의자가 연설을 허락하자는 주장에 동의한다고 답장했다. 그리고 허버트 밀스테인이 수십 년 전에 강조했던 자유주의 사회는 자유 토론을 허용해야 한다는 아이디어를 상세히 설명하려고 노력했다. 나는 청중들이 백인 우월주의자의 견해를 어떻게 받아들일지 스스로 결정해야 한다고 느낄 뿐 아니라 그런 의견을 듣는 것은 왜 그 연설자가 그런 식으로 생각하는지 그리고 그의 근본적인 동기는 무엇인지 이해하는 데 도움이 될 수 있다고 느꼈다. 그래서 누군가에게는 자신의 관점을 효과적으로 논쟁하는 데 도움이 될 수 있다. 게다가 가증스러운 이데올로기를 이해하면 그 근본 원인을 설명함으로써 사회가 그 이데올로기의 힘을 줄일 수 있기도 하다.

끝으로, 나는 엘리자에게 만약 우리가 수정 헌법 제1조의 정신에 따라 살지 않는다면 어쩌면 다음에 연설을 못 하는 건 백인 우월주의자가 아니라 엘리자가 지지하는 사람일 수도 있다고 썼다.

얼마 후, 하버드 명예 총장인 드류 파우스트에게 이 문제를 이야기했다. 드류는 자유 의견을 보호하는 것이 지도 원리라고 믿는 사람이었기에 나는 그가 내가 옳고 엘리자가 그르다며 바로 맞장구칠 줄 알았다. 하지만 놀랍게도 드류는 이 문제가 생각보다 더 복잡하다고 말했다.

"또 다른 문제가 있거든요. 만약 백인 우월주의자가 하버드에서 연설을 한다면 그가 하버드의 공식 승인을 받았다는 의미죠. 그리고 하버드가 특정 의견을 지지하지 않는 건 사실이지만 하버드 연단에서 연설하는 백인 우월주의를 옹호하는 사람을 일반 사람들이 보는 게 문제가 되고 받을 자격이 없는 그런 견해에 일종의 존경심을 심어주게 될 수도 있어요."

드류가 이 점을 지적하기 전까지는 나는 이에 대해 진지하게 생각해 보지 않았다고 인정해야겠다. 내가 학생일 때 이후로 혐오스러운 신념을 가진 사람을 저명한 캠퍼스에 서게 하는 비용과 이점이 몇 가지 면에서 변했을 수도 있다고 생각해 보지 않은 것이다.

아마도 가장 새로운 요소는 소셜 미디어와 온라인 비디오의 광범위한 사용일 것이다. 만약 누군가 오늘날 하버드에서 선동적인 연설을 한다면 대상이 되는 청중은 연설자의 견해를 토론할 수 있는 학생들이 아니다. 청중은 인터넷으로 그 연설을 지켜볼 수백만 명의 일반 사람이 되는 것이다. 이들은 다양한 의견을 허용하려는 하버드의 의도를 알아채기보다 하버드가 선동적인 발언을 인정한 게 아니냐며 혼란스러워할 수 있다.

규제와 검열이 부과하는 비용

그러나 지금까지 설명한 이런 식의 복잡성으로 규제 없는 토론이 강력하고 중요한 원칙이라는 나의 견해가 바뀌지는 않는다. 하지만 원칙을 실제로 적용하는 것은 의사결정 과정에서 고려되어야 할 절충안과 함께 여전히 개인적으로 판단해야 할 일이다. 드류 파우스트가 엘리자의 이메일에 대해 설명할 때 그는 비유적으로 옐로우 노트를 사용하고 있었다. 가능한 행동 방법을 면밀히 생각하고 비용과 이득을 저울질하며 비용을 줄이면서 이득을 최대화하려고 했다.

하지만 이것이 대단히 중요한데, 의사결정자들은 이런 종류의 문제를 대단히 신중하게 생각하기 때문에 표현의 자유를 보호하는 원칙에 적합한 무게를 두어야 한다. 그리고 그들은 표현을 축소하는 데서 오는 모든 범위의 비용을 고려해야 한다. 단지 특정 의견을 명시적으로 금지하는 것만이 아니라 사람들이 의견과 아이디어를 공유하는 것을 두렵게 만드는 냉각 효과까지 말이다. 문제의 기관이 대학이든 정부든 투자 은행이든 상관없다. 모든 사람이 살얼음판을 걷고 있는 분위기라면, 자유로운 의견 교환은 정말이지 불가능하다.

많은 경우 이런 냉각 효과의 해로움은 단순히 이론적인 문제가 아니라 실제적인 문제라는 점에서 깊은 우려를 표하고 싶다. 수십 년 전과 비교해 혹은 어쩌면 몇 년 전과 비교해도 학계, 산업계, 비영리를 포함한 전 연령층에서 수용할 만한 주제더라도 의견 공유를 더 두려워하고 심지어는 문제를 토론하는 것조차 두려워한다고 느꼈다.

표현의 자유를 보호하는 것은 분명 비용이 들며 특정 발언이나 관점의 표현은 다른 것들보다 더 큰 비용이 든다는 것을 깨달아야 한다. 특히 연설이 특정 집단의 숫자를 줄이려고 하거나 의도치 않게 억압과 고통을 더하거나 증오심을 강화하려고 할 때 말이다. 이 모든 것은 매우 현실적인 문제이며 우리 사회의 수많은 문제와 마찬가지로 이런 비용은 동등하게 부과되지 않는다. 이는 반드시 해결되어야 할 우리의 과거와 현재에 실존하는 심각한 불평등을 반영한다. 이런 상황을 고려할 때 가장 어려운 문제를 해결하는 최고의 방법이 의견 교환을 냉각시키거나 특정 의견의 표현을 줄이는 것이라고 느끼는 사람이 있다 해도 놀랄 일은 아니라고 생각한다. 하지만 현실적으로 규제 없는 토론을 보호하는 비용이 발생한다 해도 나는 여전히 이득이 훨씬 더 많다고 생각한다.

내가 이 장에서 언급한 말 중 헌법에 직접적으로 위배되거나, 보호되지 않는 것은 없다. 이것은 강력한 권리를 선언하는 일이며 수정헌법 제1조의 건전한 원칙들을 반영하는 것이리라. 결국, 가장 불쾌한 연설까지도 허용한다면 모든 이가 연설할 권리를 보호하는 것이다. 의견 교환은 그들의 논쟁을 잘 다듬기 위해 정당하고 도덕적인 명분이 있는 의견을 사용하게 한다. 나쁜 연설의 거의 모든 종류에 대응하는 최고의 해답은 부정하고 침묵하거나 금지하는 것이 아니라 반박하는 것이다.

내가 엘리자에게 보낸 이메일에 쓴 것처럼, 어떤 종류의 발언을 받아들일 수 있는지 선을 긋는 사람들이 당신의 의견에는 동의할 거라는 보장도 없다. 그들은 사실 당신의 아이디어가 억압되어야 한다고 판단할지도 모른다.

최근 우리는 바로 그런 예를 보았다. 전국에 있는 극단주의 정치인들이 정부가 학생들에게 성 정체성, 성의 구별 또는 인종 문제와 관련해 국회의원들이 동의하지 않는 아이디어를 발설한 교사들을 해고할 것을 요구하는 법안을 통과시켰다. 같은 의원 중 많은 이들은 그들이 좋아하지 않는 책을 도서관과 학교 교육과정에서 금지하려고 했다. 이는 직접적인 영향을 미침과 동시에 냉각 효과도 갖는다. 교육자들은 어떤 아이디어나 자료가 정부 검열의 대상이 될지 확신하지 못하기 때문이다.

이는 교사들에게 불공평한 처사이며 학생들에게도 마찬가지다. 우리는 젊은이들에게 우리의 사회 전체를 탐험하고 이해할 기회를 주어야 한다. 이들이 성인이 되었을 때 우리 사회를 더 효과적으로 탐험할 수 있도록 말이다.

우리가 미국에서 목격했던 정부 검열 경향은 세계적으로도 점점 더 강해지고 있다. 민주주의가 제대로 서지 못했거나 아예 없는 정권에서 정부를 비판하는 사람은 해를 입고 체포되고 살해되기도 한다. 국영 언론은 홍보되지만, 국가에 비우호적인 언론은 경제적으로 타격을 입거나 조용히 문을 닫게 된다. 어떤 경우 공기업들은 정부의 공식 입장에 반대 의견을 표하는 회사나 개인과의 사업을 거부하기도 한다. 이것은 독재 국가들의 글로벌 경제 영향력을 사용해 연설가들이 정부 입장을 수용하라고 강요하고 국가 내에서뿐 아니라 세계적으로 언론의 자유를 냉각시키는 방법이다.

국내외적으로 이런 종류의 정치 압력을 꺾기 위해서는 열린 의견 교환이 존중받고 독려되는 주요 원칙을 철저히 지켜내야 한다. 대학을 포함한 기관들은 매우 어려운 주제일지라도 규제 없는 토론을 또렷이 표현하고 지지함으로써 점점 더 위협받는 원칙을 옹호하는 데 도움이 될 수 있다.

물론 대학 경영자들이 표현의 자유를 축소하기보다는 보호하기로 결단했더라도 때로는 어려운 판단을 내려야 하고 스스로 어려운 질문을 해야 한다. 어떤 아이디어와 학자가 학문적 가치가 있는지, 그리고 대학이 받아들여야 하는지 어떻게 결정할 것인가? 정당한 표현이 아닌, 교직원이나 학생 또는 행정가의 용납할 수 없는 언어적 괴롭힘은 무엇일까? 대학은 지역 사회 건설에 어떻게 접근해야 할까? 대학이 학생과 교직원의 지적이고 학문적인 삶을 양성하는 환경으로서 역할을 다하려면 어떻게 해야 할까? 그리고 학생과 교직원의 자유로운 의견교환이 실질적으로 환영받고 생산적이라고 느끼게 하려면 무엇을 해야 할까?

이런 질문에 정답을 제시할 수 있는 사람은 없다. 하지만 나는 이런 질문들에 관여해 온 대학 운영자라면 표현의 자유를 강력하게 지지해야 한다고 생각한다. 그들의 토론이 사회를 해치기보다는 도움을 주는 것이라는 기본 입장을 가져야 한다.

어떤 이들은 내가 규제 없는 토론의 많은 혜택을 개인적으로 누렸고 내 지위로 인해 단점은 상대적으로 적게 겪었다고 지적할 수 있다. 그건 사실이다. 내 인생에 많은 이점이 있었고 많은 사람이 표현의 자유의 대가를 나보다 더 혹독하게 느꼈다.

하지만 나는 오늘날의 학생들이 불편해하거나 합리적인 사람들이 혐오적이라고 생각하는 의견을 포함해 다양한 아이디어와 관점을 들을 기회를 빼앗는다면, 오늘날의 학생들이 발전하리라고 믿지 않는다. 우리는 학생들이 대학 생활에 더해진 스트레스와 복잡성에 잘 대처해 나갈 수 있도록 최대한 도와야 한다. 그 노력은 우리 대학 저변에 깔린 자유주의적 전통인 우리가 사는 세계의 모든 면을 더 잘 이해하기 위한 아이디어와 의견의 교환을 배제하지 않는다. 우리의 목표는 모든 이가 지적인 탐구에서 오는 장점을 확실히 누리면서도, 어떤 사람은 다른 사람들보다 지적 탐구의 단점에 부정적인 영향을 더 받을 수도 있다는 사실을 인지하는 것이어야 한다.

나는 규제 없는 토론을 지지하는 것의 장기적인 이득이 그 비용보다 더 크다고 믿는다. 달리 말하면 만약 오늘날의 졸업생들이 어려운 질문과 씨름하는 지적인 기질과 기술 없이 캠퍼스를 떠난다면, 그들의 학교는 학생들에게 큰 해를 끼치는 셈이다. 그리고 그 실패의 결과는 캠퍼스를 훨씬 넘어서까지 느껴질 것이다. 대학은 내일의 수많은 리더가 나중에 맞게 될 어려움과 결정의 접근법을 개발하는 장소이기 때문이다. 만약 리더가 논쟁을 평가하는 능력이 부족하고 불편한 질문과 의견에 대응하는 데 편안하지 않다면 나는 우리 전체 사회가 더 나빠질 것이라고 믿는다.

그 반대도 마찬가지다. 리더가 불편한 의견을 처리하는 데 편안하다면 힘든 역경도 더 효율적으로 헤쳐 나갈 것이다. 나는 클린턴 시절 캐비닛 룸에 둘러앉아 했던 회의를 기억한다. 회의의 주제는 해외 원조였지만 자세한 사항은 떠오르지 않는다. 기억하는 것은 클린턴 대통령이 특정 방식으로 처리하길 원했고 나와 다른 이들은 다른 방식을 선호했다. 토론은 개인적이거나 무례한 것이 아니었지만 매우 격앙되었다.

클린턴 대통령이 결정을 내리고 나자 모두가 캐비닛 룸을 떠났다. 그때 행정부에 막 들어온 신입 직원이 놀란 얼굴로 내게 말하는 것이었다. "대통령이시잖아요! 어떻게 그렇게 말씀하실 수 있어요?"

"우리가 생각하는 바를 전달하는 겁니다. 그게 바로 대통령이 원하는 거예요. 우리는 이런 식으로 운영합니다."

내 인생을 통틀어 나는 여러 기관에서 이런 식으로 다양한 그룹의 사람들과 일하는 행운을 누렸다. 미래의 의사결정자 세대들도 유사한 행운을 누리는 게 내 바람이다.

8장

'벼랑 끝 대치'

.
.
.

"협상은 합의점을 찾는 것이 아니다.
협상은 합의점을 찾을 수 없는 상황에서
앞으로 나아가는 것이다."

내가 클린턴 대통령에게 말했다. "우리가 할 수 없는 일들도 있습니다. 예를 들면, 양도소득세는 인하할 수 없지요." 나는 대통령의 다른 고문들 대여섯 명과 함께 집무실에 있었다. 수개월 동안 우리는 대통령 재선 이후 처음으로 실시하는 1997년 예산에 접근하는 가장 좋은 방법은 무얼지 머리를 맞대며 고민해 온 참이었다. 공화당이 상하원을 동시에 장악하고 있는 상황에서 우리는 우리의 우선순위만 담은 법안을 통과시킬 수 없다는 것을 알고 있었다. 만약 어떤 합의라도 도달하길 원한다면 아마도 우리가 양보해야 할 것이었다.

동시에 긍정적으로 생각한다고 해도 일부 정책은 아예 고려해서는 안 된다는 느낌이 강하게 들었고 이런 정책 중 하나가 양도소득세율 인하였다. 나는 수십 년 동안 시장과 투자 분야에서 일하면서 양도소득세 — 급여나 임금에 대한 세금이 아닌 주식이나 자산의 판매에서 오는 수익에 세금을 부과함 — 를 낮추는 것은 연방 정부가 받는 수익의 규모만 줄 뿐, 저축이나 투자를 늘리는 데 거의 도움이 되지 않거나 사실상 전혀 도움이 되지 않는다고 오랫동안 믿어 왔다. 이 손실은 적자를 늘리거나 지출을 줄이거나 다른 세금을 인상하는 방법으로 메꿔야만 할 것이다.

이 의견에 동의한 사람은 비단 나 혼자가 아니었다. 클린턴 대통령의 경제 고문들은 양도소득세 인하는 논의 대상이 아니라는 의견에 공감했다. 대통령 또한 마찬가지였다. 그래서 클린턴 대통령이 상원 다수당 대표이자 공화당의 예산 협상 대표인 트렌트 롯Trent Lott에게 전화를 걸었을 때 이미 이 사실을 충분히 인지하고 있었다.

몇 분간 상원의원과 중요한 문제에 대해 의견 교환이 부드럽게 오고 가는 것처럼 보였다. 그런데 갑자기 클린턴 대통령이 수화기에 손을 얹더니 "상원의원이 양도소득세 인하를 원하네요"라고 하는 게 아닌가.

나는 "글쎄요. 그건 우리가 할 수 없는 일 중 하나입니다"라고 대답했다.

클린턴 대통령은 고개를 끄덕이고 다시 전화 통화를 이어 갔다. 그리고는 상원의원과 이야기를 더 주고받더니 이렇게 말하는 것이었다. "알겠습니다. 네. 이해합니다. 인하하기로 하지요."

어떤 사람들은 이런 일화를 들으면 워싱턴에는 원칙이란 게 없구나, 하고 생각할 수도 있겠다. 나는 양도소득세 인하는 안 좋은 의견이라 믿었고 대통령의 다른 고문들도 공감했으며 대통령도 동의한 바였다. 하지만 우리가 원하는 예산을 통과시키기 위해서는 상대방의 요구에 동의해야 했다.

하지만 내가 이날 집무실에서 목격한 것으로 미국의 정치 프로세스를 신뢰하지 못하겠다고 생각하면 곤란하다. 사실은, 그 반대다. 내가 목격한 것은 민주주의를 제대로 수호하려면 어떻게 해야 하는지를 정확히 보여 주는 사례라고 생각한다. 당신의 의견에 반대하는 사람과 협상할 때 필요한 것은 효과적인 통치에 대한 약속 그리고 주고받기식의 타협에 기꺼이 응하겠다는 자세다. 더 넓은 의미로 말하자면, 정부와 사회는 정치 시스템이 제대로 기능하지 못한다면 번성해 나갈 수 없다. 그리고 리더들이 함께 일하는 방법을 찾지 못하고 서로 의견이 다를 때 앞으로 나갈 방법을 생각해 내지 못한다면, 우리의 정치 시스템은 제 기능을 잃고 말 것이다.

정치와 통치는 결코 단순하거나 완벽한 적이 없었다. 정치와 통치에 관여한 사람들도 마찬가지다. 하지만 내 인생 중 60여 년 동안 거의 생각해 보지 않았던 질문을 던지면서 최근 수십 년간 중요한 무언가가 변한 거 같다.

어떻게 하면 너무 늦기 전에 우리의 정치 프로세스의 기능을 회복할 수 있을까?

•　•　　•

　　1997년 예산 합의는 정치적 프로세스가 제대로 기능을 한 사례였다. 나는 클린턴 대통령이 얻어 낸 이로운 점들을 믿는다. 아동 건강 보험 프로그램 창설, 수입도 높일 뿐 아니라 사람들에게 금연을 유도하는 새로운 담뱃세, 푸드 스탬프 프로그램을 위한 15억 달러, 미국에 합법으로 이민 온 수십만 명의 이민자를 위한 장애와 건강 혜택의 복구 그리고 심각한 적자 감소였다. 이것들은 양도소득세를 인하하라는 트렌트 롯의 요구를 수용하면서 발생한 피해를 크게 능가한 것이었다.

　　하지만 내가 집무실에서 그날 목격했던 장면과 비슷한 일은 최근 수십 년간 드물어졌다. 반대 의견을 가진 양측의 리더가 타협하고 내키지 않는 조치를 수용하되 결국 정치적으로 흡족한 합의를 끌어내는 장면 말이다. 이념적, 당파적 스펙트럼에 걸쳐 선출된 우리의 리더들은 주요 국가 문제를 해결하기 위해 협력할 수 없거나 아예 협력을 원하지 않는 것처럼 보인다.

　　이것은 미국 전체를 위험에 빠뜨린다. 미국은 장기적으로 성공할 수 있는 커다란 경제적 강점을 갖고 있다. 하지만 지속가능하고도 확고한 성장과 광범위한 경제적 복지의 잠재력을 실현하기 위해서는 매우 중요한 정책 문제를 해결해야만 한다. 그리고 이를 위해서는 결국 정치 시스템의 효율성을 회복해야 한다.

이 책을 읽는 젊은 독자들에게 효과적인 정부를 양성하는 정치 시스템은 상상조차 어려울 수 있다. 하지만 늘 그랬던 건 아니다. 지미 카터 대통령의 부통령이 되기 전인 1960~1970년대에 12년간 상원 의원이었던 월터 먼데일Walter Mondale은 그가 의회에 있을 때 의원들이 격렬하게 싸우고 논쟁했노라 회상했다.

"차이점은 상원의원 대부분이 기본적으로 통치의 개념을 수용했다는 겁니다. 그래서 끝내는 우리가 모두 동의할 수 있는 것을 찾기 위해 함께 일했습니다. 모든 문제를 다 그렇게 해결한 건 아니었고 모든 의원이 원했던 것도 아니었으며, 절대 합의점을 찾지 못한 문제도 분명 있습니다. 하지만 합의점을 찾은 경우가 더 많았지요. 오늘날에는 바로 그게 없습니다."

달리 말하면 50~60년 전에도 두 당은 오늘날과 똑같이 맹렬히 싸웠다. 지금과 똑같이 재선을 노렸고 반대 당 의원이 패하길 바랐다. 하지만 그럼에도 불구하고 두 당은 중요한 입법 목적을 이루기 위해 훨씬 더 자주 협력했다.

1980년대도 정치 시스템은 여전히 잘 작동했다. 공화당인 로널드 레이건 대통령과 민주당인 팁 오닐Tip O'Neill 하원의장은 서로 정책적 견해는 달랐지만, 예산에서 이민까지 다양한 문제들에 대해 국가의 이익을 증진하는 방향으로 합의에 도달했던 것으로 유명하다. 1993년, 내가 클린턴 대통령의 국가경제위원회 의장을 맡기 위해 워싱턴에 도착해 취임 예산을 마련할 때도, 유사하게 초당적으로 협력할 수 있으리라 예상했다. 우리는 우리의 의견을 발전시키고 공화당은 그들의 의견을 발전시켜 결국 해결하리라고 상상했다.

대신 나는 높은 돌벽에 부딪혔다. 공화당 의원 중 단 한 명도 우리의 1993년 예산안에 투표하지 않은 것이다. 결국 예산안은 상하 양원에서 근소한 차이로 겨우 통과되었다. 나는 정부에 합류하기 전부터 오랫동안 정치에 관여해 왔다. 워싱턴에 발을 들이면서도 사람들은 끝내 국가를 위해 옳다고 생각하는 것을 하리라 기대했다. 하지만 기대와는 매우 다른 모습이었다.

돌아보면 내가 워싱턴에 있을 때 효과적인 통치에 대한 헌신은, 많은 정치인 사이에서 슬슬 흔들리기 시작했던 것 같다. 전례 없는 확고한 반대에 직면한 건 비단 예산 문제만이 아니었다. 양당이 모두 협력하기로 공약했던 의료 개혁 문제도 마찬가지였다.

뉴트 깅그리치 Newt Gingrich가 1995년 하원의장이 되었을 때, 정치 전쟁의 양상은 한층 더 심각해졌다. 깅그리치와 그의 동료들은 미국의 채무 불이행을 강요하겠다고 협박하면서 클린턴 대통령에게 그들의 예산안에 동의하라고 요구했다. 이 계획은 결국 우리가 재무부에서 시행한 새로운 대책으로 좌절되었지만 그럼에도 당파적 적대감의 위험을 여실히 드러냈다. 다음 단계로 깅그리치는 그해 말, 정부를 폐쇄하기에 이르렀다.

그러나 클린턴 시절, 이런 위험이 증가했음에도 격렬하게 부딪히던 리더들은 그들의 정치적 목적이나 정책 목표와 일치한다고 생각하는 영역에서는 당의 노선을 넘나들며 기꺼이 함께 일했다. 그 결과 많은 일이 일어났다. 우리는 NAFTA[1]를 통과시킬 수 있었다. 공격용 무기를 금지했다. 예산의 균형도 맞췄다. 근로소득세 공제액을 대폭 늘리고 헤드 스타트 프로그램[2]을 확대했다. 세계 무역 기구의 창설을 비준하기도 했다. 적자를 줄여 궁극적으로 30년 만에 처음으로 예산 균형을 맞추면서 다양한 공공 투자를 상당히 늘렸으며 그 외에도 많은 성과를 낼 수 있었다. 성사되지 못한 일도 많았고 워싱턴 분위기는 점점 당파적으로 변했지만 여러 분야에서 주고받는 협상을 통해 분열을 해소할 수 있었다.

2021년 인프라 법과 2022년 기술 경쟁력 법안 같은 좋은 성과를 냈음에도 불구하고, 오늘날 초당적으로 기능할 수 있는 정부의 능력은 상당히 줄어든 것으로 보인다. 만약 우리 정부가 공통의 이익을 계속해서 인지하고 증진하지 못한다면 하향 곡선을 그리며 나락으로 떨어질 수밖에 없다. 앨 고어 부통령의 비서실장이었다가 바이든 대통령의 비서실장을 맡은 론 클레인Ron Klain이 5년 전 즈음 나에게 우리가 악순환의 고리에 갇혔다고 말했던 걸 기억한다. 그는 비효율적

---

1 북미자유무역협정North American Free Trade Agreement: 미국, 캐나다, 멕시코 세 개 국가가 무역 장벽을 폐지하고 자유 무역권을 형성한다는 협정
2 헤드 스타트 프로그램: 저소득층 유아를 위해 언어, 보건, 정서 등의 서비스를 제공해 빈곤의 악순환을 끊겠다는 목적으로 만든 무료 혹은 저렴한 조기 유아교육 프로그램

인 정부는 많은 이들의 경제 상황을 악화시키고 건전한 정책 대신 민족주의와 포퓰리즘에 대한 지지를 늘린다고 말했다. 이는 결국 정부의 효율성을 나빠지게 하고 경제 상황을 악화하며 계속해서 열악한 상황으로 이어지는 고리에 빠지게 한다.

미국이 오늘날 직면한 근본적이고 핵심적인 문제는 이 악순환의 고리를 끊는 것이다. 우리는 핵심 사안에 대해 극명한 반대 의견이 있을지라도 문제를 잘 해결해 나갈 수 있을 정도로 효율적인 정부를 다시 설립해야만 한다.

정치에 몸담은 지 약 50년이 되어 가는 나로서는 잘 작동하는 정치 프로세스를 회복하는 것이 얼마나 어려운 일인지 냉철하게 판단할 수 있다. 이런 어려움의 원인은 정부 문제가 정말로 복잡하다는 데 있다. 정치 전략가이자 논평가인 폴 베갈라Paul Begala와 이를 두고 대화할 기회가 있었다. 내가 효과적인 정부는 미국의 미래에 필수조건이라고 말하자 그는 이렇게 물었다. "무엇을 추구하는 효과적인 정부 말입니까?"

폴의 질문은 대단히 중요한 사실을 묻고 있다. 민간 분야에서 벌어지는 토론도 복잡할 때가 많지만 대체로 목적이라기보다는 수단의 문제다. 전략은 다면적일 수 있지만, 주요 목적은 상대적으로 분명하다. 계속해서 이익을 내는 것이다. 정부의 목표를 정의하는 건 그렇게 간단하지 않다. 다양한 유권자, 정책 사상가, 지역주민과 리더는 저마다의 관점이 있고 각각 다른 이익을 추구한다. 그리고 그것들은 각자의 관점에서 본다면 모두 정당한 것들이다.

생각해 둔 답변이 몇 가지 있긴 하지만, 내가 하려는 말은 정치 프로세스의 기능을 회복하기 위한 해답이 아니다. 나는 정치 시스템이 어떻게 작동되고 있고, 어떻게 작동되고 있지 않은지를 전반적으로 설명하려고 한다. 또한 내가 문제를 바라보는 방식 그리고 효과적인 정부를 위한 조건은 무엇인지 큰 틀을 그리고자 한다.

그러기 위해 우리 정치 시스템이 성공하기 위한 세 가지 조건을 언급하고 싶다. 바로 정치적으로 어려운 결정이라도 반드시 내리려는 의지, 언제나 정치가 개입할 거라는 점을 인지하고 지적 성실성으로 접근해 알아낸 사실과 분석에 기초한 판단, 그리고 타협하겠다는 원칙을 준수하는 것이다.

정치와 통치 외의 분야에 종사하는 사람들에게는 종종 이런 조건을 충족하는 것이 그리 어려워 보이지 않을지도 모르겠다. 예를 들어, 당선된 정치인에 대해 이야기할 때, 사람들은 그가 정치 때문에 움직일 뿐 국가의 이익을 위해서 일하는 건 아니라는 말을 자주 할 것이다. 그 의미는 정치인들이 정치적 결과와 상관없이 어떤 결정을 내린다는 뜻이고 그 외에 다른 이유는 실망스럽고 어쩌면 비겁하다는 것이다.

하지만 이런 말은 모든 사업가가 돈을 벌기 위해 혈안이 되어 있다고 말하는 것과 마찬가지로 정확하지 않다. 모든 개인과 마찬가지로 정치인도 다양한 동기를 갖고 있다. 어떻게 정의하든 공공의 이익을 위해 일하는 것이다. 또한 개인적인 이익도 있다. 정치에서 개인적인 이익이란 재당선되려는 욕구를 의미한다. 많은 정치인은 아마도 넓은 의미로 두 가지 목적이 합쳐진다고 생각할 것이다. 훌륭한 정책을 만들 기회를 얻기 위해서는 일단 당선이 되어야 하기 때문이다. 많은 사업가가 자신의 일을 성공시키는 것이 경제적 성공을 촉진하는 거라고 생각하는 것처럼 말이다.

클린턴 행정부에서 나보다 앞서 재무장관을 역임한 로이드 벤슨Lloyd Bentsen이 언젠가 집무실에서 이런 말을 했다. "좋은 정책이 좋은 정치죠." 클린턴 대통령은 정치는 정책만큼 잘 돼야 하고 그렇지 않으면 정책은 절대 실현될 수 없다고 말하고는 했다.

하지만 일부 주요 문제에서 메시지와 전략을 아무리 잘 설계했더라도 좋은 정책의 정치는 매우 어려울 수 있다. 정치 시스템을 발전시키려면 이런 딜레마를 잘 이해해야 한다. 가장 어려운 정책 과제를 해결하기 위해 정치인들은 어떻게 어려운 결정을 내려야 할까?

이 질문의 답은 간단하지 않다. 그리고 당선된 의원들은 겪게 될 갈등을 그냥 무심히 넘기지 말고 잘 인지해야 한다. 정치인들에게 '정치는 미뤄두고', 자신의 이익은 생각하지 말라고 요구한다면 우리가 원하는 결과를 얻기는 힘들 것이다. 언젠가 정치인들이 너무 정치적이라고 비판하는 사업가들에 대해 유명한 상원의원과 대화를 나눌 기회가 있었다. 그는 이런 말을 했다. "정치인이 하는 일은 재선되는 겁니다."

좋은 정책과 좋은 정치가 자주 갈리는 영역은 마거릿 대처의 대답에서 잘 드러난다. 마거릿은 정치인들이 정부 연금의 장기 비용을 통제하기 위해 왜 최선을 다하지 않느냐는 질문을 받자 이런 대답을 내놓았다. "그들은 문제의 심각성을 잘 알고 있습니다. 하지만 이런 마음인 거지요. 내 임기 때 일어날 일은 아니다. 그러니 다른 사람의 이익을 위해서 내가 왜 고통을 감수해야 하지?"

정책 입안자들은 그들의 안건을 정치적으로 더 가능하게 하려고 단기 비용을 줄이는 조치를 취할 수 있고 종종 그래야 한다. 하지만 마거릿 대처가 말한 장기적 이익과 단기적 고통의 결합이 미국과 세계가 직면한 가장 심각한 문제를 분명히 드러낸다는 사실은 피할 방법이 없다. 예를 들어, 기후변화에 공격적으로 대응하는 것은 앞으로 수십 년간 닥칠 재앙으로부터 지구를 구하려면 꼭 해야 할 일이다. 하지만 에너지 관련 분야의 일자리 감소나 비용 증가는 단기적으로 금세 느낄 수 있게 된다. — 이 말은 어느 정도는 사실이다. 일부 사람들이 주장하듯 일자리에 미치는 순 효과는 청정에너지와 다른 분야에서 증가한 활동으로 인해 단기적으로 긍정적일지라도 말이다.

마거릿 대처가 했던 말의 반대도 역시 사실이다. 정치인들은 이익은 단기적이고 비용은 장기적인 결정을 너무 자주 자진해서 내리려고 한다. 예를 들어, 비용을 감당할 방법을 찾지 않고 돈을 쓰거나 세금을 줄여 버리는 것이 재정 규율의 원칙보다 훨씬 쉽다. 그래서 늘어난 부채 문제는 미래의 공직자들이 처리하도록 두고 유권자들에게 빠른 결과를 제공하려고 한다. 각 주의 입장에서 본다면, 고위급들은 공무원들에게 더 좋은 연금과 혜택을 제공하기 위해 불황 대비 기금을 다 써버리고 싶을 것이다. 지불 기한이 후임자의 임기에 올 거라는 걸 알면서도 말이다.

결정을 납득하게 만드는 기술

유권자들이 정치를 냉소적으로 바라볼수록 정치인들은 장기적인 일을 우선하기가 더 어려워진다. 선출된 공직자들이 장기 이익을 실현하기 위해 단기 희생을 해야 한다고 할 때, 유권자들은 비용을 부담하는 건 자신이고 이득은 다른 사람이 보리라고 가정할 수 있기 때문이다. 많은 경우, 이는 사실이 아니다. 하지만 장기 이익을 위해 단기간 고통을 감수하려는 정치인의 의욕은 꺾이고 만다.

그러나 기후변화 문제를 해결하지 못하고 지출과 세금을 지속 불가능한 수준으로 설정하는 것은 미국이 미래에 성공하려면 받아들일 수 있는 옵션이 아니다. 그러므로 정치적으로 어려운 결정의 이익을 사람들이 공감할 수 있도록 만드는 능력은 고위급 정치인이 가져야 할 중요한 기술이다. 정치인이라고 불리는 것은 너무 자주 부정적으로 비치는 경향이 있다. 사실 우리 사회 시스템이 작동하려면 꼭 필요한 직업인데도 말이다.

1998년 클린턴 대통령의 경제팀원들이 30년 만에 처음으로 예상하지 못했던 재정 흑자를 거두자, 이를 어떻게 쓸지를 두고 토론을 벌였다. 그때 나는 이 기술의 효과적인 예를 목격했다. 공화당원들은 세금 감면에 돈을 쓰고 싶어 했다. 우리 민주당은 국가의 부채를 줄이고자 했다. 우리는 장기적으로 봤을 때 민주당의 계획이 미국에 더 이익일 것이라고 확신했다.

하지만 클린턴 대통령은 국민에게 부채 감소가 세금 감면보다 더 높은 순위를 차지한다는 걸 주장할 수는 없다고 했다. 첫째는 장기적이면서 과소평가된 복잡한 이익이었고, ― 낮은 금리, 금융 시장 붕괴 위험 감소, 기업 신뢰도 향상, 미래에 공공 투자에 사용가능한 더 큰 자원 그리고 미래의 재정적, 지정학적 비상사태에 대비할 수 있는 더 큰 회복탄력성 ― 둘째는 세금을 인하하는 것이었다.

그러자 당시 백악관 입법국장이었던 존 힐리 John Hilley가 현명한 제안을 했다. 그건 바로 '사회 보장 우선'이었다. 클린턴 대통령은 부채 감소에 관해 얘기하는 대신 국민이 이해하고 지지하는 프로그램을 보호한다는 관점으로 부채 감소 계획의 틀을 짤 수 있었다. 연관성은 다소 약했지만 나는 지적 정직성 intellectual honesty을 정책 근거로 충분히 방어할 만한 것이었다고 생각한다. 그리고 원하는 결과를 입법화하려는 국회의원들의 단기적인 정치적 이익에 부채 감소를 호소하면서 '사회 보장 우선'은 클린턴 대통령이 미국의 장기적 이익을 위해 옳은 결정을 내릴 수 있도록 도왔다. 정치를 바르게 세웠더니 좋은 징책이 나오게 되었다.

안타깝게도 최근 들어 일부 개혁들은 의도는 좋았지만, 그 개혁 때문에 효과적인 정책 전략을 세우기가 더 힘들어졌다. 예를 들면, 포크 배럴[3]로 알려진 비용을 줄일 방법을 살펴보자. 20세기 대부분과 21세기 처음 몇 년 동안, 국회의원들이 폭넓은 지지층을 확보하기 위해 도로나 다리를 건설하는 등의 일자리를 만들어 낼 수 있는 시설 기반 프로젝트를 지역구나 주에서 받는 일이 흔했다.

가끔 국회의원들은 지역에 배정된 돈이 과도하고 비밀스러울 때 특히 남용하고는 했다. 하지만 많은 경우 정치인들의 지역 및 개인 안건을 국가의 이익과 부합하는 안건과 맞추기 위해 지불해야 할 작은 대가였다. 이런 법안의 전반적인 이익은 상대적으로 비효율적으로 배정된 자금을 쉽게 능가할 수 있다. 예를 들어, 법안이 경제 전반에 도움이 된다고 하자. 당 지도자들은 지역 프로젝트를 약속하는 방법으로 국회의원이 법안을 지지하도록 설득할 수 있다.

하지만 2010년 좋은 정부와 작은 정부 활동가들이 이러한 선심성 사업예산 — 이어마크[4] — 을 폐지하려고 힘을 뭉쳤다. 이론적으

---

3   포크 배럴pork barrel: 정치인이 지역구 유권자의 표를 얻기 위해 납세자의 세금을 선심 쓰듯 쓰는 행위

4   이어마크earmark: 원래는 양이나 소의 귀에 소유주를 표시한 데서 유래된 용어. 정치 용어로 미국 국회의원들이 자신의 지역구를 위해 연방 예산을 할당받는 것을 뜻한다.

로 이 개혁은 정부의 효율성을 높일 의도였다. 실질적으로는 선심성 사업예산을 없애는 것은 이에 상응할 만한 중요한 이점도 없이 주요 과제를 해결할 수 있는 정치적 능력을 크게 떨어뜨렸을 수 있다. 이는 실용주의보다 청렴을 우선시하는 것이 좋은 정부의 적이 될 수도 있다는 예이다. — 선심성 사업예산은 2021년 예산 남용을 방지하는 방법과 함께 복원되었다. 나는 이 결정이 옳다고 본다.

개혁이 지나쳐 정치 시스템을 오히려 약화하는 또 다른 예는 투명성이다. 어느 정도 수준의 투명성은 괜찮다. 정부가 비밀리에 운영한다면 공공의 책임과 단속 정도를 크게 해칠 테니 말이다. 하지만 협상과 심의를 비공개로 하지 않고 카메라와 언론 앞에서 한다면, 합의점에 이르기보다는 정치 점수를 얻을 기회만 노릴 테니, 솔직하게 의견을 교환하고 협상하기는 어려울 것이다.

1995년 멕시코 국채 위기가 발생했을 때 멕시코 재무장관이었던 기예르모 오르티스Guillermo Ortiz와 했던 대화가 생각난다. 미국 정부가 국제통화기금과 함께 마련한 멕시코 지원책이 효과가 없어서 우리는 크게 우려하는 상황이었다. 그래서 기예르모 장관은 워싱턴으로 날아왔다. 나는 처음에 이렇게 말했다. "장관님은 해야 할 일을 하고 계시지만 효과를 못 보고 있습니다. 저희는 그만 플러그를 뽑아야 할지도 모른다고 생각하고 있습니다."

하지만 결론적으로 회의를 통해 우리는 지원 프로그램을 계속해야 한다고 설득당했다. 만약 나와 래리, 기예르모 장관이 나눴던 대화가 공개되었다면, 문제를 철저히 분석하고 알게 된 내용을 바탕으로 좋은 결정을 내릴 수 있는 의견 교환을 자유롭게 할 수 없었을 것이다. 멕시코뿐 아니라 미국에 더 안 좋았을 것이다.

최근 몇 년간 좋은 정치와 좋은 정책이 점점 더 나뉘고 있는 또 다른 이유는 논란의 대상인 선거 자금 시스템 붕괴 때문이다. 나는 수십 년간 민주당 후보들이 지지하는 아이디어를 실현하기 위한 자금을 모으려고 애써 왔다. 이런 개입은 대체로 건설적일 수 있다고 생각한다. 하지만 우리의 캠페인 재정 시스템은 여러 측면에서 대단히 비생산적이다. 막대한 모금 활동 조건과 당선된 공무원들이 모금 활동에 소비해야 하는 시간은 많은 선한 사람들이 공직에 출마하길 주저하게 할 뿐 아니라 당선된 공무원이 통치에 투자할 수 있는 시간을 많이 잡아먹는다. 이 모든 것은 선거 운동에 필요한 자금 규모가 커질수록 더 악화되었다.

마지막으로 특히 기업 수준에서 모금 활동은 제한된 민간 투자분에 의해 주도된다. 그리고 2010년 개인과 기업이 정치적 이유라면 무제한으로 기부할 수 있도록 시민연합의 손을 들어준 대법원의 대단히 안타까운 결정은 부유한 기부자들이 고위급 정치인에게 전례 없는 영향력을 행사할 기회를 만들어 주었다. 어쩌면 언젠가는 이런 상황을 개선할 방법을 찾을 수 있을지도 모른다. 예를 들면, 후보자들이 모금 활동을 포기하거나 크게 제한하도록 유도할 수 있을 정도로 충분히 매력적인 공공 기금을 통해 말이다. ― 법원의 판단이 우리 사회에 얼마나 큰 영향을 끼칠 수 있는지 보여 주는 예가 시민연합만은 아니다. 우리가 이를 어떻게 생각해야 하고 우리 정치 시스템은 어떻게 반응해야 하는지는 앞으로 중요한 이슈가 될 것이다.

지난 수십 년 동안 정치적 결정이 더 어려워진 또 다른 측면은 총선거 정치와 반대로 경선 정치의 중요성이 높아진 것이다. 1988년 상원의원으로 당선되어 네브래스카에서 민주당 의원으로 두 임기나 재직했던 밥 케리 Bob Kerrey는 나에게 그가 상원의원이었을 때만 해도 함께 일할 수 있었지만 이제는 그들의 정당 예비 선거에서 이길 수 없는 온건한 공화당 상원의원을 열 명도 넘게 손으로 꼽을 수 있다고 말했다. 나는 이와 비슷한 양상이 민주당에서도 일어나고 있다고 생각한다. 내가 전반적으로 예비 선거에 불만을 가진 건 아니다. 만약 좌파나 우파에 더 가까운 의원들이 중도에 가까운 의견을 가진 국회의원을 추출하고 싶다면 그들은 그들의 주장을 펼칠 기회를 만들어야 한다. 반대로 만약 중도파가 그들의 당에서 좌파나 우파 의원을 제거하고 싶다면 마찬가지로 해야 한다. 하지만 내가 우려하는 바는 정당 예비 선거의 투표자들은 총선 투표자들보다 양극단인 경향이 있고 많은 경선에서 무소속과 상대 정당의 당원들을 배제한다는 점이다. 그러므로 예비 선거 승리를 우려하는 정치인들은 그러한 양극단의 목표에 더 집중할 가능성이 더 크고, 더 넓은 지지를 끌어내기 위해 정치 및 정책 분열을 넘나들며 관여할 가능성은 더 작아진다. ─ 특히 수십 년 전과 비교해 더 잘 조직되고 재정적으로 여유 있는 오늘날의 예비 선거에서는 각 정당의 극단적인 성향이 더 두드러질 수 있다.

정치 프로세스를 구조적으로 개혁하면 인센티브를 재구성하는 데 도움이 될 수 있으므로 효과적인 통치에 헌신한다면 공직자들이 더 쉽게 당선 및 재당선될 수 있을 것이다. 하지만 개혁이 아무리 포괄적일지라도 정부가 효율적으로 운영되기 위해서는 정치인들은 인기 없는 결정도 과감히 내려야 한다는 현실을 바꿀 수는 없다.

내가 정부에서 일하는 동안 당선된 공무원들은 더 광범위한 정책적 목표를 위해 정치적 리스크가 있다는 걸 알면서도 정치적으로 힘든 다수의 결정을 내렸다. 예를 들어, NAFTA는 민주당 기반에서 전혀 인기가 없었지만 그럼에도 의원들이 찬성표 — 그게 완벽하지는 않을 것이고 수정이 필요하다는 점을 이해하면서 — 를 던졌다. 우리의 전반적인 경제 상황에 도움이 되겠다고 생각했기 때문이다. 이와 유사하게 1993년 적자 감축 예산이 통과하자 가스세가 약간 인상되고 인기 있는 프로그램이 약간 축소되었다. 이 둘은 모두 의회 내 많은 민주당원이 정치적으로 문제가 있다고 보았다. 하지만 전체적으로 봤을 때 그 예산안 조치는 수백만 명의 미국인이 가난에서 벗어나고 소득 분배 전반에 걸쳐 경제적 이득을 주며 앞으로 탄탄한 성장을 위한 무대를 마련하는 데 도움을 주었다.

내가 정부에서 일할 때보다 오늘날의 정치인들은 정치 리스크를 감수하길 더 꺼리는 것 같다. 정치적으로 인기 없는 결정을 점점 피하는 경향은 아마도 내가 앞에서 강조한 정치 구조의 변화에서 오는 것일 테다. 다시 말해, 선심성 사업예산이 없어진 지 오래됐고 선거 기부금 제한이 없어졌으며 경선 정치의 중요성이 증가했기 때문이다.

미디어의 본질과 구조가 변한 것도 정치적 기능을 떨어뜨리는 데 큰 몫을 했다. 결점은 많아도 지적 성실성을 중요시하고 공공 정책에 대해 상당히 신뢰할 만한 보도와 신중한 의견을 제공하던 주류 언론의 영향력이 점점 감소했다. 그러는 동안 케이블 TV와 소셜 미디어는 잘못된 정보를 확산하고 정치인들이 자신의 지지자들과 직접 소통하게 하고, 책임을 물을 수 있는 기자들을 피해갈 수 있도록 하며 당파주의를 조장하는 강력한 세력이 되었다.

하지만 이러한 요소들과는 별개로 우리의 정치 특징과 문화도 중요하다. 내 경험으로 정치는 다른 분야와 똑같다. 리더들이 분위기와 일반적인 방향을 정하지만 트렌드는 일종의 눈덩이 효과처럼 점점 커진다. 오래 고심한 공약을 갖고 공직에 출마한 사람이 양극단에 이익을 좇는 후보에게 패했다면 앞으로 누가 출마할 것인지 그리고 후보자와 당선된 공무원이 말과 행동하는 방법에 영향을 미치면서 나락으로 빠질 수 있다.

지난 40여 년간 나는 나쁜 행동이 더 나빠지는 것을 목도해 왔다. 만약 미국이 21세기에 성공하려면, 그 트렌드는 반드시 바뀌어야 한다. 우리 사회의 모든 영역에서 리더들은 그들의 견해가 무엇이든 그리고 얼마나 큰 차이가 있든 정치 시스템이 제대로 기능하려면 해야 한 일을 기꺼이 하지 않고서는 성공하지 못할 거라는 점을 인지해야만 한다.

물론 정치 시스템이 공익을 증진하기 위해 발전해야만 한다는 생각에는 깊고 어려운 문제들이 내포되어 있다. '공익'은 누가 정의하나? 나쁜 정책은 무엇이고 좋은 정책은 무엇인지 누가 판단할 수 있을까? 나는 몇몇 문제에 대해서는 미국이 어느 방향으로 가야 할지에 대해 강한 의견을 갖고 있지만 모든 문제는 복잡하며 나와 다른 의견이 그들 입장에서는 타당한 이유가 있을 수 있고 진지하게 검토되어야 한다는 점을 인지한다.

그러므로 내 의견이 옳고 논의의 여지가 없다고 말하는 것은 비합리적이고 도움도 되지 않는다. 대신 사실과 분석을 기반으로 정치적인 토론을 하고 지적 성실성을 지키는 편이 훨씬 더 좋다.

하지만 안타깝게도 문제에 이렇게 접근하는 경우는 매우 드물다. 나는 1990년대 42년간 상원의원이었던 유타 공화당의 오린 해치Orrin Hatch와 대화를 나눈 적이 있다. 오린은 헌신적인 공무원이었고 매우 근면하고도 품위 있는 사람이었다. 우리는 클린턴 대통령, 트렌트 롯과 집무실에서 논의했던 동일한 문제인 양도소득세를 주제로 논의했다. 오린은 양도소득세 인하가 더 큰 경제 성장을 가져올 거라 주장했다.

나는 이렇게 답했다. "증거가 그 의견을 뒷받침하지 않는다고 생각합니다." 몇몇 예를 제외하고는 연구에 따르면 양도소득세율 인하가 저축이나 투자에 거의 영향을 미치지 않는다. 이는 시간이 지날수록 정부 수입은 줄고 실제로 공공에 이익은 없다는 것을 의미한다고 설명을 이어 갔다.

다음에 오린이 한 말 때문에 나는 깜짝 놀랐다. 나는 오린이 자신의 분석을 제시하고 내 의견을 반박하고 아마도 다른 연구 결과나 경제학자를 인용할 거로 예상했다. 하지만 대신 그는 증거에 기반한 토론은 완전히 제쳐 두었다. 그가 했던 말은 정확히 기억하지는 않지만 이런 식이었다. "양도소득세 인하는 경제를 성장하게 할 겁니다. 내 말을 믿으세요."

일부 정치인들은 사실을 언제나 중요시한다고 주장할지도 모르지만, 실제로는 그들의 견해를 뒷받침하는 증거도 없이 주장할 때가 너무 많다. 1993년 예산 합의를 예로 들어 보자. 1998년 또는 1999년에 경제학자들 사이에서 있었던 일반적인 견해는 클린턴 대통령의 정책이 대단히 좋은 경제 상황을 만드는 데 중요한 역할을 했다는 것이었다. 하지만 당시 하원 세입위원회 위원장이던 텍사스 공화당 의원인 빌 아처Bill Archer는 이 견해를 인정하지 않았다. 대신 그는 만약 우리가 다른 길을 선택해 세금을 올리지 않으면 상황은 더 좋았을 거라고 주장했다.

나는 개인적으로 아처 의원을 좋아했다. 그리고 나는 그가 그 정책에 대해 틀렸다고 확실히 증명할 수 없다. 그가 주장한 반사실적 조건문 같은 주장은 확실히 틀렸다고 입증할 수 없기 때문이다. 하지만 만약 그가 1993년 적자 감축 프로그램을 비판하려고 세금에 대한 그의 폭넓은 견해를 적용하지 않고 다른 접근법을 취했다고 가정해 보자.

아처 위원이 프로그램 배후에 있는 이론을 살펴본 다음 독립적이고 초당파적인 경제학자들에 따라 실제로 무슨 일이 일어났는지를 진지하게 평가했다면, 아마도 미래 정책 결정에 관한 그의 사고방식에 더 좋은 정보를 줄 수 있는 사실과 분석을 기반으로 결론에 도달했을지도 모른다.

이는 아처 의원과 내가 합의에 도달했을 거라는 말이 아니다. 민주주의에서 논쟁은 피할 수 없다. 하지만 그런 논쟁이 경쟁 이데올로기나 근거 없는 의견이 아닌 진정한 사실과 분석으로 해결되는 것이 매우 중요하다.

정치와 정책 결정에서 지적 성실함은 매우 중요하다. 1992년 선거 직후, 클린턴 대통령의 팀은 리틀 록에 있었다. 새로 선출된 미국 예산 관리국장이었던 리언 패네타Leon Panetta는 준비 중이었던 예산안의 숫자를 검토 중이었다. 나는 대통령 당선자가 리언에게 이렇게 말했던 걸 분명히 기억한다. "나는 정책을 두고 사람들과 얼마든지 온종일이라도 토론할 겁니다. 하지만 내 숫자의 진실성은 그 누구도 공격하지 않았으면 해요." 대통령은 큰 결정에는 늘 치열한 토론이 있겠지만 그런 토론은 반드시 현실성에 뿌리를 두어야 한다는 것을 알고 있었다.

최고의 결정

지적 성실성에 대한 이러한 헌신은 클린턴 대통령이 그의 두 임기 동안 자신의 안건에 대한 초당적 의회예산처의 평가에 늘 의지하던 이유였다. 의회예산처의 정책 제안 비용과 이익 추정치가 마음에 들 때도 있었다. 하지만 예산처의 논리가 마음에 들지 않거나 그들이 틀렸다고 생각되던 때도 있었다. 그러나 우리의 의견과는 상관없이 우리는 예산처의 결론을 수용하고 그걸 근거로 운영했다. 그들은 초당파적인 중재자였고 대체로 그렇다고 인정받았기 때문이었다.

당파주의는 항상 정치의 일부일 테지만 지적으로 정직한 프로세스를 따르겠다는 결심은 양 당이 훨씬 더 잘 협의할 수 있게 한다. 레이건 대통령 시절 경제자문위원회 의장을 역임한 故 마티 펠드스타인Marty Feldstein은 내게 이런 말을 했다. 만약 그가 보수주의자로서 똑같이 기꺼이 타협하겠다는 자세의 자유주의 경제학자와 마주 앉는다면, 둘은 국가 문제의 대다수에 합의할 거라 믿는다고 했다. 이 말은 약간 과장일지도 모른다. 하지만 마티의 요점은 만약 정치인들이 그들의 입장을 먼저 취한 다음 증거를 차용해 뒷받침하기보다는, 우선 증거에 기반해 그들의 견해를 발전시키려 한다면 우리의 시스템은 훨씬 더 잘 기능하리라는 것이다. 나는 그런 면에서 그의 말이 옳다고 본다. 직장 생활을 하는 내내, 마티가 말한 지적 성실성을 지키고 존중하는 많은 보수주의자를 만났다. 앨런 그린스펀은 몇 가지 이슈에서 나와 맞지 않는 공화당원이지만, 그는 현실적이지 않은 숫자는 사용하지 않았다. 보수적 정책 기관인 미국 기업 연구소의 전 소장인 아서 브룩스Arthur Brooks도 마찬가지다. 사실 몇 년 전 아서는 이 주제를 토론하고 싶다며 해밀턴 프로젝트에 연락해 왔다.

아서는 이렇게 말했다. "이곳은 대부분 민주당원으로 구성된 싱크탱크죠. 그리고 우리는 보수주의를 지향하는 싱크탱크입니다. 하지만 우리는 모두 사실의 중요성에 동감합니다. 그렇지 않다면 민주주의가 어떻게 살아남겠습니까? 그러니 공동 행사를 합시다." 그리고 도널드 트럼프 대통령의 취임하고 6주 후인 2017년 3월 우리는 공동 행사를 치뤘다.

안타깝게도 정치인들이 아서와 앨런이 보여준 지적 성실성에 헌신하는 모습을 선택할 거 같지는 않다. 나는 언론의 변화가 원인 중 하나라고 본다. 정부에서 일할 때 나도 종종 저널리스트를 비판했고 일부 비판은 정당하다고 생각한다. 하지만 언론의 잘못이 무엇이든, 세 명의 야간 뉴스 진행자들과 일요일 아침 프로그램, 중요한 인쇄 매체인 신문은 대중의 의견에 커다란 영향을 미쳤다. 상원의원인 대니얼 패트릭 모이니핸은 이런 유명한 말을 했다. "모든 사람은 자신만의 의견을 가질 자격이 있다. 하지만 자신만의 사실에는 자격이 없다." 대체로 저널리즘은 모이니핸의 관점을 반영했다.

한편 오늘날은 모든 이가 자신만의 사실에 자격이 있는 것처럼 보인다. 또는 적어도 자신만의 사실을 만들어 낼 수 있는 것 같다. 그들이 자격이 있든 없든 말이다. 만약 당신이 「뉴욕타임스」, 「월스트리트저널」, 네트워크 뉴스에서 주장하는 사실의 관점에 동의하지 않는다면, 케이블 TV나 소셜 미디어에서 당신의 입맛에 맞는 다른 '현실'을 찾을 수 있다. 타인을 해치고 속이는 사람에 대한 책임감이 낮아진 것과 함께, 언론에서 신뢰할 수 있는 방송을 찾기 힘들어진 것은 사실과 분석 결과를 위조하거나 왜곡하는 정치가 20~30년 전보다 더 빈번해진 이유 중 하나다.

미국의 현재 정치적 상황에서는 사실과 분석을 무시하고 싶은 유혹이 더 강하게 느껴질 것이다. 이런 말을 하는 것도 어렵지 않을지 모른다. "만약 그들이 그쪽 편에서 대안적 사실을 만들어 낸다면 우리도 뭐 만들면 되지요." 하지만 이 길은 파멸로 가는 길이다. 당신이 리더가 훌륭한 결정을 내려야 한다고 믿는다면 그리고 정부가 사람들의 삶에 긍정적인 변화를 만들어 내야 한다고 믿는다면, 우리의 정치적 토론에서 지적 성실성은 필수적이다.

타협하려는 의지

이로써 민주주의의 또 다른 근본적인 현실을 생각하게 된다. 심지어 우리가 사실과 분석을 기반으로 지적 성실성에 더 헌신하기로 했다고 해도, 선출된 의원들은 사실의 다른 해석, 다른 분석과 판단, 다른 가치관 선택, 다른 정치를 기반으로 여전히 다른 의견을 가질 것이다. 바로 이런 이유로 거의 모든 주요 법률이 발전하기 위해 기꺼이 타협하려는 의지가 필요한 것이다.

타협하려는 의지는 월터 먼데일이 1960~1970년대에 격렬한 논쟁은 있었지만 그래도 결국 합심해 법을 통과시켰다고 말했을 때 나에게 언급했던 것이다. 하지만 먼데일 부통령이 했던 말이 정치인들이 흔히 말하는 합의점을 찾는 것이 아니라는 점을 반드시 인지해야 한다. 합의점 협상은 어쨌든 이론적으로는 매우 단순하다. 민주당 의원 한 명과 공화당 의원 한 명이 다양한 문제를 두고 그들의 입장을 비교하고 꽤 많은 문제에 동의한다는 걸 인지한 다음, 그 제한된 합의점에서 행동하기로 하고 나머지는 무시한다고 상상해 보자. 그게 바로 합의점 협상이다. 한편으로 양측이 모두 찬성하지 않는 것을 하도록 강요받지 않을 것이다. 반면 많은 문제가 해결되지 않은 채로 남게 된다.

먼데일이 언급했던 종류의 협상이란 주고받기식의 진정한 타협을 뜻한다. 양측이 서로 양보하는 것이다. 동의하지 않았던 일을 하고 원했던 결과가 없는 일을 하는 것까지도 고려할 수 있다. 양측이 모두 이롭고 실질적이며 정치적으로 균형이 맞다고 생각하는 폭넓은 합의점을 찾아내기 위해서다. 협상은 합의점을 찾는 것이 아니다. 협상은 합의점을 찾을 수 없는 상황에서 앞으로 나아가는 것이다. 그게 바로 내가 1997년 집무실에서 목격한 것이다.

기꺼이 협상하려는 자세는 확신이 부족하다는 의미가 아니다. 예를 들면, 나는 재정 규율을 굳게 믿고 그 원칙은 내 견해와 의사결정을 이끌어 왔다. 하지만 정책 입안자로서 나는 이득이 비용만큼 가치 있다고 판단되면 내가 바라던 만큼 재정적으로 규율되지 않은 제안도 기꺼이 지지해 왔다.

상대편과 타협하면서도 나만의 원칙을 지키는 능력은 나와 래리 서머스가 재무부에 있을 때 토론하던 주제였다. 긴박한 협상이 진행되는 동안 특정 문제나 정책에 대한 우리의 논리는 변하지 않았지만, 가끔은 더 큰 목적을 달성하기 위해 우리가 양보해야 한다는 게 분명해졌다. 아니면 우리에게 선택의 여지가 없고, 반대해 봤자 소용이 없기 때문이다.

예를 들어, 1990년대 후반 일부 국회의원들이 국세청을 더 사용자 친화적으로 만드는 방법을 주장하기 시작했지만 우리는 실제로 국세청 수입 징수의 효율성을 저해할 수 있다고 보았다. 우리의 우려에도 불구하고 어느 시점에 이르자 그 변화를 찬성하는 추세는 막을 수가 없게 되었다. 그런 순간 나는 똑같은 문구를 떠올리게 된다. "래리, 모든 게 다 알라모[5]인 건 아니야."

---

5   알라모 전투: 1836년, 당시 텍사스에는 미국 이민자가 많이 살아 미국 정부는 이 땅을 매수하려고 했다. 하지만 이 땅을 잃어버릴 것을 두려워한 멕시코는 이민을 규제하여 받아들이지 않았다. 결국 멕시코는 상당히 많은 군인을 알라모로 보냈고 텍사스 이주민들은 어찌할 방도가 없었기에 싸우다 모두 전사했다. 상황에 따라 유연하게 대처해야 하지만 선택의 여지가 없을 때, 관용적으로 '모든 게 알라모는 아니다'라고 쓴다.

지도자들이 효율적으로 일하고 정치 시스템이 제대로 기능을 하려면 각자가 원칙을 따를 수 있는 여유가 있어야 한다. 최후의 저항은 규칙이 아닌 드문 예외여야 한다. 안타깝게도 최근 수십 년간 미국 정치 시스템은 그런 협상을 해내는 능력이 줄어든 것 같다. 한때 주고받기식의 협상을 구성하는 데 도움이 되었던 원칙들은 이제 자주 위반해도 되는 것으로 여겨져 미국에 재앙 같은 결과를 가져오기도 한다.

　　세금 감면을 생각해 보자. 작은 정부 보수주의자들과 낮은 세율이 성장을 촉진할 수 있는 가장 강력한 도구라고 믿는 사람들은 낮은 세금을 오랫동안 찬성해 왔다. 하지만 1980년대 중반부터 1990년~2000년을 거치며 가속되어 더 많은 공화당 의원들이 납세자 보호 공약에 동의했다. 정치 후보자들과 당선 공직자들은 그 공약에 서명하면서 어떤 상황에도 절대 소득세나 법인세를 올리지 않겠다고 약속했다. 2011년까지 하원의원 238명 이상 — 여섯 명을 제외한 모든 공화당 의원과 두 명의 민주당원 — 이 서명했다.

　　세금 공약은 본질적인 명백한 기준 — 브라이트 라인 — 이자 진정한 척도 또는 흔한 표현으로 리트머스 테스트라고 할 수 있다. 한때 크게 선호되던 세금을 낮추려는 욕망을 그 어떤 상황에서도 타협할 수 없는 원칙인 것처럼 재조명한다. 2011년 공화당 대통령 후보

282　　　　　　　　　　　　　　　　　　　　　　　　　　　　최고의 결정

지명을 위한 예비 토론회에서 후보들은 그들이 증가된 세금 1달러당 10달러의 지출 삭감을 할당하도록 하는 가상적인 적자 감축 협정을 지지할 건지 질문 받았다. 만약 토론회에서 후보자들이 주장하는 것처럼 적자를 줄이고 작은 정부를 지지한다면 그런 거래를 하지 않는 것은 상상도 못할 일이다. 하지만 아무리 그들에게 유리한 합의일지라도 리트머스 테스트를 위반하기 때문에 모든 잠재적인 공화당 지명자들은 그 거래를 받아들이지 않을 거라 말했다.

다른 경우 주어진 입장을 수용하길 거부하기보다는 당선된 공무원들은 당 전체와 일하는 걸 확고히 거부할지도 모른다. 예를 들어, 버락 오바마가 취임한 후 의회의 일부 주요 공화당원들은 민주당과는 그 어떤 의미 있는 거래도 거부하는 것처럼 보였다. — 이는 당시 상원 원내대표였던 미치 매코널Mitch McConnell 의원이 이렇게 말했을 때 극명히 드러났다. "우리가 이루고자 하는 단 하나의 중요한 목표는 오바마 대통령의 임기가 한 번으로 끝나는 것입니다."

리트머스 테스트는 내가 정부에서 일할 때도 있었다. 하지만 오늘날 훨씬 더 만연해 보인다. 그 결과 협상은 점점 더 어려워지고 있다.

여기서 불가침 원칙의 확산 다시 말해 협상의 거부는 특히 대부분의 민주당원이 공감하는 목적에 적합하지 않다는 점을 주목해야 한다. 정부가 경제 성장과 사람들의 삶을 증진하는 데 중요한 역할을 하고 있다고 믿는 우리 같은 사람들에게 합의점에 이르지 못한다는 것은 용인할 수 있는 결과가 되어서는 안 된다.

그러면 우리는 언제, 어떻게 협상하는지 결정할 수 있을까? 어떤 문제가 최후의 보루인지 아니면 협상이 가능한 문제인지 어떻게 판별할까? 살다 보면 많은 문제가 그렇듯 이 문제에 관해 더 오래 생각할수록 더 복잡해지는 거 같다. 그러나 내가 보기에 불가침 원칙은 규칙이라기보다는 드문 예외가 되어야 한다. 그 시대의 우위, 확률론적 사고와 기대 가치를 기반으로 하는 사고방식은 명백한 기준 접근법에는 없는 미묘한 차이와 복잡성을 포괄한다. 다시 말해, 타협에 대한 옐로우 노트 접근법은 최적의 결과로 이어질 가능성이 가장 크다.

전미 총기 협회National Rifle Association를 지지하는 진보주의 후보자와 관련된 예를 가정해서 생각해 보자. 어떤 이들은 바로 그때가 진정한 척도가 되는 리트머스 테스트를 할 때라고 주장할 수 있다. 만약 후보가 미국에서 총기 사고를 증가시키는 NRA와 그 정책을 지지한다면, 당신은 그 후보를 지지해서는 안 될 것이다. 나는 개인적으로 총기에 더 강한 규제를 해야 한다고 생각한다. 즉, 나는 NRA가 지지하는 후보는 지지하지 않는다.

하지만 NRA의 지지를 받는 후보자 몇 명을 지지함으로써 민주당이 하원을 장악하고 결국 민주당이 관심을 두는 총기 안전 법안을 포함한 모든 이슈에서 과반수를 확보할 가능성이 10~20퍼센트 증가한다고 해보자. 이렇게 가정한다고 할 때 옐로우 노트는 브라이트 라인 접근법이 고려하지 못하는 상황을 고려할 수 있다. 그리고 그러한 상황에서 옐로우 노트를 사용하면 민주당이 의회를 장악할 기회는

최고의 결정

상당히 증가하는 대신 소수의 NRA 친화적 후보자들을 지지하는 더 나은 결과가 나오게 될 것이다.

유사하게 옐로우 노트는 특정 사람들과 협상할지 하지 말아야 할지를 결정할 때 미묘한 차이를 더 허용한다. 조 바이든의 2020 대통령 선거 초기 모금 행사에서 내가 들었던 말을 생각해 보자. 조 바이든은 두 명의 전 남부 민주당 상원의원이었던 허먼 탈마지Herman Talmadge와 제임스 이스트랜드James Eastland와 일했던 방법을 떠올렸다. 그는 자신이 지지하던 안을 발전시키기 위해 그가 혐오하는 백인우월주의의 열렬한 지지자이기도 했던 허먼과 제임스와 함께 일할 방법을 어떻게 찾았는지 설명했다. 참석자 중 바이든의 발언을 심각하게 생각하는 사람은 소수였다. 그리고 잠시 후 존 루이스John Lewis 하원의원이 굉장히 불편한 견해를 가진 사람들과 협상할 가치가 있다는 바이든의 말에 공감한다고 말했다. 하지만 바이든의 발언으로 사람들은 웅성거리게 되었다.

대부분 사람처럼 나도 허먼과 제임스의 의견을 혐오한다. 사실 그들과 협상하기 위해 기대 가치 접근법을 취한다면 나는 대개 그냥 넘길 수도 있었던 여러 가지 비용을 추가할 것이다. 그중 하나는 비열한 명분에 그들의 인생을 바쳐 온 사람들을 정당화함으로써 내가 할 수 있는 해악이다. 다른 또 하나는 관점이 비열하다고 알려진 사람과 얽히게 되면 장기적으로 명성에 악영향을 받을 수 있다는 비용도 발생한다. 이러한 추가 비용은 타협할 수 있는 가능성을 낮추게 된다.

하지만 만약 이런 모든 비용을 고려한 후에도 협상이 여전히 이득일 거 같으면 나는 협상을 받아들일 것이다. 시간과 노력을 들일 만한 협상이 될 수 있을지 여부를 알아내기 전에라도 당장 협상을 거부하지는 않을 것이다.

원칙적인 타협에 대한 이런 접근법은 협상에서 손을 떼는 일이 최후의 수단이 되어야 한다는 것을 시사한다. 타협할 수 없는 것처럼 보이는 상황이라면 상황을 바꾸려는 시도에 초점을 맞춰야 한다. 상황이란 정치적 보상, 정책 옵션, 어쩌면 현실적 상황을 의미한다. 합리적이고 원칙적인 협상을 이루기 위해 더 좋은 결과가 나오도록 기대 가치 계산을 재구성하는 방법으로 상황을 바꿔야 한다.

협상하려는 의지력을 회복한다고 해서 미국의 모든 문제가 해결될 거라 생각하지는 않는다. 하지만 나는 원칙적인 협상을 통해 대부분 사람에게 가장 중요한 이슈를 해결하는 데 크게 나아갈 수 있다는 것은 믿는다.

어떤 이는 정치 시스템이 어느 정도는 스스로 회복하길 바라기도 한다. 만약 유권자들에게 반향을 불러일으키는 정치적으로 성공한 지도자들이 등장한다면 정치인들이 그 방향으로 정치적 계산을 맞추면서 스노우볼 효과를 볼 수 있을 것이다. 이런 변화는 연방 정부 수준의 정치인들 또는 통치에 대한 진지함을 선거로 보여 주는 주지사와 시장들로부터 시작될 수 있다.

하지만 나는 사회 전반에 있는 모두가 효과적인 정부의 회복을 위

최고의 결정

해 머리를 맞댈 때만이 성공할 수 있다고 믿는다. 기업은 큰 문제를 해결할 능력이 있는 정치 시스템을 갖추는 데 관심을 가져야 한다. 시민 단체들과 비영리 기관들은 정부의 효율성 회복이 우리 모두에게 중요하다는 점을 깨달아야 한다. 어쩌면 가장 중요한 것은 지적으로 정직하려는 의지 그리고 협상하려는 의지가 리더에게 매우 중요한 자질임을 유권자들이 아는 것일지도 모른다. 그리고 유권자들은 지지를 얻으려면 그런 자질을 갖추라고 후보자들에게 요구해야만 한다. 우리의 정치 프로세스가 기능 장애를 향하는 추세를 막기 위해 각자가 할 수 있는 모든 것을 하는 것이 우리의 일이다. 투표부터 후보자, 당선 공무원과 소통하는 것부터 누구를 지지하고 어떤 명분에 주목할 것인지 결정하는 것에 이르기까지 각자가 할 일은 다양하다.

이 모든 것이 충분하다고 말할 수 있을까? 정치 문화에서 이런 식의 변화가 구조 개혁을 어느 정도로 자극하게 될까? 그리고 문화적 변화를 위해 어느 수준까지 구조적으로 개혁해야 할까? 나도 답을 알았으면 좋겠다. 또는 내 의견에 더 강한 확신을 갖고 말할 수 있었으면 좋겠다. 하지만 나는 답을 모르고 자신 있게 말하지도 못하겠다. 우리 정부 시스템이 잘 기능했으면 좋겠다고 말하는 것과 실제로 기능하는 것 사이에는 늘 간극이 존재해 왔다. 그 간극이 점점 더 벌어지는 걸 지켜보면 실망스럽다. 추세를 되돌릴 만한 뚜렷한 해결책이 보이지 않는 것은 더욱 실망스럽다.

하지만 바꿀 수 없는 것처럼 보이는 추세가 바뀌는 상황을 볼 만큼 나는 충분히 오래 살았다. 예를 하나만 들자면, 내가 대학에 있을 때 소련이 냉전에서 승기를 잡았다는 견해가 널리 퍼져 있었다. 하지만 그렇게 되지 않았다. 상황은 개선되지 않고 수년 혹은 수십 년 동안 지속되다가 이유가 무엇이든 굴곡의 방향이 바뀌는 순간이 찾아왔고 상황은 극적이고 신속하게 그리고 더 좋게 변한다.

그 굴곡점이 언제 혹은 왜 오는지 예상하는 건 힘들다. 하지만 미국의 정부 시스템이 지난 수십 년간 잘 기능하지 못하게 되었다는 사실이 우리가 망했다는 걸 의미하지는 않는다. 대신 나는 희망한다. 그리고 역사도 그렇게 말한다. 미국의 위험한 추세를 바꿀 수 있는 기회는 올 것이다. 우리는 그런 기회가 오기를 눈을 부릅뜨고 지켜봐야 할 것이다. 기회가 왔을 때 꽉 잡을 준비가 되어 있어야 한다.

9장

꼬리표 달기의
오류

. . .

"미묘한 문제들은 뚝 잘려
이분법적으로 축소된다."

약 10여 년 전, 나는 중국에서 CIA 국장을 만났다. 콘퍼런스 참석 차 베이징에 갔다가 전 유타 주지사이자 미국 대사를 지낸 존 헌츠먼Jon Huntsman의 초대를 받았다. 우리가 미국과 중국의 방향성에 대해 토론하고 있을 때 존이 정보계 쪽의 동료라며 국장을 소개해 주었다. 나는 국장에게 중국 정부 내에서는 어떤 관점이 지배적인지 물었다. 그가 무뚝뚝한 말투로 했던 말은 내 마음 깊이 남아 있다.

"중국은 이제 시작이라고 생각하고 있고 우리는 물러나고 있는 거지요."

당시 이 아이디어의 전반부 이야기나 내 귀에 들려오고 있었다. 즉, 중국은 제2차 세계대전 이후 미국이 누렸던 것과 같은 최강의 글로벌 영향력의 시기에 진입했다는 것이다. 이 아이디어는 중국 전문가와 미국 재계 지도자들 모두에게서 예측 또는 우려로 표현되고는 했다. 더 우려스러운 점은 이 아이디어의 후반부였다. 오늘날 미국은 전성기가 끝났다는 말이 내가 기억하는 한 그 어느 때보다 더 널리 퍼져 있는 듯하다.

우리가 직면한 문제는 중국이나 다른 나라와 관련된 미국의 경제 상황만이 아니라, 미국 자체의 장기적인 전망에 관한 것이다. 영향력 있는 지도자와 전문가들 그리고 일반 대중은 정치적 역기능과 사회적 갈등으로, 미국의 경제 상황이 장기적으로 대단히 실망스러운 방향으로 가고 있다고 걱정한다.

나는 경제에 관해서 그 어떤 거라도 대단히 긍정적으로 설명한 적이 없다. 하지만 미국이 극심한 위기를 맞으면서 점점 설득력을 얻고 있는 이런 비관적인 견해에 나는 동의하지 않는다.

나는 미국이 장기적으로 대단한 경제력을 갖고 있다고 믿는다. 역동적이면서도 기업가적인 문화, 연구 결과를 상업화할 수 있는 탄탄한 연구 대학, 유연한 노동 시장과 자본 시장, 법치주의, 다른 주요 경제국보다 더 젊은 노동 인구층, 방대한 천연자원 등을 보유하고 있기 때문이다. 나라면 다른 국가에서보다는 미국에서 경제 활동 — 창업, 투자, 산업 운영 — 을 할 것이다. 만약 우리가 경제 성장의 혜택을 더 폭넓게 나눌 방법을 시행할 수 있다면, 노동자들은 그 어디보다 미국에서 생활 수준이 꾸준히 올라가는 경험을 할 가능성이 더 크다.

미국은 성공할 수 있는 좋은 위치에 있다. 하지만 미국이 가지고 있는 잠재력을 실현해 낼 것인지 또는 심각해진 사회적 분쟁으로 경제적 혼란을 겪을 것인지는 우리가 국가로서 내리는 결정에 달렸다.

이 말은 언제나 어느 정도 사실이었다. 하지만 지금보다 더 분명한 사실인 적은 없었다. 제2차 세계대전 이후 수십 년간 미국은 타 국가의 추종을 불허하는 경제 대국이었다. 이는 어떻게 보면 잘못된 결정의 잠재적인 결과에서 미국을 보호한 셈이었다. 하지만 더는 그렇지 않다. 다른 국가들은 더 적극적으로 경쟁하고 있다. 글로벌 경제에서 미국의 전반적인 역할은 여전히 독보적이지만 미국과 다른 나라 간의 격차는 줄어들었다. 만약 미국이 더 발전할 수 있는 지혜로운 결정을 내리지 못한다면 상당한 구조적 장점에도 장기적으로는 번영을 가져오기 힘들 것이다.

달리 말하면 미국의 경제적 미래는 내가 물었던 질문에 대한 우리의 집단적인 대답에 의해 크게 결정될 것이다. 그 질문은 바로 가장 중요한 정책 문제에 우리가 어떻게 접근해야 하는가이다.

· ·

수십 년 동안 다양한 정책 아이디어가 인기를 얻고 잃는 동안, 나는 정책을 만드는 사람의 기본적인 접근법이 시간이 지나면서 어떻게 바뀌어야 하는지 고민해 왔다. 내 대답은 바뀌면 안 된다는 것이다. 정책을 만드는 전반적인 생각이 아닌 정책의 세세한 내용이라면 유연성이 중요하다. 사람은 늘 과거에서 배운 것을 현재에 적용해야 한다. 상황이 바뀔 때 새로운 사실이 드러나거나 혹은 새로운 분석 통찰력이 개발되면, 정책은 그것들을 반영하는 쪽으로 바뀌어야 한다. 그러나 나는 심지어 정책 입장이 바뀌어도 훌륭한 정책 수립의 열쇠는 바뀌지 않는다고 믿는다.

나는 자라면서 훌륭한 정책을 만드는 열쇠가 무얼지 생각하는 데 이렇게 오랜 시간 동안 고민하게 될 줄은 꿈에도 몰랐다. 아마도 많은 사람이 내가 정책보다는 정치에 더 먼저 관심이 있었을 거라 예상할 것이다. 내 할아버지인 새뮤얼 세이더만은 정치 모임이 여전히 중요하던 시절, 뉴욕에서 가장 영향력 있는 민주당 클럽 중 하나를 운영했다. 내 어머니는 할아버지를 무척 따랐고 나도 무척 존경했다. 한 사람의 관심사가 정확히 어디에서 왔는지 알기는 어렵지만, 내가 어렸을 때부터 정치에 관심을 갖게 된 건 아마도 할아버지의 영향력이었을 것이다. 주식 분야로 직장 생활을 시작한 후에도 늘 정치 쪽으로도 일할 수 있는 방법을 찾고 싶었다.

내가 정치판에 더 깊게 관여하게 되면서 공화당 의원으로 일하는 걸 생각해 본 적이 있었을까? 짧게 말하자면 '노'다.

이유를 들자면 나는 민주당 집안 출신이다. 하지만 가족 배경에서 벗어나 나만의 정치적 견해를 독립적으로 세우면서 나는 공화당보다는 민주당의 주류에 더 가깝다고 늘 느꼈다. 작은 정부나 큰 정부에 도덕적 신념은 없지만, 실제로 미국의 경제는 강하고 효율적인 정부가 시장이 본질적으로 효과적으로 해결하지 못하는 문제를 해결하면

최고의 결정

서 시장을 기반으로 경제 시스템과 나란히 함께 기능해야만 성공할 수 있다고 느꼈다.

나는 또한 일반적인 복지를 제공하는 도덕적 의무가 정부에게 있다는 주관적인 의견을 갖고 있다. 이것은 모든 사람, 특히 저소득층이 양질의 생활 수준으로 살 수 있고 성장의 혜택을 폭넓게 공유하는 것을 의미한다. ― 저소득층을 도우면 장기적으로 공공 비용을 줄이게 되고 생산성을 높이며 사회적 결속력을 더 다질 수 있게 되기 때문에 미국 경제 이익에도 크게 도움이 된다고 생각한다.

나의 모든 정책적 견해가 민주당과 일치하는 건 아니다. 혹은 대체로 공화당의 정책이라고 보이는 견해를 전부 거부하는 것도 아니다. 하지만 정치에 관여하기 시작한 지 50년이 지나고 보니, 나는 여전히 대부분 공화당보다는 민주당에 훨씬 더 가깝다고 느낀다. 두 당이 모두 극단적이지만, 내가 민주당원이 주장한 정책 처방에 동의하지 않을 때도 그의 광범위한 목표에 더 공감하는 편이었다. ― 예를 들면, 헬스 케어, 불평등 감소 또는 기후변화 문제. 하지만 반면, 극단적인 공화당과 동의하지 않는 부분은 대개 수단과 목적 둘 다. 그리고 그런 의견 충돌은 지난 수십 년 동안 심해졌고, 2020년 선거를 뒤집으려는 시도로 더 심해졌다.

그러나 일생 민주당원이긴 했지만 나는 정책 토론이 지나치게 당파에 의존하거나 복잡한 문제를 단순화하기 위해 이데올로기적 꼬리표를 다는 데 열심이라고 생각한다. 예를 들어, 일반적인 민주당원은 일반적인 공화당원보다 정부의 중요한 기능을 위한 자금을 제공하려고 부자 증세를 더 지지할 것이다. 나도 그 의견을 지지한다. 하지만 정책적 세부 사항 — 다양한 종류의 증세는 경제 성장에 어떤 효과가 있나? 중요한 공공 서비스를 제공하기 위해 수익은 얼마나 많이 내야 하나? 이런 부유층 증세를 정확히 어떻게 구성해야 할까? — 에 있어서는 당원들이 건설적인 대답을 내놓는 경우는 드물다.

이념적 꼬리표는 종종 효율을 감소시킬 뿐 아니라 역효과를 낳기까지 한다. 몇 년 전 나는 민주당의 한 유명한 의원에게 규제 개혁을 통한 사고방식을 위해 비용 편익 프레임워크가 필요하다고 제안했다. 그는 이런 대답을 내놓았다. "우리는 규제 개혁에 진보적인 접근이 필요합니다."

넓게 보면 이 사람과 나는 정책적 관점이 비슷하다. 하지만 나는 그의 말에 신경을 곤두세웠다. 내 견해로는 목표를 먼저 정한 다음, 어떤 정책을 선택해야 가장 효과적으로 달성할 수 있는지 알아내려고 해야 한다. 만약 규제 정책에 관한 가장 훌륭한 결정을 내렸는데, 동시에 그 결정에 '진보'라는 꼬리표가 달렸다면 — '온건'이나 '보수'도 마찬가지다, 그 꼬리표는 무의미하다. 만약 가장 훌륭한 결정인데도 특정 이념적 카테고리에 속할 수 있다는 이유로 그 결정을 거부한다면 매우 위험하다.

내 경험으로 볼 때 정책 토론 시 가장 중요한 차이점은 자유주의와 보수주의, 진보주의와 중도주의, 당파주의와 초당주의, 개혁과 제도주의 사이에 있는 게 아니다. 가장 중요한 차이점은 정책적 문제가 복잡하다고 인정하는 사람 그리고 지적 성실성으로 접근하고 사실과 분석에 기반해 신중하고 꼼꼼히 생각하는 사람과 그렇지 않은 사람과의 차이다. 독단과 약칭은 복잡한 문제를 단순하게 보이게 할 수 있을지언정 건전한 의사결정의 기반을 약화한다.

그의 시대에 가장 훌륭한 저널리스트 중 하나였던 에드워드 R. 머로우Edward R. Murrow는 이런 말을 했다. "우리의 주요 정책 의무는 슬로건을 해결책으로 착각하지 않는 겁니다." 비슷한 맥락에서 나는 정책에 관해서라면 꼬리표가 사고를 대신하지는 않는다고 생각한다.

실제로 서로 엮인 정책 문제의 끝없는 복잡성과 의사결정의 필요성 사이의 균형을 맞추기란 꽤 어렵다. 내가 재무부에서 처음 일을 시작하게 되었을 때였다. 처음으로 내 비서실장이 된 실비아 매슈스가 이런 질문을 던졌다. "장관님은 어떤 걸 가장 중요하게 생각하시나요?"

"가장 중요한 거요? 그건 간단하지요." 그러고 나서 나는 한 서른 개 정도를 읊었다.

그랬더니 실비아가 이렇게 말했다. "서른 개에 우선순위를 둘 수는 없습니다." 나는 "있고말고요. 그게 전부 다 나의 우선순위입니다." 어쩌면 실비아는 내 목을 조르고 싶었을지도 모른다.

현실적으로 실비아의 말이 옳다. 서른 개를 동시에 할 수는 없으니까. 그래도 나는 전달하고자 하는 요지가 있었다. 정책 입안자들은 가망성이 작은 조치나 결정도 단독으로 존재하지는 않는다는 점을 언제나 명심해야 한다. 모든 것은 서로 연결되어 있다.

그렇기에 매끄럽게 운영되는 정책 결정 프로세스가 그토록 중요한 것이다. 프로세스가 아무리 복잡하더라도 리더는 당황하지 않고 잘 인지할 수 있어야 한다. 그런 프로세스는 확실한 건 아무것도 없으며 모든 결정은 확률과 균형을 저울질해야 한다는 인식에 기반을 두어야 한다. 하지만 꼬리표에 영향을 받지 않고 신중한 사고로 리더가 정책 결정에 사려 깊게 접근하는 것에는 추가적인 요소들이 있다.

정책을 만드는 과정은 목적을 정의하는 것으로 시작해야 한다. 의사결정자들은 그들이 성취하고자 하는 목표를 결정할 때 진지하게 고심하기도 전에 선택지들을 평가하기 시작하는 경우가 생각보다 너무 잦다. 리더가 목적을 분명하고 자세히 설명하는 행동은 팀 전체를 하나로 모으고 결정을 통해 사고의 규율을 갖춘 프레임워크를 제공하는 데 도움이 될 수 있다. 리더는 무엇을 할지 결정하기 전에 이루고자 하는 게 무엇인지 먼저 알아야 한다.

정책 입안의 또 다른 중요한 요소는 전문가에 대해 올바르게 접근하는 것이다. 전문가를 무시하는 것은 재앙을 불러올 수 있다. 하지만 '전문가의 의견을 듣는 것'은 복잡하다. 한 가지 예를 들면, 전문가의 평가와 예측이 틀릴 수도 있다. 그들의 모델과 이론에 푹 빠져 모델이 잡아내지 못한 현실 세계의 측면을 놓칠 수 있기 때문이다. 또한 전문가들은 서로 의견이 다를 때도 많다. 우리가 믿고 따를 수 있는 전문가의 의견이 명확히 일치할 때는 거의 없다.

전문가를 완전히 의존하거나 무시하는 대신 정책 입안자들은 균형을 잘 잡아야 한다. 전문가의 말을 새겨듣고 그들의 견해를 이해하려고 애쓴 후, 자신만의 판단을 내려야 한다. 예를 들어, 재무부에는 주요 질문을 판별하고 그 질문에 대한 응답으로 정책이나 옵션을 개발하는 나의 결정을 안내하는 데 도움이 되는 분석과 사실을 설명할 수 있는 사람들로 이루어진 특별한 그룹이 있었다. 동료들이 자신의 의견과 판단을 설명할 때 나는 사고방식에 결함이 있는지 알아보기 위해 그들에게 그들의 반대 의견이나 나의 반대 의견도 설명해 달라고 요구하고는 했다.

함께 일했던 경제학자들처럼 내가 경제에 대해 잘 꿰뚫고 있을 필요는 없었다. — 비록 미국을 대표하는 경제학자 중 한 명인 차관보와 함께 일했던 건 큰 도움이 되었다. 하지만 내가 그들의 생각을 잘 이해할 수 있는 경제적 개념에 정통했다는 것이 매우 중요하다. 그래서 나는 진지한 토의에 참여할 수 있었다. 만약 누군가 회의 중에 내가 완전히 이해하지 못하는 요점이나 주장을 했다면 나는 이해하지 못하겠다는 말을 망설이지 않았다. 나는 그들에게 자세히 설명해 달라고 요청했다.

주의 깊게 듣는 것은 늘 중요한 기술로 전문가가 있을 때만 중요한 게 아니다. 최고의 정책 입안자는 가장 잘 듣는 사람일 때가 많다. 그가 쉽게 흔들린다는 말이 아니라 다른 사람의 의견에 전적으로 관여한다는 의미다. 훌륭한 경청자는 당신이 한 말을 이해하며 동의 여부에 상관없이 합리적이고 좋은 대답을 할 것이다.

좋은 경청자라는 게 꼭 예의 바르다는 뜻은 아니다. 예를 들어, 래리 서머스는 자신이 생각했을 때 당신의 말이 틀렸다면 그 말을 꽤 직설적으로 할 것이다. 하지만 만약 당신이 래리에게 당신의 의견을 다시 말해 보라고 한다면 그는 정확하게 이해하고 있다는 것을 증명할 것이다. 그리고 만약 당신이 래리에게 래리의 입장과 반대되는 가장 좋은 예를 들어 보라고 하면 그는 허술한 허수아비[6]를 내세워 공격하지 않고 설득력 있는 주장을 요목조목 펼칠 것이다.

정책 입안자는 큰 결정을 내리는 '시기'에 대해 신중히 고민해야 한다. 리더는 종종 앞으로 나아갈 길을 빨리 선택해야 할 때가 많다. 선택하지 않는 것도 선택이다. 다른 선택지들은 순식간에 사라질 테니까. 하지만 많은 경우 리더는 선택을 연기할 수 있다. 두렵거나 지나치게 주저해서가 아니라 정보를 더 모으거나 상황이 어떻게 전개되는지 지켜보기 위해서다. 나는 이를 '선택권 보존'이라고 부른다.

선택권을 보존하는 방법은 간단하다. 스스로 이렇게 묻는 것이다. "이 결정을 지금 내려야 하나?" 만약 대답이 '아니오'라면 나중에 더 좋은 결정을 내리기 위해 도움이 되는 것은 무엇일지 생각해 보자.

---

6   허수아비 공격straw man: 상대방의 입장과 유사해 보이지만 실제로는 다른 명제 즉, 허수아비를 내세워 주장하는 방법

하지만 리더는 다른 수단을 통해 선택권을 보전할 수도 있다. 장기적으로 행동 방침에 얽매이지 않는 긴급한 문제를 해결하는 결정을 내릴 수 있다. 또는 앞으로 가장 많은 선택지를 열어 둘 수 있는 행동 방침을 선택할 수 있다. — 이런 방식의 선택권 보전으로 나는 로스쿨을 선택했다. 변호사가 되기 위해 간 건 아니었고 로스쿨은 다양한 직업군을 준비하기에 좋은 선택지가 될 거 같았기 때문이다.

효과적인 정책 입안의 또 다른 중요한 요소는 정치와 정책을 동시에 고려하는 능력이다. 비즈니스에서 정부로 이직한 많은 사람이 변화에 힘들어하고 종종 성공하지 못한 이유가 복잡성의 수준이 높아지기 때문이다. 비즈니스와 달리 정책 결정에는 늘 수많은 이해당사자와 경쟁 상대가 넘쳐 난다. 정책 입안자 또는 심지어 대통령일지라도 무엇을 하든 정책을 실행하기 위해서는 많은 사람의 동의를 먼저 받아야 한다.

나는 정치는 정책을 위해 있어야 한다고 믿는다. 하지만 정치와 정책은 의사결정을 내릴 때 함께 고려되어야 한다. 만약 정치가 잘 기능하지 않는다면 정책을 효과적으로 시행하기가 불가능하거나 어려워지기 때문이다.

동시에 정치적 사안은 정책 대안에 반대하기 위해 부정직하게 사용될 수 있다. 만약 누군가 결정을 반대하는데 딱히 설득력 있는 근거는 없다면 그 점을 객관적으로 살피기보다는 정치적으로 할 수 없는 것으로 종결할지도 모른다. 이런 문제를 피할 쉬운 방법은 없다.

유일한 해결책은 팀과 리더가 정치와 정책을 지적인 엄격함과 성실함으로 평가하려고 헌신하는 것이다.

비용 편익 프레임워크

정책 입안자는 정책 대안 분석에 비용 편익 분석을 사용해야 한다. 만약 정책의 이익이 비용을 초과하면 조치가 채택되어야 하고 그렇지 않으면 채택되어서는 안 된다는 것은 약간 뻔한 말처럼 들릴 수 있다. 하지만 그렇게 말처럼 간단한 건 없다. 예를 들어, 모든 변수를 쉽게 수량화할 수는 없다. 인간의 삶의 가치는 무엇인가? 깨끗한 물의 가치는? 또는 자유 같은 추상적인 개념은 어떻게 수량화할까? 무언가가 쉽게 수량화되지 못하더라도 그것이 현실적이지 않은 것은 아니며 비용 편익 프레임워크에 포함되어야 한다.

정책 입안자가 생각해야 하는 또 다른 복잡성은 비용과 이익을 점검할 시간대이다. 단기적으로 큰 이익이 되는 정책 아이디어는 장기적으로 비용이 많이 들 수 있고, 그 반대일 수도 있다. 이 문제에 관해 생각하는 한 가지 방식은 기대 가치를 계산할 때 '할인율'이라고 알려진 것을 기반으로 결정하는 것이다. 예를 들어, 100달러의 이득이 내일 실현되면 100달러, 10년 후에 실현되면 50달러, 20년 후에 실현되면 20달러의 가치가 있는 것으로 여겨질 수 있다.

최고의 결정

2차 및 3차 비용과 이익도 마찬가지로 고려하고 저울질해야 한다. 예를 들어, 정책은 이로울 테지만, 후에 이익이 더 큰 정책을 제정하려는 정치적 욕구를 많이 감소시킬 거라고 가정해 보자. 그렇다면 순 편익은 긍정적인가 부정적인가?

정책 입안자는 또한 비용 문제는 피하면서 정책적 이익만을 점검하려는 유혹을 이겨내야 한다. 1982년 테드 케네디는 1980년 민주당 경선에서 지미 카터에게 도전한 후 두 번째로 대통령에 출마할 생각 중이었다. 나는 그가 연설하는 걸 보러 갔다. 테드는 훌륭한 연설가였고 상원을 대변하고 있었다. 나는 교육, 빈곤 퇴치 등에 관한 그의 우려에 공감했고 연설에 깊은 인상을 받았다. "하는 말이 정말 이치에 맞는군"이라고 생각했다.

하지만 연설이 끝나자 나는 그가 많은 계획에 드는 비용을 어떻게 마련할 것인지에 대해서는 전혀 언급하지 않았다는 걸 깨달았다. 그가 내가 동의하지 않는 지급 방법을 제안했거나 재정 규율이 부족하다고 느껴서 걱정된 게 아니었다. 내가 걱정되었던 건 지급 방법을 전혀 언급하지 않았다는 것이었다. 그가 비용을 모으는 법을 생각하지 않았거나 돈과 엮이는 정치에 개입하고 싶지 않았거나, 또는 연설에 넣지 않을 정도로 중요하다고 생각하지 않았던 것이다. 나는 계획들이 제대로 기능하지 못할 거라 판단했고 그의 캠페인에 참여하지 않기로 결정했다.

비용 편익 분석을 수행할 때 명심해야 할 또 다른 중요한 사항은

'최고의' 결정이라도 긍정적인 결과로 이어지지 않을 수 있다는 것이다. 일부 정치 입안자는 이를 받아들이기 어려워한다. 클린턴 정부 시절 나는 다른 고위 관리와 상황실에 있었다. 래리 서머스와 함께 나는 여러 가지 선택지를 제안했지만, 이는 모두 부정적인 결과로 이어질 가능성이 있었다. 그 관리는 "좋은 대답이 있을 겁니다"라고 말했다.

우리는 "아니오. 없습니다"라고 답했다.

래리와 나는 모든 선택이 다 동일하다는 말을 의미하는 게 아니었다. 어떤 경우, 가능한 모든 행동 방침이 안 좋게 끝날 가능성도 있다는 뜻이었다. 달리 말하면 아무런 조치도 취하지 않는 것을 포함해 모든 가능한 선택이 커다란 부정적인 결과로 이어질 가능성이 있었다.

이런 경우 '좋은' 선택을 계속해서 찾아다니는 건 생산적이지 않다. 모든 선택지가 나쁘거나 끔찍하다는 사실, 그리고 그나마 가장 나은 선택지를 찾아야 한다는 사실을 인지해야만 한다.

예를 들어, 멕시코 금융 위기가 닥쳤을 때 우리는 한 선택지가 '모럴 해저드'[7]라고 하는 것을 일으킬 수 있다는 걸 인지했다. 대출자들은 다른 신흥 시장에 문제가 생긴다면 우리가 그 부채 상황에 개입될 거로 예측할 수 있었기 때문이다. 이런 예측은 대출자가 적절한 규율

---

7   모럴 해저드moral hazard: '도덕적 해이' 또는 '도덕적 위험'이라고 쓰기도 한다. 기업이나 공공기관 같은 조직에서 계약의 한쪽 당사자가 자기만 가진 유리한 조건을 이용해 다른 이를 희생시켜 이득을 취하는 것

없이 신용을 확장해 앞으로 문제를 일으킬 가망성을 높일 수 있다. 유사하게 다른 정부들이 차입에 대해 잘못된 선택을 내린다면 미국이 그들을 구제해 줄 거라 가정할 수 있다. 이는 나쁜 결과로 이어질 것이다.

하지만 아무런 조치도 취하지 않는 선택지도 마찬가지로 안 좋은 결과로 이어질 것이다. 우리는 개입에 실패한다면 멕시코 경제에 심각하고 장기적인 압박이 생길 거로 예상했다. 그리고 걱정하는 채권자들이 철수하면서 다른 신흥 국가들로 전염되고 결국 미국 경제에 안 좋은 영향을 끼칠 거라고 느꼈다. 어떤 행동 방침을 선택하더라도 어떤 형태로든 부정적인 결과가 발생할 것이고 비용은 상당할 터였다. 하지만 우리는 개입이 그나마 가장 나은 선택이라고 보았다. 그래서 그걸 대통령에게 추천한 것이다.

다행히도 우리가 수십 년 동안 채택해야 할 전반적인 경제 전망과 정책 안건에 관해서라면 우리는 좋은 선택지를 갖고 있다. 그리고 경제 정책 토론에 수십 년간 깊이 개입한 나는 우리에게 장기적인 장점을 활용할 수 있는 최고의 선택을 주는 행동 방침은 '포용적 성장'이라고 생각한다. — 내가 미국 경제 전반에 매우 효과적으로 작용했던 접근법으로 이번에도 효과가 좋으리라 믿는다.

포용적 성장의 핵심은 경제 성장과 널리 공유된 경제 복지가 상호 의존적인 목표라는 것이다. 상대적으로 강한 성장 없이는 국민의 생활 수준을 향상시키고 가난을 극복하며 일반 복지를 적절히 발전시킬 수 없다. 내가 대체로 지지하는 정책들이 돈을 부유층에서 중산층과 저소득층으로 옮기는 정책 — 공공 투자 및 사회 안전망 프로그램에 자금을 마련하기 위해 부유층에 더 높은 세금을 매기는 것 — 을 지지하는 경향이 있는 것은 사실이다. 하지만 실제로 재분배로 이룰 수 있는 건 한계가 있다. 건강한 성장은 일자리 창출, 낮은 실업률 — 임금을 증가시키는 경향이 있음 — 그리고 공공 투자에 필요한 재정 자원을 위해 필요하다.

동시에 성공의 결과를 넓게 분배하지 않고 성장에 집중하는 건 실수일 것이다. 장기적으로 봐도 잘되기 힘들다. 다른 이득 중에서도 광범위한 경제 복지는 더 큰 소비자 수요를 창출한다. 근로자에게 더 높은 수입과 생산력을 위한 교육과 훈련을 받을 수 있는 재정적 능력을 더 많이 제공하기도 한다. 또한 시장 기반 경제 및 무역 자유화를 기반으로 하는 시장을 위해 더 광범위한 공공 지원을 건설할 수 있다. 성장이 광범위한 복지에 필수이듯 광범위한 복지는 강하고 지속적인 성장에 필수이다.

포용적인 성장을 뒷받침하는 두 번째 의견은 제2차 세계대전 이후 그 어떤 나라도 시장 기반 경제에 본질적으로 헌신하지 않고는 지속적인 경제 성장을 달성하지 못했다는 것이다. 중국은 1978년에 이르러서야 시장 기반 경제의 필수 요소를 받아들인 후 실제로 경제 발전을 이루기 시작했다. — 중국의 현재 상황과 미래는 복잡하고 불확실하지만 시장 기반 경제로 돌아오길 반복했다. 그리고 사회주의 모델로 여겨지는 북유럽 국가들은 미국보다 더 높은 세금과 더 강한 사회 안전망이 있지만, 그들도 시장 기반 경제 시스템으로 운영된다. 다시 말해, 생산 수단의 사적 소유권을 갖는다.

나는 어떤 도덕적, 이데올로기적 의미에서도 "자유 시장을 믿는다"라는 말에 동의하지 않는다. 하지만 시장이 경제 성장을 이루는 데 최고의 시스템이라는 증거는 명확하다.

그러나 시장이 본질적으로 빈곤, 불평등 확대부터 기후변화에 이르기까지 여러 문제를 효과적으로 해결할 수 없기도 하고 해결하지 않을 거라는 대단히 중요한 문제들이 있다. 시장이 하지 않을 일을 하기 위해 강하고 효율적인 정부가 있어야만 점차 성공할 수 있을 것이다.

우리는 성장 그리고 더 공평한 사회 중 하나만 고를 수 없다. 둘 다 필요하다. 우리는 정부와 시장 둘 중 하나를 선택할 수 없다. 둘 다 있어야 한다.

포용적인 성장을 이루는 것에 대해 설명할 때 나는 효과적인 정부의 역할을 세 가지로 나누는 게 도움이 된다는 걸 알아냈다. 첫째는 공공 투자다. 중단기적으로 수익이 나올 가능성이 클 때, 시장 원리는 투자자에게 축적되는 영역에 투자를 독려하는 데 매우 효과적이다. 하지만 투자 수익이 대부분 공공에 돌아가거나 장기간 기다려야 실현된다면 시장은 충분히 투자하지 않을 것이다.

그 결과 강하고 효율적인 정부의 중요 역할 중 하나는 공공복지를 증진하고 전반적인 경제를 성장하게 하는 공공 자금을 투자에 사용해 민간 투자가 남긴 커다란 공백을 메꾸는 것이다. 예를 몇 가지만 들자면, 사람과 상품이 이동할 수 있는 수단 그리고 고속 네트워크를 통한 정보의 전송을 위해 훨씬 더 많은 공공 인프라를 구축해야 한다. — 바이든 대통령의 초당적 인프라 법은 대단히 중요한 발전이었지만 훨씬 더 많은 투자가 되어야 잃어버린 시간을 완전히 메꿀 수 있다. 기초 연구, 응용 연구와 개발에 대중의 지지를 크기 늘려야 한다. 이것은 레이더와 GPS 내비게이션부터 스마트폰과 인터넷까지 수많은 혁신을 가져와 국민의 삶을 개선하고 미국 경제에 커다란 기여를 했다.

다른 공공 투자는 경제 성장 그리고 사회 안전망을 제공하는 중요한 목적을 이루는 두 가지 모두에 기여한다. 예를 들어, 다른 이득으로 메디케어와 사회 보장은 나이 든 미국인들이 빈곤의 나락으로 떨어지는 걸 방지하는 역할을 한다. 이는 노인에게만 좋은 게 아니라 가족에게도 도움이 된다. 더 광범위한 경제적인 측면에서 보자면 시장의 수요를 유지하는 걸 돕고 시장 기반 경제 시스템을 지지할 수 있는 일반적인 공익을 제공한다. 비슷한 맥락으로 빈곤 퇴치 조치는 사회 비용을 줄이고 생산성을 높여 납세자들에게 높은 수익률을 제공하게 된다.

만약 이런 조치가 경제적인 영향이 없다고 해도 나는 비용의 가치가 충분하다고 생각한다. 정부가 사회에서 가장 취약한 층을 지지해야 한다고 믿기 때문이다. 하지만 내가 더 보수적인 친구들과 함께 일했던 사람들에게 여러 차례 지적했듯 공적 자금으로 지원되는 사회 프로그램의 중요성에 대한 나의 주관적 의견에 공감할 필요는 없다. 그저 이런 프로그램이 경제 전반에 가져오는 거대한 이익을 인지하기만 하면 된다.

물론 대규모 공공 투자는 막대한 공적 비용이 들고 그런 비용은 수익을 올리거나 돈을 빌리거나 어딘가에 덜 지출하거나 해서 마련해야만 한다.

정부가 해야 할 투자 비용을 어떻게 마련해야 할까? 이 질문은 포용적인 성장을 증진하는 데 효율적인 정부의 두 번째 역할의 논의로 이어진다. 그건 바로 건전한 재정 정책 설정이다.

재정 정책은 언제나 흥미로운 주제는 아니다. 내 아내인 주디는 이 장을 읽더니 "질질 끌며 겨우겨우 읽게 되는" 부분이라고 부르라고 제안했다. 하지만 재정 문제야말로 내가 직장 생활을 하는 동안 가장 깊게 관여한 경제 정책의 영역일 것이다. 그리고 나는 일부 세부 사항만이라도 그 주제를 토론하는 게 중요하다고 생각한다.

이 말이 정말 사실인 이유는 재정 정책은 시시때때로 지나치게 단순화되기 때문이다. 미묘한 문제들은 뚝 잘려 이분법적으로 축소된다. 낮은 재정 적자를 믿는 '재정 매파' — 또는 '적자 매파' — 그리고 차입과 높은 적자가 역효과 없이 수행될 수 있다고 믿는 '재정 비둘기파'라는 이분법으로 사람들을 잘못 분류한다.

나는 대체로 '매파'에 속한다고 할 수 있지만, 꼬리표가 애매하고 불분명한 경우다. 내가 재정 규율을 믿는 건 사실이고 다시 말해 우리가 공적 자금을 무엇에 사용하는지 그리고 우리가 경제 전체 규모에 비해 연방 부채를 얼마나 허용할지에 대해 신중하게 생각하는 편이다. 하지만 부채나 적자 그 자체에 반대하는 건 아니다. 대공황 동안 그리고 최근 코로나바이러스 팬데믹이 시작될 때 나는 경제의 민간 수요 부족분을 상쇄하기 위해 적자 지출을 함으로써 자금을 조성하는 강력한 구제와 부양책의 필요성에 대해 연설하고 글을 썼다.

내 생각에 가장 중요한 구분은 재정 매파니, 비둘기파니 하는 것이 아니다. 그건 재정 문제를 둘러싼 질문에 대해 엄격하고 신중하게 생각하는 사람들과 이런 질문에 간단한 답이 있는 것처럼 행동하는 사람들 사이에 있다.

점점 더 많은 정치인, 정책 입안자 그리고 소수의 학계의 사람들까지 후자에 속하는 것 같다. 극단적으로 그들은 사회적, 경제적 비용이 장기적으로 얼마가 들든지 우리는 반드시 적자를 줄여야 한다고 주장하거나 또는 우리가 돈을 무기한으로 제한 없이 빌릴 수 있다고 주장하는 것 같다. 이것보다는 덜 극단적이지만 더 엄격하다고 할 수는 없는 버전은 우파의 감세나 좌파의 공공 지출 같은 자신만의 정치적 우선순위뿐 아니라 적자가 중요하다고 주장하는 것이다.

재정 문제에 대해 철저하게 생각하지 않는 일부 사람들도 나와 비슷한 정책 입장을 취할 수도 있다. 하지만 정책 문제를 신중하게 생

최고의 결정

각하지 않지만 내 의견에 동의하는 사람보다는 내가 지지하는 정책에는 반대하지만 신중하게 정책 문제를 고민하는 사람과 더 공통점이 많다고 느낀다.

예를 들어, 일부 경제학자는 우리가 경제 전체 규모에 비해 부채 — 대개 'GDP 대비 부채 비율'이라고 하는 — 를 무한정 늘릴 수는 없지만, 그래도 늘릴 수 있는 여지가 있다고 주장한다. 그리고 그 주장은 2022년 금리가 오르기 시작하기 전에 수년간 낮았을 때 더 강력하게 제기되었다.

이런 식의 주장을 하는 많은 경제학자와 전문가들은 이 문제를 철저히 생각해 왔다. 나는 그들과 기본적인 사항에 동의한다. 첫째, 미국이 부채를 축적할 수 있는 정도에는 한계가 있다. 둘째, 이 한계는 미리 정확하게 확인할 수 없다. 이는 무엇보다 시장 심리, 기업 신뢰도 그리고 시장이 연방 정부에 돈을 빌려줄 의향이 있는지에 달려 있기 때문이다.

하지만 그럼에도 불구하고 나는 그들의 결론에 동의하지 않는다. 내가 이데올로기적인 면에서 적자 매파이기 때문은 아니다. 이유는 장기간에 걸쳐 더 높은 적자를 운영하는 것은 경제 정책 사상가들이 믿는 것보다 훨씬 더 위험하기 때문이다.

사실 나는 우리의 현재 장기간 재정 상태 다시 말해, 현재 예상하는 GDP 대비 부채 비율조차도 심각한 리스크를 만든다고 생각한다. 기본 경제 이론은 정부가 소비자와 기업의 수요 손실을 메우기 위해 더 많은 돈을 빌리고 지출해야 하고, 지출을 낮추거나 수익을 늘리거나 또는 둘 다를 함으로써 경제 호황기 동안 GDP 대비 부채 비율을 낮춰야 한다고 주장한다. 하지만 최근 수십 년 동안 우리는 그 전략을 따르지 않는 때가 많았다. 대신 호황이나 불황 때나 모두 큰 적자를 기록했고 제2차 세계대전 직후를 제외하고는 GDP 대비 부채 비율을 미국 역사상 가장 높은 수준으로 끌어올렸다.

이는 앞으로 경기 침체 동안 시장이 재무부에 돈을 덜 빌려줄 가능성이 있다는 걸 의미한다. 그렇게 되면 경제적으로 탄력성이 크게 떨어지게 된다. 현재 높은 수준의 차입은 앞으로 적자로 자금을 조달한 공공 투자를 덜 하게 한다. 이는 시장 금리가 차입 증가에 부정적으로 반응하거나 추가로 투자하려는 정치적 욕구가 부족하기 때문이다. ― 적자로 자금을 조달한 공공 투자는 대단히 중요하다. 하지만 그런 투자의 이익은 높은 금리나 금융 위기를 함께 고려해 적자가 만들어 내는 리스크와 비교해 저울질해야 한다. 과도한 차입과 지출이 인플레이션의 유일한 원인은 아니지만, 경제를 과열시킴으로써 인플레이션에 원인이 될 수 있다.

인플레이션은 미국 소비자, 노동자, 정책 입안자들의 주요 관심사다. 하지만 인플레이션이 건전하지 않은 재정 정책과 연계된 유일한 리스크는 아니다. 달러의 잠재적 약세, 미국 시장에서 외국 자본의 철수, 미래의 인플레이션 또는 미국 경제의 저축 수급 간의 불균형에 대한 시장의 우려 같은 것들이 있다. 이런 모든 이유로 불확실한 재

최고의 결정

정 방향은 예측할 수 없는 시기에 금리를 크게 상승시킬 수 있다. 극단적으로 말하면, 금융 위기를 일으킬 수도 있다.

2021년 1월, 나는 관리예산국 국장인 피터 오재그Peter Orszag, 노벨 경제학상 수상자인 조지프 스티글리츠Joseph Stiglitz와 미래 인플레이션과 금리에 대해 '깊은 불확실성'이 있다고 신문에 글을 기고한 적이 있다. 나는 사건들이 그것을 입증했다고 생각한다. 더 넓은 요점은 이러한 상황에 관해 심지어 인플레이션과 금리가 오랫동안 침묵한 후에도 언제나 큰 불확실성이 있다는 것이고 지출 또는 감세를 위한 적자 자금 조달의 리스크를 계산할 때 이를 염두에 두어야만 한다는 것이다.

재정 상황은 모델이 완전히 포착하지 못하는 심리적 영향을 끼칠 수 있다는 점을 기억해야 한다. 1990년 초반 미국의 재정 지속 가능성에 대한 우려와 미국의 경제 정책에 관한 광범위한 불확실성은 미국의 정치 시스템의 문제 해결력에 대한 기업 신뢰도를 떨어뜨렸다. 그리고 투자와 고용을 저해해 결국 경제 전반에 악영향을 끼쳤다.

비록 우리의 적자가 최근 몇 년간 공공 투자에 대한 지원을 감소시켰을 것이고 2022년 경제는 부분적으로 적자 지출로 인해 상당한 인플레이션 압박을 경험했음에도 불구하고 불안정한 GDP 대비 부채 비율 그리고 적자와 관련된 리스크는 오랫동안 현실로 일어나지 않았다. 그리고 현재 재정 상황이 경제의 기초 여건과 일치하지 않는지 여부는 확신할 수 없지만, 우리의 현재 GDP 대비 부채 비율이

1946년 이후 최고치에 가깝다는 사실은 적어도 언젠가는 가혹한 수정 작업이 있을 수 있다는 것을 의미한다.

하지만 이런 리스크가 현실로 일어날 가능성에 관한 내 의견이 맞든지 틀리든지 간에, 이는 우리가 감수해야 할 리스크가 아니다. 코로나바이러스 팬데믹이 일어나기 전 GDP 대비 연방 세수가 완전 고용 경제의 역사적 평균보다 훨씬 낮았고 1990년대 경제 호황기의 수준보다도 훨씬 더 밑돌았다. 아직 충족되지 않은 인프라 요구, 빈곤 퇴치 프로그램 그리고 다른 중요한 투자를 위해 더 많은 돈을 빌리기보다는 점진적인 세금 인상을 통해 필요한 자금을 걷고 중장기 재정 상태를 서서히 개선할 수 있다. ― 나는 여기서 소득과 재산이 가장 많은 사람들에게 불균형적으로 부과되는 세금을 설명하기 위해 정치적 의미라기보다는 경제적인 의미에서 '점진적인'을 사용한다.

꼭 필요한 공공 투자를 계속하면서 세입을 늘리는 것이 재정 상태를 개선할 수 있는 유일한 방법은 아니다. 미국의 현재 GDP 대비 국가 의료 비용의 비율은 다른 선진국들의 비율보다 훨씬 높지만 더 나은 의료 결과는 없다. 이는 최소한 이론적으로는 환자 치료를 희생하지 않고 연방 의료 프로그램의 비용을 줄일 수 있는 기회가 있다는 걸 의미한다.

요약하자면 우리의 현재 GDP 대비 부채 비율의 장기적인 상황과 연계된 리스크를 계속해서 초래하는 대신 다양한 공공 프로그램을 계속 지원하기 위한 기금을 만들기 위해 현명하게 투자하고, 차입에 의존하기보다는 누진 과세를 통해 수익을 늘리고, 가능한 한 더 높은 효율성을 통해 비용을 줄여야 한다. 나는 이러한 접근을 채택하는 재정 정책 의제가 매파적이거나 비둘기파적이라고 생각하지 않는다. 하지만 이런 의제가 미국 경제가 장기적으로 성공할 수 있는 가장 좋은 위치에 놓일 거라 믿는다.

자금을 모으고 지출하는 걸 넘어 정부가 반드시 해야 하는 세 번째 역할이 있다. 이는 내가 '구조적 문제'라고 부르는 것을 설명한다. 약간 포괄적이 개념이고 많은 구조적인 문제들 역시 더 큰 공공 투자를 포함하기 때문에 중복되는 부분도 있다. 하지만 일반적으로 나는 입법 또는 행정부 규칙 제정과 같은 정부의 조치를 통해서만 효율적으로 해결될 수 있는 공공 투자가 아닌 문제들을 언급하려고 한다.

이런 문제 중 하나가 규제다. 규제 영역에서 심의는 분량의 문제를 수반하는 경우가 너무 많다. 제안된 규제나 이미 있는 규제의 장점보다는 "얼마나 많은 규제를 해야 하나?"라고 묻는다. 심지어 규제가 장점이 있다고 생각되어질 때조차도 토론은 비교적 규율이 없고 이데올로기적일 때가 잦다. 바로 이것이 내가 엄격한 비용 편익 프레임워크를 적용하면 효과가 좋을 거라고 생각하는 이유다.

클린턴 대통령과 오바마 대통령을 포함한 일부 과거 행정부가 이를 시도했다. 그들은 제한적인 성공만을 거뒀지만, 미래의 행정부도 계속해서 시도해야 한다. 이익이 클 수 있기 때문이다. — 성공 가능성을 높이기 위해서는 규제를 검토하는 연방관리예산국이 사용할 수 있는 인력과 지원을 크게 늘려야 한다.

민주당 동료 중 일부는 규제에 비용 편익 접근법을 사용하는 것에 회의적인 시각을 갖고 있다. 이 접근법이 과거에 기업들이 공익에 맞는 규칙을 피하는 데 사용되었고 결국 앞으로도 기업에 편향될 거라 우려하기 때문이다. 하지만 만약 정책 입안자들이 비용과 이익의 전 범위를 고려한다면 — 예를 들어, 규제가 경제적 불평등과 미래의 기후변화 비용을 줄일 수 있는지 — 나는 이것이 그런 경우가 될 거라 보지 않는다. 예를 들어, 기후변화로 인해 거대한 경제적 피해가 발생했다면, 비용 이익 접근법은 환경 규제를 약화시키는 게 아니라 강화시키는 방향으로 이끌어야 한다.

금융 부분에서 비용 편익 접근법은 그러한 규제의 필요성을 더 명확하게 하면서 더 효과적인 규제 정책으로 이어질 것이다. 나는 시장이 욕심과 두려움 때문에 과열된다고 믿는다. 골드만삭스에서 고위직을 맡기 시작했을 때부터 즉, 내가 마켓 리스크를 더 종합적으로 고려하기 시작하면서부터 시장 실패의 가능성을 더 낮추기 위해 설계된 재정 규칙을 지지했다.

효과적인 재정 규칙이 없다면 시장 조작, 시스템적으로 중요한 기관의 신용도 하락, 그리고 적절한 소비자 보호의 부재 같은 심각한 문제가 생길 수도 있다. 마지막으로 효과적인 금융 규제는 우리의 시장 기반 경제 시스템에 대한 지원을 증가시키는 이차적 이점이 있다. 규제는 사람들이 대체로 시장 기반 경제 시스템이 이익을 가져다주며 그들을 악용하지 않는다고 느낄 가능성을 증가시키기 때문이다.

시장 기반 경제 시스템을 향한 대중의 지지를 유지하는 것에 대한 마지막 요점은 종종 간과되는 것이다. 예를 들어, 노동 정책을 살펴보자. 내가 아는 많은 CEO는 노조에 반대한다. 하지만 나는 그건 실수라고 생각한다. 만약 CEO가 시장 기반의 경제, 유연한 노동 시장, 무역 자유화 그리고 성공적인 경제를 위한 여러 우선순위를 계속 지지한다면, 미국 국민은 이러한 정책들이 좋은 효과를 가져온다고 느낄 것이다. 노조는 사회의 모든 영역에 경제적 성장의 이득을 더 가져다줌으로써 대단히 중요한 역할을 할 수 있다. 나는 이 효과가 그 자체로 긍정적이라고 생각한다. 하지만 만약 당신이 동의하지 않더라도 우리 경제의 이익에 폭넓은 참여는 회사의 이득이기도 한 건전한 경제 정책에 대한 지원을 강화할 것이다.

기후변화와 마찬가지로 최근 몇 년간 소득불평등을 줄이는 중요성에 대한 나의 견해에 변화가 있었다. 많은 민주당원의 조언자였고 나중에 바이든 대통령의 경제자문위원회의 위원이 된 경제학자 헤더 부셰이Heather Boushey가 몇 년 전 내 사무실로 와서 이 문제에 관해 이야기하게 되었다. 당시 나는 널리 공유된 경제 복지가 훌륭한 경제 정책 수립의 주요 목적이라고 믿었지만, 경제 불평등 그 자체, 즉 상위층과 하위층의 격차를 줄이는 것은 주요 목적이 아니라고 생각했다.

하지만 헤더는 내가 전에 들어 본 적이 없는 아이디어를 제시했다. 불평등이 확대되면서 공교육, 보편적 의료 복지, 빈곤 퇴치 같은 나라 전체에 영향을 미치는 사회의 여러 측면에 그리고 정책 결과에 이해관계가 있다는 사실을 부유층이 더는 이해하지 못하게 되었다고 주장했다. 부유층은 막강한 정치적 영향력을 행사하므로 그 사실을 이해하지 못하면 국가가 그런 정책 결과를 충분히 추구하지 않도록 할 수 있다. 그러면 더 많은 사람이 시스템이 자신들을 위해 일하지 않는다고 느끼게 되고 시장 기반 경제에 대한 지지가 약화하게 된다. 게다가 불평등이 심해지면 사회적 마찰이 심해질 수 있다. 헤더는 소득 분배 전반에 걸쳐 생활 수준이 꾸준히 발전해도, 소득불평등은 우리 정부의 효율성, 경제력, 그리고 사회 응집력을 여전히 위협할 것이라고 나를 설득했다.

내가 보기에 헤더와의 대화는 구조적 문제에 비용 편익 분석을 적용하는 것이 중도적 접근법이나 진보 혹은 보수적 접근법이 아닌 이유를 보여 주는 사례다. 그건 상식인 것이다. 제안된 조치의 영향을 완전히 이해하기 위해 최선을 다하고 그 이해한 내용을 결정에 반영하는 것은 훌륭한 정책 결정에 반드시 필요하다. 그리고 엄격한 비용 편익 접근법에 가장 일반적으로 차용되는 대안은 — 이데올로기적 원인에 기여한다고 해석되는지에 따라 또는 사실과 분석에 철저히 근거하지 않는 의견을 기반으로 내린 결정을 기초로 함 — 이익이 되지 않는다고 생각한다.

그러나 비용 편익 프레임워크가 채택되고 연방 정부 전체에서 지지를 받더라도 정치적으로나 실질적으로 처리하기 어려운 구조적 문제는 언제나 발생할 것이다.

그 좋은 예가 무역이다. 많은 무역 정책을 뒷받침하는 오래된 이론은 비교 우위를 포함한다. 쉽게 말하자면, 각 국가의 경제는 다른 나라보다 더 낮은 비용으로 생산할 수 있는 상품과 서비스를 생산해야 한다. 그러면 각 나라는 이득을 얻기 위해 거래를 한다. 이것은 수입품의 가격을 낮추고 국내 생산자들의 경쟁을 증가시킨다. 그래서 가격이 낮아지고 소비자는 그들의 유효 구매력을 높일 수 있게 된다. 또한 생산자들의 투자 비용을 낮추고 미국 기업에 수출 기회를 창출하며 소비자에게 더 넓은 선택권을 제공할 뿐 아니라 상품과 아이디어의 열린 교환에서 오는 혁신을 촉진한다.

하지만 현실에서 무역 정책을 효과적으로 관리하기란 만만치 않은 일이다. 이는 부분적으로 무역은 많은 사람에게 작은 이득을 가져오는 경향이 있기 때문이다. 반면 적은 수의 사람에게는 높고 가시적인 비용을 초래한다. 외국 수입품을 들여오면 수천만의 미국인이 사용하는 일반 가전제품을 20달러 낮출 수 있지만, 그 가전제품을 만드는 노동자는 일자리를 잃게 된다고 가정해 보자. 전통적인 경제학자는 이 거래가 순이익을 가져온다고 지적할 것이다. 행동 경제학자는 인간은 이득을 얻는 것보다 손실의 회피를 훨씬 더 중요하게 생각하는 경향이 있다고 언급하면서 상황은 더 복잡하다고 말할지도 모른다. 그리고 약간 더 저렴한 가전제품에 대한 인정을 받을 가능성은 작지만, 일자리를 잃은 것에 대해 비난을 받을 수 있는 정치인들은 무역의 이익이 비용보다 더 크다고 주장할 수 있다.

내가 보기에 해결책은 무역을 포기하거나 비용을 무시하는 게 아니라 다양한 효과적인 프로그램으로 가능한 한 그런 비용을 최대한 줄이는 방법을 찾는 거라 생각한다. 그리고 지난 수십 년간 무역 정책을 공정한 시각으로 보면 우리가 이런 점에서 매우 부족했다는 걸 알 수 있다. 무역과 기술로 혼란에 빠진 사람들이 일자리를 다시 찾고 적합한 생활 수준을 확보할 수 있도록 돕기 위한 노력을 크게 확대하는 것은 인구의 생산성을 높이고 전반적인 경제 복지를 증진할 것이다. 이는 동시에 무역 정치를 실질적으로 발전시킬 것이다.

우리는 또한 무역의 이점이 인위적으로 부풀려지지 않도록 하기 위해 적절한 조치를 취해야 한다. 그냥 방치한다면 국가들은 일반적으로 받아들여지는 국제 무역 규범을 무시하면서 생산 비용을 낮추기 위해 불공정 거래에 나설 수 있다. 예를 들어, 특정 상품의 제조업자들에게 정부가 관대한 보조금을 제공할 수 있다. 단기적으로 보면 미국 소비자들이 수입품을 더 저렴하게 구매할 수 있다. 하지만 장기적으로 보면 이는 글로벌 경제 상황을 왜곡하고 특정 상품에 대한 우리의 생산 능력을 인위적으로 없애는 꼴이 될 수 있다. 그러면 우리가 경쟁할 능력이 더는 없을 때 처음에 비용을 낮춘 국가는 가격을 부풀려 미국 소비자에게 더 큰 피해를 줄 수도 있다.

다른 국가들도 미국보다 약한 노동력과 환경 기준을 고수함으로써 상품 가격을 낮출 수 있다. 나는 노동권과 환경 보호를 모두 굳게 믿는 사람이지만 노동권과 환경 보호 조항을 직접 무역 협정에 포함시킬지 여부는 장기적 토론의 대상이다.

이론적으로는 어떤 국가도 약한 환경 기준이나 약한 노동법 — 가령 노동자의 단체 교섭 능력을 불공정하게 약화시키는 것 — 때문에 무역 어드밴티지를 얻어서는 안 된다. 반면, 다른 국가들의 기준을 미국 수준으로 높이기 위해 그들을 자극하려고 무역 협정을 사용하기는 불가능할 것이다. 만약 미국이 무역 협상에서 손을 떼더라도 무역 협정이 성사되는 걸 막지는 못한다. 그건 해당 국가가 그들의 다른 파트너와 우선적으로 협정을 맺고 미국을 제쳐 두는 것을 의미할 뿐이다.

규제 정책과 무역은 정책 입안자들이 해결해야만 하는 복잡한 구조적 이슈의 두 가지 예일 뿐이다. 형사사법제도와 기후변화의 위험 감소처럼 이 책에서 논의된 많은 다른 이슈를 해결하는 것과 더불어 포용적 성장은 K~12[8] 교육 정책과 자금, 21세기 미국의 노동력을 준비하기 위한 훈련 프로그램, 빈곤 극복, 시민권을 취득하는 경로 확보와 노동자들의 유입을 위한 이민 시스템 개혁 등과 같은 다양한 분야로 확장되어야 한다.

물론 정책 입안자들이 확대된 공공 투자, 건전한 재정 정책, 구조적 문제에 대한 조치를 통해 포용적 성장을 진심으로 수용한다 해도,

---

8 　K~12 : 유치원~고등학교

경제 정책 수입은 논란의 여지가 있는 토론의 주제가 될 것이다. 시장이 스스로 잘하는 것은 무엇이고 잘하지 못하는 것은 무엇인가? 공공 투자에서 어떤 영역을 우선순위에 놓아야 하고 우리는 얼마를 투자해야 하며 어떻게 지불할 것인가? 구조 개혁은 시장 원리에 의해 발생하거나 해결되지 않고 남겨진 주요 과제를 어떻게 해결할 수 있을까? 경제적 불평등을 줄일 수 있는 최고의 방법은 무엇일까?

간단한 답은 없다. 지적 정직성, 엄격한 적용, 가능한 최고의 정책 수립 과정으로 이러한 문제들에 접근하는 다른 사람들은 그럼에도 불구하고 서로 매우 다른 장소에 이를 것이다. 하지만 적어도 우리는 올바른 질문을 던질 수는 있을 것이다. 그리고 나는 만약 우리가 단순화한 꼬리표와 이데올로기적 카테고리를 제쳐 두고 우리가 달성하고자 하는 결과에 초점을 맞춘다면, 정책 토론의 현 상태보다 훨씬 더 많은 협상의 여지와 타협의 기회들을 찾을 거라 믿는다.

10장

모든 결정은
개념에 의존한다

"하지만 중요한 결정을 해야 하는 순간이라면
잠깐 멈춰서 이런 질문을 던져 보아야 할 것이다.
'우리가 확인해야 할 기본적인 질문이 있을까?'"

히틀러가 악의 화신일까, 라는 질문에 우리는 모두 고개를 끄덕일 것이다. 하지만 이런 질문은 어떨까. 우리의 이 생각을 객관적으로 증명할 수 있을까?

이런 질문을 하면 옆에 있던 친구가 슬금슬금 자리를 피할 수도 있다. 이런 현상은 제2차 세계대전이 끝나고 20년이 채 안 됐을 무렵인 1960년대 초반 특히 심했다. 그나마 나는 로스쿨에 다닐 때라 그랬는지 학생 휴게실에서 이와 비슷한 질문을 던지고는 했다. 신나서 이런 토론에 뛰어드는 친구들도 있었지만, 특히나 답이 뻔히 보이는 질문에는 흥미를 보이지 않는 친구들도 있었다.

깊이 사고하기로 둘째가라면 서러운 사람들로 가득 찬 방에서도 나는 정의적이거나 철학적인 질문은 거의 오고 가지 않는다는 걸 깨달았다. 예를 들면, 클린턴 정부 시절, 대통령 고문단은 도시 정책과 관련된 문제를 논의하기 위해 루스벨트 방에 모였다. 고문들은 도시를 어떻게 지원할 것인지, 경제를 어떻게 성장시킬지, 적절한 사회 서비스를 어떻게 제공할 것인지 같은 문제를 두고 저마다 의견을 제시했다. 행정부에서 벌이는 토론이 대체로 그렇듯 분위기는 뜨거웠다. 이를 가만히 지켜보던 내가 마침내 손을 들었다.

"'도시'라는 건 정확히 뭘까요?"

웨스트 윙의 반응은 아마도 이 책을 읽는 독자가 보일 반응과 비슷했다. 내가 왜 그런 질문을 했는지 궁금해하는 사람도 있었고 관계없는 질문이라고 생각하거나 답이 뻔하다고 생각하는 사람도 있었다. 하지만 점차 우리는 '도시'가 정말로 무엇을 뜻하는지 토론하기 시작했다. 수도권을 말하는 것인가? 시장과 시의회가 있는 지역을 뜻하나? 인구 밀도는 어느 정도여야 하나? 국가가 정한 기준에 따라 도시로 지정된 지역인가?

토론 결과, 도시 정책에 가장 적합한 접근법은 도시를 어떻게 정의하느냐에 따라 달라지는 것으로 드러났다. 하지만 이유가 뭐였든 루스벨트 룸에서 진행되던 토론은 이 단계를 밟지 않았다. 정확히 무엇을 토론하는지 정의도 내리지 않은 채, 중요한 정책을 토론하고 있었던 셈이다.

이런 일은 생각보다 자주 일어난다. 지적 성실성으로 무장한 의사 결정 과정에서조차 이 단계를 건너뛰는 경우가 왕왕 있다. 그건 바로 기본적인 질문을 하는 것이다.

근본적인 사실을 묻는 과정을 반드시 거쳐야 하는 건 아니다. 사실 정보를 바탕으로 한 결정은 그런 질문을 하지 않고 내리는 경우도 많다. 하지만 기본적인 질문이 '중요할 때'는 의사결정 과정에 없어서는 안 되는 요소가 된다. 이런 경우 내막을 알아보는 것이 실용적이다. 그러면 더 좋은 판단을 내릴 수 있고 당신의 판단을 더 잘 뒷받침할 수 있다. 만약 당신이 이런 경우에 기본적인 질문을 하지 않았다면 중요한 토론은 그냥 이어질 것이고 뒤따라 나온 결정은 불확실한 기반 위에 내려질 것이다.

기본적인 질문이 언제 도움이 되는지 판단할 수 있는 체크리스트 같은 건 없다. 하지만 중요한 결정을 해야 하는 순간이라면 잠깐 멈춰서 이런 질문을 던져 보아야 할 것이다. "우리가 확인해야 할 기본적인 질문이 있을까?"

기본적인 질문이 의사결정자에게 큰 도움이 될 수 있음에도 이를 건너뛰는 데는 몇 가지 이유가 있다. 첫째, 기본적인 질문은 언뜻 보기에는 간단히 합의할 수 있는 토론 주제를 복잡하고 시간을 잡아먹는 주제로 만드는 경향이 있으므로 꺼릴 수 있다. 루스벨트 룸의 예로 다시 돌아가자면, 만약 사람들이 뉴욕과 디트로이트가 모두 똑같은 도시라는 견해에 동의했다면 아마도 더 깊게 논의할 필요를 느끼지 않았을 것이다.

기본적인 질문을 하는 건 토론의 주제를 제기하기보다는 그냥 의견을 말하는 것으로 인식될 때가 있다. 좀 전에 로스쿨에서 히틀러가 악의 화신임을 객관적으로 증명할 수 있는지 물었을 때 나는 나의 개인적인 견해를 밝히지 않았다. 대부분 사람처럼 나도 히틀러가 악의 화신이라고 믿는다. 하지만 어떤 의견을 강하게 믿으면서도 기꺼이 점검해 보려는 태도는 가능하기도 하고 종종 중요하기도 하다. 이 경우, 나는 누군가가 악하다는 말은 정말로 어떤 의미인가 하는 질문을 던지려고 했다.

마지막으로, 의사결정자는 기본적인 질문을 점검할 시간이 없다고 생각하기에 자주 건너뛰고는 한다. "도시가 뭔가요?"라는 질문은 로스쿨의 학생 휴게실에서 나올 법한 질문처럼 들린다. 루스벨트 룸에 모였던 사람들이나 중요한 결정을 내리는 토론에 참여한 사람들은 그들의 시간을 더 긴급하고 구체적인 사항에 집중해야 한다고 느낄 수 있다.

기본적인 질문을 무시하는 이유는 이 외에도 더 많이 있지만, 중요한 사례에서 기본적인 질문을 무시하는 건 실수라고 생각한다.

물론 이 질문은 그 자체로 기본적인 질문을 낳는다. 기본적인 질문이란 정확히 무엇인가?

나는 기본적인 질문을 이렇게 정의하겠다. 보통은 토론 일부가 되지는 않지만, 토론의 기초가 되는 질문을 탐험하게 해주는 것이다. 이런 관점에서 보면, 기본적인 질문은 몇 가지 독특한 특징이 있다.

첫째, 기본적인 질문은 당면한 결정과 관련된 대화를 넓게 하고 깊게 한다. "도시란 무엇인가?"라는 질문은 단지 흥미로운 질문일 뿐 아니라 유용했다. 논의되고 있는 주제가 도시 정책이었기 때문이다.

기본적인 질문은 세부적인 사항보다는 개념을 포함하는 편이지만, 실제적인 세부 사항과 거리가 너무 멀어서는 안 된다. 몇 년 전, 하버드 교수에게 이런 이야기를 들었다. 그는 우리가 현실로 인식하는 것이 존재한다는 사실을 궁극적이고 형이상학적인 의미로 증명할 수 없다는 과학자들의 사고방식을 대단히 잘 알고 있다고 했다. 그건 대단히 흥미로운 탐구 주제다. 하지만 "우리가 인지하는 현실이 실제로 존재하지 않는다면?"이란 질문은 대부분 토론에서는 유용한 질문이 아니다. 현실에서 내리는 결정은 우리가 그 질문을 하든 안 하든 똑같을 것이다.

기본적인 질문은 또한 묻는 방식으로 정의된다. 그건 바로 진지하고 순수한 탐구 방식이다. 질문을 수사적 장치로 사용해서는 안 된다. 만약 누군가 자신이 얼마나 똑똑한지 증명하기 위해 질문을 던지거나 다른 누군가 미처 생각하지 못한 부분을 생각해 냈다며 과시하거나 다른 이의 주장과 상관없는 질문을 한다면 생산적인 토론으로 이어지기는 힘들 것이다. 그리고 당연하게도 다른 사람들은 그 질문을 불쾌하게 여길 가능성이 크다.

거스 레비가 사망한 후 골드만삭스의 공동 수석 파트너가 된 존 화이트헤드는 비즈니스 영역에서 기본적인 질문의 가치를 이해하는 듯했다. 그는 이렇게 묻길 좋아했다. "우리 산업은 어떤 목적을 위해 일하는가?" 그리고 자신의 의견으로 금융 산업은 자본 제공자와 자본 사용자 사이의 중재자라고 밝혔다.

존의 의견에 동의하는 사람도 있을 것이고 동의하지 않는 사람도 있을 것이다. 하지만 다른 사람이 어떻게 대답하든 간에 이 질문은 금융 시장과 정책에 관심이 있는 사람이라면 꼭 생각해 보아야 한다. 규제의 문제를 예로 들어 보자. 이전에 나는 레버리지를 제한하기 위한 마진과 자본 요건, 파생상품 규제, 기업 공개, 그리고 소비자 보호를 포함해 금융 산업의 효율적인 규제를 강하게 믿는 사람이라고 말했다. 그리고 금융 시장이 어떤 목적을 갖고 일해야 하는지에 대해 자신만의 견해를 갖고 있다면 그 목적을 이루기 위한 규제를 설계하는 데 도움이 된다고 믿는다.

다른 경우에 기본적인 질문은 깊은 사고력을 갖춘 사람들 사이에서조차 진실을 드러내고 예측을 되짚어 보게 한다. 2013년 나는 고든 브라운 전 영국 총리로부터 그가 의장을 맡고 뉴욕대가 후원하며 카네기 코퍼레이션의 UK 트러스트가 일부 자금을 지원하는 인권위원회에 참석해 달라는 부탁을 받았다. 그가 스마트하고 사려 깊은 사람이라고 생각했던 나는 가겠다고 대답했다. 고든은 1948년 세계인권선언을 재검토하고 21세기에 맞게 갱신하는 방법을 제안하는 위원회 프로젝트를 위해 다양한 인물들을 모았다.

위원회는 전화와 이메일로 주로 연락했으며 가끔은 직접 만나기도 했다. 대부분 회원은 내가 생각했던 것보다 인권에 대해 더 자주 생각했고 토론은 활발히 이루어졌으며 시사하는 바가 컸다.

그와 동시에 나는 중요한 무언가가 당연히 여겨지고 있다는 느낌이 들어 놀랐다. 과연 인터넷에 접속하는 게 인권인지 그리고 휴식과 여가를 즐길 수 있는 게 인권인지 등에 대한 논쟁이 활발히 벌어지고 있었다. 하지만 토론이 계속되면서 나는 큰 그림을 묻는 중요한 질문을 해야겠다는 생각이 들기 시작했다. 그래서 내부적으로 보고서 초안이 돌았을 때 위원회에 이렇게 물었다.

"인권이란 무엇일까요? 어디에서 온 거지요? 결국 무엇을 의미하고 무엇에 근거를 두고 있습니까?"

우리 그룹의 일부 회원들은 이 질문에 기꺼이 답변했지만 어떤 사람은 내가 좀 건방지다고 느꼈을지도 모르겠다.

내가 약간 도발적인 질문을 던진 건 알고 있었지만 내 의도는 사실 사람들을 도발하지 않는 것이었다. 예를 들어, 나는 토론에 참여했던 모든 사람이 인터넷 접속을 가능한 한 많은 사람이 누려야 하는 혜택으로 보며 보편적인 인터넷 접속은 사회의 광범위한 이득으로 이어질 거로 동의한다고 생각했다. 하지만 인터넷 접속이 인간의 권리일까? 이 질문은 토론할 가치가 있다. 하지만 인권이 무엇인지 또는 어디서 유래했는지를 먼저 점검하지 않고는 생산적인 방식의 토론은 힘들 것이다.

또한 "인권은 무엇이고 어디에서 유래했나?"라는 질문을 던지다니, 내가 인권을 존중하지 않는다고 의심하는 사람도 있을 수 있겠다. 하지만 그건 사실이 아니다. 나는 인권이 대단히 중요하다고 믿으며 정부는 국민의 권리를 보호해야 하고 정부와 NGO, 국제기구는 전 세계의 인권을 증진해야만 한다. 동시에 그런 질문을 던지는 걸로 미루어 짐작할 수 있듯, 나는 인권이 객관적 근거보다는 주관적 기준을 갖고 있다고 믿는다. 사실 인권의 목록은 어디 하늘에 쓰인 것도 아니고 인간이 만들어 낸 것이다. 내가 인권을 믿는 이유는 인권을 토론하고 정의하는 사람들과 인권이 따로 존재한다기보다는 나 자신이 인권을 갖고 살고 싶고 사회에는 인권이 있어야 한다고 생각하기 때문이다.

이는 사람들이 인권의 본질에 대해 강한 의견을 갖거나 지지해서는 안 된다는 말이 아니다. 그 의견이 철학적이든 종교적인 믿음이든 아니면 다른 곳에서 나온 것이든 말이다. 어떤 사람들은 자신의 도덕적 기준이 보편적이라 딱히 증명할 필요가 없다는 틀린 가정을 한다. 어떤 이는 사람마다 의견이 다르다는 건 인지하면서도, 자기 자신의 견해의 정당성에 넘치는 자신감을 갖기도 한다.

기본적인 질문의 중요성

사람들의 관점이 다양하다는 사실은 의사결정 과정에서 꼭 고려해야 하는 요소다. 예를 들어, 인권위원회는 전세계에서 하는 것보다 훨씬 더 폭넓게 세계인권선원을 확대하려고 했다. 이는 위원회에 선출된 사람이 무엇을 믿는가만을 묻는 게 아니라 국적, 종교, 관점이 다른 사람이 무엇을 믿는지 묻는 것이 중요하다는 뜻이다. 우리가 각각의 의견에 동의할 필요는 없지만 그런 의견도 존재한다는 걸 인식해야 한다고 생각한다. 그리고 어떤 경우에는 우리가 정한 인권의 개념에 다양한 의견을 포함할지 아닐지를 고민해 보아야 한다.

기본적인 질문을 확인하는 것은 인권과 같은 영역에 대해 나의 의견을 형성하는 데 도움이 되었을 뿐 아니라 시간이 흐르면서 유연성을 길러 주기도 했다. 10년 전만 해도 나는 다른 나라에서 인권 침해가 벌어진다면 비극적인 일이고 반대해야 하겠지만, 인권은 국내에서 보호해야 할 문제고 전 세계 인권의 상태는 미국의 국익에 의미있는 방식으로 영향을 주지 않는다고 말했을 것이다.

하지만 오늘날 나의 관점은 달라졌다. 지난 수십 년간 러시아에서 사우디아라비아와 중국에 이르기까지 주요 국가들의 인권은 계속해서 악화되고 있다. 이제 인권 쇠퇴 현상은 미국의 국가 안보에 위험을 초래하기도 하며 인권을 더 존중하는 국가는 그렇지 않은 국가보다 덜 위험하다고 볼 수 있다. 또한 우리가 기본적으로 인권을 중시하는 국가와 경제 문제, 기후변화 및 다른 심각한 문제를 건설적으로 협력할 수 있는 좋은 기회가 있었고 앞으로도 그럴 것이라고 생각한다.

그럼에도 불구하고 나는 여전히 미국이 실용적이어야 한다고 믿는다. 예를 들어, 만약 내가 중국 정부와 협상을 해야 하는 미국 정부 관리라면, 중국이 위구르 소수민족을 어떻게 대하는지에 따라 관계를 결정하지는 않을 것이다. 분명 중국의 태도를 찬성하지 않지만 승인하기 때문이 아니라 미국이 태도를 바꾸기 위해 실제로 할 수 있는 게 거의 없다고 생각하기 때문이다.

미국의 이익은 기후변화, 핵무기, 무역 및 투자 규범 등과 관련해 중국과의 건설적인 관계를 형성하는 것에 있다. 하지만 나는 중국이 위구르에 대한 정책을 바꾸는 데 미국이 어느 정도 영향력을 행사할 것인지에 대해 현실적이어야 한다고 믿는다. 만약 중국이 정책을 바꾼다면 미국과 더 좋은 기반을 다질 수 있을 것이다.

마지막으로 나는 기본적인 질문을 하면 더 효율적인 지지자가 될 수 있다고 생각한다. 예를 들어, 인권 보호가 취약한 국가의 고위급 관리를 만날 예정이라고 가정해 보자. 그리고 대화 주제로 인권이 나올 가능성이 크다. 만약 내가 도덕 절대론자라면 인권을 존중해야 한다는 나의 주장은 아무리 간절히 얘기해도 빙빙 도는 말이 될 것이다. 다시 말해 "인권 존중은 중요하기 때문에 우리는 인권을 존중해야 합니다"하는 식이다.

반면 도덕성을 믿으면서도 객관적인 근거보다는 주관적인 근거가 있다고 믿는 사람이라면 사례 준비를 더 철저히 하는 계기가 될 거 같다. 우선 인권의 역사를 광범위한 관점으로 볼 수 있는 인물들을 모을 것 같다. 그리고 인권이 어떻게 미국에 도움이 되었는지, 인권이 어떻게 존재했고 존재하지 않았는지, 역사를 통해 다른 나라에 어떤 도움이 되었는지를 토론할 것이다. 그런 다음, 준비를 철저히 해서 인권이 옳고 그름의 문제일 뿐 아니라 국가 이익의 문제라는 주장을 할 수 있게 무장할 것 같다. 이런 가상의 시나리오에서 내가 고위급 관리를 설득할 수 있을지는 잘 모르겠다. 하지만 인권이 객관적으로 증명할 수 있고 뻔한 얘기라고 생각하는 사람보다는 더 설득력이 있을 거라 믿는다.

한때 우리 사회가 대체로 합의했던 주제들을 둘러싸고 다시 치열한 공방전을 벌이게 되면서, 기본적인 질문의 중요성은 오히려 더 커진 듯하다.

예를 들어, 많은 미국인, 특히 젊은이들은 내가 1990년이나 심지어 2000년대 초반의 젊은이들에게서 목격하지 못했던 강도로 시장자본주의의 사회적, 경제적 가치에 깊은 의문을 제기하고 있다. 분명히 밝혔듯 나는 어떤 사람이 자본주의를 의심한다거나 심지어 거부한다고 해도 전혀 개의치 않는 사람이다. 하지만 어떤 판단이라도 자신의 의견을 더 잘 파악할 수 있는 기본적인 질문을 점검하는 과정을 거쳐야 한다.

전체적인 자본주의 토론의 일부라고 할 수 있는 사회에서 기업의 역할을 살펴보자. 대기업이 사회에 이익이 된다고 생각하는 사람도 있는 반면, 해를 가져온다고 생각하는 사람도 있다. 이 질문에 내가 대담한다고 해서 증명할 수 있는 옳은 의견을 세웠다고 할 수는 없다. 이런 종류의 문제는 그 어떤 의견도 완전히 객관적으로 옳지 않기 때문이다.

하지만 내가 우려하는 부분은 의견의 양 끝에 있는 사람들이 기본적인 질문인 "기업은 어떤 역할을 해야 하는가?"에 대해 충분히 고민하지 않은 채 결론에 이를 수 있다는 것이다. 기본적인 질문을 점검하면 문제를 더 깊이 탐색하게 되고 더 철저하고 세밀한 방식으로 의견을 형성하게 되리라 확신한다.

나는 기업은 법이 정한 범위 내에서 장기적인 이익을 추구해야 한다고 믿지만, 시장원리주의자는 아니다. 내 견해는 우리 사회가 성공하려면 강하고 효과적인 정부 ― 기업 이익과 개인 소득에 세금을 부과하고 사회 안전망을 효과적으로 유지하며 건전한 재정 정책을 제공하고 다른 여러 문제도 해결하는 정부 ― 가 늘 필수라는 것이다. 이런 맥락에서 경쟁력 유지, 각종 사기 방지, 불평등 감소, 기후변화 대처 그리고 시장이 스스로 해결할 수 없고 정부가 감당할 수 있는, 또한 감당해야만 하는 대단히 중요한 문제들이 산적해 있다.

동시에 한 사회가 일자리를 창출하고 국민의 생활 수준을 높이며 공공 투자에 자금을 지원하고 지정학적 이득을 보호할 수 있을 정도로 충분한 과세 기준을 만들려면 건전한 정책과 더불어 건강한 경제 성장은 필수이다.

달리 말하면, 기업은 장기 수익성이 그들에게 이익이 되기 때문에 추구한다. 동시에 기업이 목표를 이룬다면 그건 사회의 이익이기도 하다. 기업은 사람들의 생활 수준을 높일 수 있고 공공 투자와 사회 안전망을 위한 더 많은 수입을 낼 수 있는 전반적인 경제 성장에 기여하기 때문이다. 물론 이러한 이점이 있다고 해서 모든 기업 행위를 다 정당화해서는 안 된다. 기업은 반드시 회사와 세금 이익, 개인을 규제하고 공적 자금을 현명하게 투자하기 위해 합리적이고 적절한 정책의 프레임워크 내에서 기능해야만 한다. 하지만 그 이점이 무시되거나 과소평가 되어서는 안 된다.

기업이 장기 수익을 추구해야 한다는 내 견해는 기업이 경제 성장을 창출하는 건 잘할 수 있지만, 글로벌 또는 국가 차원의 주요 사회 문제를 해결하는 건 그만큼 잘할 수 없다는 믿음에 근거한다. 이는 규모의 문제이기도 하다. 거대한 공급망에 영향을 끼치는 대기업들도 미국이 가진 문제의 규모에 비하면 아주 작은 영향만 끼칠 수 있다. 기업은 단순히 정부가 가진 범위와 규모를 가지고 있지 않다. 또한 미국 사회에서 시급한 문제를 가장 효과적으로 해결할 수 있는 수단이나 접근법도 없다. 심지어 월마트나 아마존 같은 거대 기업도 세금이나 규제를 부과할 수 없고 정부처럼 공공 투자도 할 수 없다.

민간 기업들도 주요 국가적 또는 국제적 문제를 맡기에는 형편없는 후보가 될 수 있다. 그들은 항상 투자자, 주주와 소유주의 이익을 광범위한 사회 목표보다 더 위에 놓으려는 강한 욕구를 느낄 것이다. 많은 기업이 사회적 사명을 내세우지만, 그 사명을 위해 실제로 수익의 상당 부분을 회생할지는 의심스럽다.

중요한 점은 장기적 이익의 동기는 많은 사람의 예상보다 훨씬 더 자주 공공 이익의 목표와 일치한다는 것이다. 예를 들면, 기업은 청정에너지를 사용해 장기적으로 에너지 비용을 줄일 수 있다. 또는 고객의 가치에 맞는 일련의 가치를 표현함으로써 — CEO의 공개 성명, 마케팅 캠페인, 회사의 소셜 미디어 또는 다른 수단을 통해 — 브랜드를 성장시키고 결과적으로 수익을 증가시킬 수 있다. 최근 몇 년간 비즈니스 리더들이 기업 측에서 기후변화의 논쟁을 찬성하는 쪽에 서서 그 문제를 진지하게 생각한다는 것을 보여준다면, 더 뛰어난 젊은 인재를 모집할 수 있을 거라 말하는 걸 들었다. 이런 경우 기후변화에 대응하는 것은 회사의 장기적인 이익 창출에 목표를 두는 것이다. 달리 말하면, 공공 문제에 참여하는 일부 방식은 회사 이익에 해가 되는 논쟁을 일으킬 수 있지만, 고객과 신뢰를 쌓거나 지역 사회의 호의를 얻거나 브랜드의 경쟁 우위를 확보할 수 있는 방식도 있는 것이다.

나는 또한 극히 일부의 경우 — 비금융적 고려사항이 규모뿐 아니라 종류에서 차이가 클 때 — 기업 이익의 동기가 더 중요할 때도 있다고 생각한다. 예를 들어, 블라디미르 푸틴이 2022년 초 우크라이나 침공을 시작한 뒤 내가 어떤 기업을 운영했다면 아마도 러시아에서 사업을 중단하는 것을 선택했을 것이다.

많은 직원이 푸틴의 극악무도함과 핵 위협에 동조하는 듯한 회사에서 일하지 않기로 선택할 수 있다는 사실을 포함해, 사업을 중단하기로 한 데는 쏟아지는 세상의 평가도 신경 쓰였을 것이다. 하지만 이렇게 생각하지 않더라도 푸틴의 행위는 비난받을 만하고 그가 세계에 끼친 위협은 매우 심각하기 때문에, 기업은 장기적 이익을 좇아야 한다는 나의 통상적인 견해에 예외를 둘 것 같다.

하지만 이런 사례조차도 강하고 효과적인 정부의 중요성을 보여준다. 기업들은 개인적인 선택을 통해 러시아 경제나 푸틴의 외교 정책에 영향을 미칠 수 있다. 하지만 그런 선택은 정부 정책이 미치는 효과와는 비교가 되지 않는다. 나는 기업들이 장기적인 수익을 추구해야 한다는 아이디어에 예외가 있을 수 있다는 점을 인지하고, 나아가 어떤 것을 예외로 둘지는 개인적인 판단이라는 점 또한 인지하지만, 이러한 예외는 대단히 드물어야 한다고 믿는다.

하지만 기업들이 주주를 위해 장기 수익을 극대화해야 하고 정부는 최대한 적게 개입해야 한다는 자유주의적 견해에는 동의하지 않는다. 사실 내 견해는 180도 다르다. 나는 기업들은 주주를 위해 장기 수익을 추구해야 하고 정부는 법안을 통과시키고 기업이 할 수 있는 일을 제한하기 위해 규제를 내리는 등 시장이 할 수 없거나 하지 않는 일을 적극적으로 해야 한다고 생각한다.

달리 말하면, 기업들이 주요 사회 문제를 해결하는 데 제한적인 역할을 해야 한다는 내 의견은 정부가 훨씬 더 많은 일을 해야 한다는 의견과 밀접한 관련이 있다.

이 개념적 프레임워크를 현실 세계에 적용하면 그 자체에서 문제가 발생한다. 예를 들어, 만약 이유가 무엇이든 정부가 제 역할을 다하지 못하고 주요 업무를 끝내지 못한다면 어떤 일이 벌어질까? 기업들이 수익성을 최대화하기 위한 제일 비용 효율적인 방법이 — 예를 들면 — 로비 활동을 통해 일반 대중을 대신해 정부의 기능을 방해하는 것이라면 무슨 일이 일어날까?

이런 질문들은 지난 20년간 더 시급해졌다. 비록 선거 자금 개혁과 같은 특정 구조 변화가 분명 도움이 될 테지만 나는 이런 질문들에 답을 갖고 있지 않다. 또한 명확한 해답이 없는 상황에서 이런 질문에 대해 고민한다면 의사결정자는 사회에 가장 이득이 되는 방식으로 문제를 해결할 최고의 가능성을 얻을 거라 믿는다. 예를 들어, 만약 기업이 정책에 과도한 영향력을 행사하도록 허용했을 때, 정부의 효율성이 떨어진다면, 정치에서 기업 영향력을 줄이는 게 사회의 이익을 위해 낫다는 결론이 날 것이다. 이와 유사하게, 광범위한 사회적 목표에 맞는 행동 조치를 시행할 것인지 결정할 때 기업, CEO와 직원들은 기능적 정부의 존재 여부를 고려하는 것이 합리적일 수 있다. 동시에 기업 활동으로 촉진된 광범위한 경제 성장이 창출할 수 있는 잠재적인 가치를 과소평가하지 않도록 조심해야 한다.

한때 결론이 난 주제였지만 최근 몇 년간 새로운 면이 더해지고 더 긴급한 문제로 떠오른 또 다른 토론 주제는 민주주의 존립 자체에 대한 것이다. 민주주의를 믿고 민주주의 보호를 중요시하는 이들은 이 주제에 기본적인 질문을 제기하는 것만으로 불쾌해할 수 있다. "그 어떤 상황이라도 민주주의가 정부의 최선의 형태일까?"라는 질문의 대답은 아무리 희박한 가능성일지라도 '아니오'일 수 있다. 전세계의 많은 국가가 민주주의에서 멀어지고 이 글로벌 트렌드를 이끄는 세력이 미국을 위협하는 지금, 이는 고민스러운 질문이다.

그래도 나는 그 질문은 던질 만한 가치가 있다고 본다. 민주주의를 지키는 것은 매우 중요하며 국내외에서 보이는 위협은 우려스러운 수준이다. 또한 나는 민주주의가 아닌 다른 형태의 정부 아래에서는 살고 싶지 않다. 하지만 인권이라는 게 하늘에 쓰인 것도 아니며 그 함축된 의미를 고민하는 것이 중요하다고 생각하는 만큼, 민주주의가 절대적 의미나 보편적 의미에서 정부의 다른 형태보다 정말로 나은지 자문해 보는 것은 중요하다.

나는 민주주의가 대중의 이익을 위해 가장 일을 잘하는 정부를 제공하고 또한 내가 포기하고 싶지 않은 기본적인 자유를 가장 많이 준다고 믿기 때문에 민주주의를 지지한다. 하지만 민주주의가 다른 제도보다 낫다는 나의 의견은 내 믿음이 얼마나 확고하든 그리고 도덕적, 실용적 근거로 잘 뒷받침되었든 의심의 여지가 없는 사실이라기보다는 하나의 의견일 뿐이다.

이점이 매우 중요한 이유는 의사결정자들과 정책 사상가들이 민주주의에 대한 어떤 점이 다른 정부의 형태보다 더 선호되는 것인지 정확히 파악하는 데 도움이 되기 때문이다. 하지만 민주주의의 가장 덜 효과적인 비전 그리고 유리한 경제적 조건과 사회적 안정성을 효과적으로 제공하는 권위적인 정부의 버전 사이에서 하나를 선택해야 한다면 어떤 사람들은 전자보다는 후자를 선택하기도 한다.

내 의견은 민주주의가 대중의 지지를 얻고 장기간 안정적으로 유지되려면 시민들의 삶을 증진하는 데 효과적이어야 한다는 것이다. 그리고 이 조건이 충족된다면 민주주의는 여러 실용적인 이유로 권위주의적 체제보다 더 선호된다. 나는 특히 민주주의가 경제 성장과 광범위한 경제 복지와 연계되어 왔기 때문에 그 역사가 지금까지 이어져 왔다고 생각한다. 민주주의만으로는 경제의 성공이나 실패를 설명할 수 없고 모든 민주주의는 불완전하다. 하지만 다음 사실은 변치 않고 남아 있다. 전반적인 생활 수준과 안정성이 가장 높은 수준의 현대 경제 국가 대부분은 민주주의를 채택하고 있다.

— 이런 맥락에서 중국은 복잡한 경우다. 중국은 한편으로 지난 40년간 많은 분야에서 대단한 경제 성장을 기록하고 국민을 가난에서 벗어나게 했고 현대 산업을 발전시키는 데 큰 성공을 거둔 독재 국가다. 다른 한편으로 그들만의 거대한 경제 문제와 사회 문제를 가진 중국이 앞으로 어느 정도의 경제 성장률을 달성할 수 있을지 그리고 국민의 전반적인 생활 수준을 유럽이나 미국 수준으로 올릴 수 있을지는 두고 볼 일이다.

어떤 면에서 보면, 독재적 국가와의 경제적 경쟁은 민주주의와 관련해 '효과적'이고 '안정적'이라는 중요한 단어를 더 강조하게 한다.

결국 당신이 민주주의가 그 어떤 체제보다 언제나 더 낫다고 생각한다면 국가의 선택을 이진법으로 볼 가망성이 크다. 즉, 국가가 민주적이면 좋고 민주적이 아니면 나쁜 것으로 보는 것이다.

민주주의가 훨씬 더 우월한 형태의 정부 체제라고 믿는 사람들에게조차도 현실 세계는 더 복잡하다. 예를 들어, 모든 민주주의가 국민에게 의미 있는 혜택을 주거나 정치적 혼란을 해결하는 데 효과적인 체제가 아니라는 걸 인지한다면, 정부를 민주주의 형태로 바꾸려고 하거나 민주주의 정부를 강요했던 그토록 많은 국가가 시간이 흘러 민주주의를 유지할 수 없었다는 사실에 덜 놀라게 될 것이다. 자연스럽게 떠오르는 실제적인 질문은 이것이다. 더 효과적이며 안정적인 민주주의가 출현하려면 어떤 조건이 필요할까?

많은 전문가가 이 질문의 해답을 오랫동안 연구하고 결과를 고심해 왔다. 나는 2011년 외교관계위원회 위원장이었던 리처드 하스와 나눴던 대화를 기억한다. 그때 중동 국가에서 수백만 명이 아랍의 봄[1] 동안 독재에 대항해 봉기를 일으켰다. 내가 리처드 그리고 그와 비슷한 사람들에게 받은 인상은 이러한 운동은 — 더 큰 자유와 기회를 향한 욕망의 고무적이고 희망적인 신호이긴 했지만 — 끝이 좋지 않을 거라는 거였다. 하지만 많은 다른 사람은 효과적이고 안정적인 민

---

[1] 아랍의 봄Arab Spring: 2010년 튀니지에서 시작되어 아랍 중동 국가 및 북아프리카로 확산된 반정부 시위의 통칭

주주의를 위해서 어떤 조건이 가장 좋은지에 대한 질문을 부적절하게 평가했고 그러므로 지나치게 낙관적인 결론을 도출한 것으로 보인다.

민주주의에 관한 지나치게 단순한 관점이 9/11의 여파로 자리를 굳힌 듯 보인다. 만약 효과적이고 안정적인 민주주의는 사실 이루기 쉽지 않고 늘 환영받는 건 아니라는 걸 인지했다면, 미국은 2000년대 초에 더 겸손히 행동했을 것이다. 하지만 그 대신, 민주주의가 객관적으로 우월하다는 믿음 때문에, 그러므로 거의 모든 나라에서 확립되고 유지되어야 한다는 믿음 때문에 우리는 거의 20년 동안 이라크와 아프가니스탄을 안정적이고 기능적인 민주주의 국가로 바꾸기 위해 시도했고 그 일이 대단히 어려운 것으로 밝혀졌을 때 놀라고 말았다.

마지막으로 민주주의는 안정적이고 효과적이어야 한다는 흔한 인식은 미국 내에서 정부에 대해 우리가 인식하는 방식을 알려주어야만 한다. 효과적이고 안정적인 민주주의로서 우리의 미래는 확실한 것과는 거리가 멀다. 민주주의가 그런 약속을 이행할 수 있을지 의심하는 젊은이가 점점 더 늘어나는 것은 당혹스러운 일이 아니다. 추가로 지난 몇 년간 우리는 투표권과 초당파적 선거 행정, — 주 의회나 다른 정치인이 아닌 — 국민이 대통령을 선택할 수 있는 권리에 대한 공격 그리고 2021년 1월 6일 평화적 권력 이양에 대한 전례 없는 공격을 목도해 왔다. 이 모든 공격은 민주주의적 체제를 위험에 빠뜨렸다.

만약 누군가가 민주주의가 정부의 최고의 형태라고 규정한다면, 효과적인 민주주의는 무한히 유지될 것이고 그러므로 미국 민주주의의 현재 상태에 대해 불안해할 필요가 없다고 간단히 결론 낼 것이다. 하지만 이것은 민주주의를 둘러싼 문제들을 지나치게 단순화한 것이다. 마찬가지로 미국의 자치 정부 체제가 중대한 개선도 없이 살아남을 수 있다고 가정할 가능성을 과대평가한 것이다. 기본적인 질문을 살핀다고 해서 민주주의에 대한 믿음을 훼손하는 게 아니다. 오히려 반대로 우리가 그 믿음에 따라 더 긴급히 행동하는 동기를 부여할 것이다.

이는 더 넓은 의미의 기본적인 질문에도 적용되는 사실이다. 갈등으로 가득한 이 세상에서 종종 신속히 결정을 내려야 할 때, 더 심오한 질문을 하고 토론을 벌이는 것, 토론에 앞선 토론을 하는 것은 우리가 감당할 수 없는 사치라고 결론 내릴지도 모른다. 하지만 나는 그 반대라고 생각한다. 빠르게 덩치를 키우고 있는 위협과 문제들로 가득한 이 세상에서 기본적인 질문을 던지는 것은 어려운 결정을 바르게 내릴 수 있는 가장 중요한 도구일 것이다.

11장

인간 요소

"숫자와 통계는 의사결정에
대단히 중요한 도구다."

1980년과 1990년 사이, CEO의 임금은 212퍼센트 상승했다. 기업 이익과 직원 임금이 오르지 않았을 때조차 CEO 임금은 오른 경우가 많았다. 클린턴 대통령이 취임했을 무렵 임원 급여가 주요 정치 이슈로 떠올랐고 행정부 초기에 우리는 이 문제를 해결할 것인지 그리고 어떻게 해결할지를 두고 토론을 벌였다.

나는 개인적으로 많은 CEO가 그들의 성과에 근거해 받아야 할 액수보다 더 많이 받는다고 믿었지만, 이 기업들은 민간이고 회사가 CEO에게 얼마를 지급해야 하는지 결정하는 것은 정부의 역할이 아니라고 의견을 냈었다. 임원의 보수를 삭감하는 옵션이 정치적으로 인기 있는 선택지라는 건 물론 인지하고 있었지만, 토론에서는 임금 규제에 반대하는 정치 논쟁이 우세했고 선택되어야 했다. 어떤 이들은 정치적이고 실질적인 이유로 행정부가 임원 급여를 줄이는 규제를 실행해야 한다고 주장했다. 최종적으로 그들의 의견이 선택되었다. 대통령은 기업이 100만 달러 이상의 급여에 지출한 돈을 세금에서 공제하는 것을 금지하는 법안에 서명했다.

새로운 규제는 실제로 CEO가 보상을 받는 방식에 큰 영향을 미쳤다. 하지만 전반적인 임금을 제한하기보다는 기업이 보상을 분배하는 방식을 바꾸도록 했을 뿐이었다. 기업은 임원에게 현금은 덜 지급했지만, 더 많은 스톡옵션을 주었고 이는 새로운 세금 변화에 적용받지 않는 것이었다. 상승 시장에서 이런 옵션은 종종 급여보다 더 많은 가치가 있었다. 임원 급여의 상승을 삭감해 보려고 했던 정책이 오히려 극적으로 높인 꼴이 된 것이다. 1995년~2000년까지 스톡옵션의 인기가 높아진 덕에 미국의 가장 큰 공기업 CEO의 평균 연봉은 약 260퍼센트 증가했다. 같은 기간, 노동자의 평균 연봉은 겨우 5.6퍼센트 증가하는 데 그쳤다.

임원의 임금을 둘러싼 토론은 치열했다. 어느 순간, 기업이 직원들에게 주식으로 보상하는 양을 늘릴 수도 있다는 가능성까지 문득 제기되기도 했다. 하지만 뒤돌아보면 그 결정에 관여했던 누구도 기업이 임원 임금으로 옵션에 의존하게 될 규모나 주식 시장 호황이 확대될 가능성을 예상하지 못했다.

물론 이렇게 세법을 바꾸는 것을 지지했던 사람들도 무슨 일이 벌어질지 알지 못했다. 하지만 나를 포함해 그 결정을 반대하는 사람들도 몰랐던 건 마찬가지다. 만약 내가 임금을 둘러싼 새로운 규제가 임원 급여 총액의 상승을 가속할 걸 미리 눈치챘다면, 규제를 반대했던 이유의 목록에 추가했을 것이다. 하지만 나는 실제로 일어난 결과를 전혀 예상하지 못했다.

클린턴 정부 동안, 다양한 방식으로 여러 그룹의 사람들이 옐로우 노트 접근법을 사용해 임원 급여를 토론하기 위해 모였다. 즉, 다양한 시각을 가진 사람들을 모으고 비용과 이득을 점검하고 지적 엄격함과 성실함으로 복잡한 문제를 해결하며 가능성과 결과를 예상하는 것 말이다. 하지만 우리는 중요한 질문에 초점을 적절히 맞추지 못했다. 만약 우리가 직원들에게 일 년에 백만 달러 이상을 지급할 수 있는 기업의 능력을 제한한다면, 기업은 이 일을 해결하기 위해 어떤 수단을 쓸까? 다시 말해, 우리는 비유적으로 옐로우 노트를 사용하긴 했다. 하지만 중요한 점을 챙기지 않았기 때문에 그 결과에 놀랄 수밖에 없었다.

이를 인간 요소human factor라는 말로 가장 잘 설명할 수 있을 것이다. 인간의 심리, 인간의 행동 그리고 인간의 본성의 방식이 어떤 결과가 발생할 가능성을 바꾸는 것이다. 만약 옐로우 노트 접근법을 사용하는 의사결정자가 그 접근법의 이점을 다 얻고 싶다면 다음의 두 가지 중요한 질문을 던져야만 한다.

우리가 내린 결정에 실제로 인간은 어떻게 대응할까? 그리고 우리 자신의 본성은 의사결정 과정에 어떤 영향을 미칠까?

나는 의사결정자들이 선택을 저울질하고 가능성을 측정할 때 종종 인간 요소를 간과한다는 사실이 그리 놀랍지 않다. 막 직장 생활을 시작했을 때, 인간의 심리 그리고 심리와 행동에 관한 관계를 질문하는 것은 현실적인 조직의 리더라기보다는 시인이나 철학자들이 하는 순수하고 지적인 훈련인 것처럼 비쳤다. 행동 경제학자들이 최근 수십 년간 이 문제를 체계적으로 연구하고 있지만, 의사결정자들은 아직도 충분히 고민하고 있지 않다. 그 이유 중 하나는 이런 질문은 확신을 갖고 대답하기가 불가능하기 때문이다.

하지만 나는 인간 요소의 무정형적이고 불확실한 본질에도 불구하고 인간 요소를 다루는 행위야말로 최고의 선택을 내리고자 하는 의사결정자들이 반드시 실천해야 하는 단계라고 생각한다.

이런 질문은 어떨까. 개인과 사회를 움직이는 힘은 공공의 이익을 증진하려는 욕구일까? 혹은 자신의 이익을 좇으려는 욕구일까? 이는 절대로 무 자르듯 단번에 답을 볼 수 있는 토론 주제는 아니다. 인간은 단 하나로 설명될 수 있는 존재가 아니며 그 어떤 견해라도 옳다고 증명할 방법도 없다. 하지만 이 질문과 씨름하고 의견을 발전시키는 건 다양한 행동 방침을 평가하고 그중에서 하나를 선택하려는 모든 사람에게 중요한 과정이다.

나는 지금껏 이타적이라고 할 수 있는 인물들을 여럿 만났지만,

최고의 결정

대부분은 자신의 이익이나 자신이 속한 그룹의 이익을 공공의 이익보다 더 우위에 두는 경향이 있었다. — 또는 자신의 이익이 공공의 이익인 양 혼동하기도 한다.

게다가 역사를 돌아봐도 알 수 있듯, 그렇게 할 수 있는 수단과 검증받지 않은 능력을 갖춘 사람들은 다른 사람을 이용하고 정복하며 억압하는 행동을 하고는 했다. 역사는 인간이 타인에게 행한 엄청난 양의 잔인함을 담은 기록이기도 하다.

에둘러 말하자면 선의였다고 해도 결국 자신의 이익을 우선시하는 방법도 있다. 도움이 필요한 사람에게 어느 정도 무관심하게 대하는 것이다. 내가 아는 한 나를 포함해 그 어떤 부유한 사람도 자기 삶에 물질적으로 타격을 입을 정도로 큰 금액을 자선 단체에 기부하지는 않는다. 선진국의 많은 사람이 — 부자일 뿐 아니라 소득 규모에서도 넉넉한 — 국내외의 빈곤을 해결하기 위해 지금보다 더 많은 도움을 제공할 수 있다. 또는 정치인들에게 더 많은 해외 원조와 인도주의적 지원을 하라고 촉구할 수 있다. 많은 사람이 공익에 관심이 있으며 지원도 후하게 하는 편이지만, 이런 면에서 그들의 행동을 살펴보면 자신의 이익을 더 중요하게 생각한다는 것을 짐작할 수 있다.

어떤 이들은 자신의 이익을 보호하려고 비윤리적이거나 심지어 불법인 행동을 하기도 한다. 만약 금융 시장에서 책임을 물을 가능성이나 당국이 없다면, 더 많은 사람이 자신의 재정 상태와 경력을 위해 사기에 가담하거나 다른 기만적 행위를 할 것이다. — 이는 금융 산업 전체와 사회에 중대한 문제를 초래할 것이다. 내가 금융 산업은 효과적인 규제와 깊은 이해관계가 있다고 믿는 이유다. — 명확한 규칙 그리고 그 규칙의 시행 없이는 원칙을 지키지 않는 사람들은 잘 지키는 사람들보다 우위를 점하게 될 것이고 이들의 행동은 시장을 지켜보는 대중의 신뢰도를 손상시킬 것이다.

인간 본성에 대한 나의 관점이 옳거나 그르다고 객관적으로 말할 수는 없다. 내가 말할 수 있는 것은 일반적으로 사람들이 자기 이익과 비교해 이타주의로 행동하는 정도에 대해 신중하게 고민한 견해를 모든 결정에 반영해야 한다는 것이다. 제안된 행동 방침을 평가할 때 의사결정자들은 스스로 이렇게 물어야 한다. "이 제안이 합리적이 되려면 인간 본성의 어떤 면을 정확하게 판단해야 할까?"

만약 사람들이 이타적일 때만 기대되는 행동을 할 것이고 자신의 이익을 추구하는 데 더 열심이라고 믿는다면, 아마 다른 행동 방침을 찾아야 할 것이다. 물론 그 반대도 마찬가지다.

이와 관련해 인간 본성의 어떤 암묵적인 견해가 결정으로 드러나는지 그리고 그 견해가 당신의 견해와 일치하는지 점검하는 건 도움이 될 수 있다. 뒤돌아보면 클린턴 정부 시절 임원의 임금을 두고 토론을 벌였을 때 우리가 제대로 하지 않았던 일이다. 임원 임금에 세금 페널티를 줌으로써 이 문제를 편협하게 해결하는 방법을 선택한 정부는 기업이 임금의 총액을 늘리기 위한 새로운 대책을 강구해 마치 이익을 계속 추구하지 않을 거라고 암묵적으로 동의하고 있었다.

인정하건대 나 역시 나중에 깨달은 것이지만, 인간 본성을 현실적으로 평가하지 않았고 철저히 점검하지도 않은 것 같다.

우리가 인간적인 요소를 간과하지 않았더라면 진지하게 자문했을지도 모른다. 기업이 새로운 규제를 피해 새로운 방도를 찾아낼 가능성은 얼마나 되나? 규제를 피하기 위해 기업은 어떤 방법을 내세울 것인가? 그리고 이를 염두에 두고 우리가 먼저 규제의 잠재적인 구멍을 막기 위해 할 수 있는 일은 무얼까? 하지만 우리는 이런 질문을 하지 않았다. 그 결과 입법의 목적은 이룰 수 없었다.

인간 본성에 대한 한 사람의 견해는 조직을 통해 원칙과 문화를 전파하려는 방법에 영향을 줄 수도 있다. 내가 골드만삭스에서 일을 시작했을 때, 거스 레비는 모든 클라이언트를 파트너로 대해야 한다고 확신했으며 클라이언트의 이익을 위해 모든 조언을 정직하게 했다. 거스는 이타적인 언어를 사용해 이 아이디어를 표현할 수도 있었다. ─ 예를 들면, "모든 사람을 공평히 대하세요." ─ 대신 그는 인간 본성에 대한 다른 관점을 함축하는 표현을 자주 사용했다.

"장기적인 이기주의자가 되세요."

거스는 그의 충고를 옳고 그름의 용어로 표현하지 않았다. 하지만 그의 말은 열렬한 도덕주의자가 좋아할 만한 효과가 있었다. 예를 들어, 클라이언트가 거래를 해야 하는지에 대한 조언을 구하는 중이었고 이 문제를 담당하고 있던 직원들은 그 거래는 현명하지 않다고 생각했다고 가정해 보자. 만약 직원들이 단기 이익의 관점으로만 생각했다면 최고의 행동 방침은 아마도 수수료를 받기 위해 거래를 진행하라고 추천하는 것이다. 하지만 장기적으로는 클라이언트에게 수수료가 들더라도 건전한 조언을 해주는 것이 훨씬 나을 것이다. 그러면 회사와 클라이언트 간의 관계를 깊게 하고 신뢰를 쌓을 수 있어, 수년간 비즈니스를 계속할 수 있을 것이다. 그리고 마찬가지로 중요한 사항은 이 방법은 당신의 기분을 좋게 하며 당신이 하는 일에 긍지를 가지게 한다는 점이다.

거스가 장기간에 초점을 맞춘 것은 또 다른 방식으로 인간 요소를 설명했다. 개인과 조직은 단기간에 집중하는 경향이 강하다. 기업은 시장과 투자자, 다른 세력으로부터 장기보다는 바로 다음 분기의 업무 성과를 우선시하라는 압력을 받는다. 주식 시장의 현실을 생각하면 그런 압력에 저항하는 것은 회사로서는 어려울 수 있고 그런 문제를 잘 해결하려면 무엇보다 대단히 신중한 커뮤니케이션 전략이 필요하다. 하지만 단기간을 넘어서는 계획을 세울 수 있는 기업들은 시간이 흐르면서 더 좋은 업무 성과를 낼 가능성이 커진다.

동일한 역학이 정부와 정책 수립에도 적용된다. 의사결정자들은 돈을 바로 쓰고 지급 문제는 미래의 어느 시점에 그냥 맡기는 프로그램을 제정할 수 있고 안타깝게도 종종 정치는 그런 방식으로 돌아간다. 하지만 이런 종류의 결정은 역효과를 낼 수 있고 정부가 장기간에 걸쳐 효율적으로 운영하는 걸 더 어렵게 할 수 있다. — 다시 말하지만, 어려운 부분은 효과적인 정치적 커뮤니케이션 전략을 개발하는 데 최선을 다하는 것이다.

거스의 격언은 가까운 미래만 신경 쓰고 멀리는 신경 쓰지 않게 되는 인간의 자연스러운 성향을 억제하기 위한 방법이라고 할 수 있다. 이것이 중요한 이유는 확률론적 접근법은 시간이 지나면서 기대 가치를 극대화하는 것을 추구하기 때문이다. 어느 정도의 시간이냐는 의사결정자가 토론하고 결정해야만 하는 문제다. 어찌 보면 "어떤 결정을 내려야 최고의 결과가 나올까?"라는 질문은 "얼마나 오랜 시간이 걸릴까?"라고 묻는 것과 같다. 만약 의사결정자가 후자의 질문을 무시한다면 그는 기본적으로 단기적인 생각을 할 위험이 있다.

물론 시간이 흐를수록 기대 가치를 극대화하면 종종 즉각적으로 행동해야 하지만 이런 경우조차도 장기적으로도 적절히 중요하게 생각해야 한다. 좋은 예가 코비드-19 팬데믹이 시작된 직후 2020년에 통과한 대규모 적자 재정 부양 및 구제 법안이다. 나는 구제 법안이 국민의 고통을 상당히 경감할 거로 생각했기 때문에 지지했고, 더불어 재정 정책의 문제로써 구제 법안으로 적자와 부채가 증가하겠지만 구제 법안을 통과시키지 못해서 발생할 수 있는 경제 위기는 시간이 흐르면서 GDP 대비 부채 비율을 훨씬 더 증가시킬 수 있다고 주장했다. — 상황이 더 나을 때 흑자를 상쇄하기 위한 법을 제정하기 위한 재정 규율이 있는지 또는 우리가 계속해서 큰 적자를 낼 것인지는 그때도 문제였고 지금도 문제로 남아 있다.

건전한 의사결정에 또 다른 중요한 인간 요소는 합리성에 관한 판단이다. 사람들은 얼마나 합리적이거나 비합리적이며, 어떤 면에서 그런가?

감정 편향을 상쇄하기

의사결정자는 할 수 있는 한 합리적으로 행동하도록 노력해야 한다. 이것이 확률론적 사고의 요점이다. 하지만 의사결정자는 사람들은 대체로 완전히 합리적으로 행동하지는 않는다는 점을 인지해야 한다. 또는 약간 다르게, 어쩌면 더 정확히 말하자면 사람들 사이에는 무엇이 합리적이고 무엇이 그렇지 않은지 의견이 갈릴 때가 많다.

골드만삭스에 다닌 지 얼마 안 됐던 시절, 나는 리처드 멘셜이 건넨 훌륭한 조언을 아직도 기억한다. "누군가의 신들은 절대 공격하지 마세요." 리처드는 종교를 언급한 게 아니라 넓은 의미로 사람들의 정체성을 말한 거였다. 만약 사람들이 어떤 변화의 조짐이 그들의 정체성을 위협한다고 느낀다면 그 변화가 현실적으로 대단히 큰 이익이 될지라도 거부할 것이다.

나는 직장 생활 내내 이런 현상의 사례를 접했다. 클린턴 정부에서 일할 때, 당시 미시시피주 민주당 대표였던 진 테일러Gene Taylor — 결국 2011년 하원을 떠나 정당을 바꾼 — 에게 그의 유권자들이 총기에 그토록 신경을 쓰는 이유를 물었다. 그의 대답은 사냥, 자기방어 또는 총기 소유의 이점이 위험보다 더 크다고 주장하는 접근법들과는 아무런 관련이 없었다.

진은 이렇게 대답했다. "잘 모르시는군요. 그게 우리 지역에서 가장 중요한 이슈입니다." 그가 사용했던 단어는 정확히 기억나지 않지만, 그의 설명은 총기 소유권은 마치 종교와 비슷하고 유권자의 자아의식의 밑바탕이기도 하며 분석할 수 있는 영역을 넘어서는 어떤 것이라는 식이었다.

내 자아의식은 그런 데서 나오지는 않지만 어쨌든 진 테일러가 설명한 태도는 매우 인간적이라고 생각한다. 우리는 모두 우리만의 신이 있다. 그리고 누군가가 그런 신을 건드릴 때 변화를 가져오기란 훨씬 더 어려울 수 있다.

가끔은 그 어려운 길을 선택해야 할 때도 있다. 하지만 만약 의사 결정자가 사람들의 신념과 헌신, 정체성을 존중하는 행동 방침을 선택한다면, 그것이 더 현명한 방법이다.

직원이든 주주든 일반 대중 또는 다른 그룹에서든 변화는 언제나 수용하고 인정해야 한다. 내가 정부 일을 시작하기 오래전, 한 상원의원이 재무장관에 관한 이야기를 해주었다. 어느 날 장관은 국회의사당에 가서 상원 재정위원회와 회의를 주선했고 "자, 이게 지시 사항들입니다"라고 했다. 말할 필요도 없이 그 말은 상원의원들에게 통하지 않았다. 심지어 상원의원들이 행정부의 정책 의제에 동의했더라도 상원의원은 정부의 동등한 일원임을 대단히 중요하게 여긴다는 사실을 알았더리면 훨씬 더 생산적인 결과가 있었을 것이다. "우리는 이렇게 해야 한다고 생각합니다. 그리고 그 근거는 이것입니다"라고 말했더라면 일방적으로 명령을 하달한 다음 미국 상원의원들이 재무부가 지시한 대로 하기를 바라는 것보다 더 나은 결과를 가져왔을 것이다.

제안된 변경 사항을 말하는 방식도 중요하다. 예를 들어, 자신의 견해를 주장하기 전에 특정 이슈가 다른 사람의 정체성에 미치는 중요성을 미리 파악할 수 있다. 또 어떤 경우, 오로지 누군가의 강한 신념에 이의를 제기하지 않기 위해 크게 양보할 필요가 있을 수 있다.

한 걸음 더 나아가, 의사결정자는 기대 가치를 결정할 때 완벽하게 합리적이어야 한다는 생각을 버려야 할 수도 있다.

비교적 최근, 해외 국가 안보 기관에 있었던 민주당 의원을 만났다. 그는 자신의 배경 덕분에 정치적 공세에서 무사할 수 있었고 당선되고 재당선되는 데도 유리했다고 말했다. 나는 공화당에 표를 던질 수도 있었던, 소수지만 유의미한 숫자의 유권자들이 국가 안보 배경 때문에 그에게 투표했을 거라는 그의 말이 어쩌면 옳다고 생각한다. 하지만 나는 그런 투표자들이 약간 비합리적이라고 생각한다. 국가 안보 경험은 귀중한 일이지만 그런 이유만으로 다른 후보를 지지한다는 건 말이 안 될 정도로 두 정당의 의제 차이가 너무 크기 때문이다.

하지만 만약 내가 어떤 후보를 재정적으로 지원하거나 경선에서 투표할 것인지 선택한다면, 투표자들의 잠재적 비합리성을 고려할 것이다. 나는 내가 동의하는 정책을 주장하지만 당선 가능성이 적다고 느끼는 사람보다는, 나와 대체로 의견이 같으면서 당선 가능성이 더 큰 사람을 선택할 것이다. 다시 말해, 인간 요소를 고려한 다음, 결과가 일어날 가능성이 크고 그러므로 더 높은 기대 가치가 있는 것과 교환해 내가 덜 긍정적인 결과로 보는 상황을 받아들일 것이다.

어쩌면 어떤 사람들은 내가 이런 식으로 결정을 내린 것을 보고 나의 원칙을 어기는 거라며 비난할 수도 있다. 어쩌면 다른 사람들은 '선거 가능성'이 과거에 여성과 유색인종의 공직 출마를 정당화하는 데 사용되었다고 정확히 지적하며 그 개념에 이의를 제기할 것이다. 하지만 나는 원하는 결과가 발생할 가능성을 고려하는 것 그리고 그 가능성이 다른 사람의 마음에 의해 영향을 받을 가능성을 수용하는 것이 누군가의 원칙을 배신하는 거라고는 생각하지 않는다. 사실 의사결정자가 사람들의 마음을 고려하지 못하고 그들이 이성적, 합리적으로 행동할 거라고 가정한다면, 아마도 원하는 결과로 이어지지 않는 결정을 내릴 가능성이 더 크다.

정치권 유력 인사들이 진실한 확률 평가보다는 편향성 때문에 당선이 좌지우지되는 후보로 여겨질 수 있다는 우려는 진지하게 고민해 볼 부분이다. 하지만 해답은 가능성에 관한 토론이 잘못된 방식으로 진행되었다는 이유로 토론을 무시하지 않는 것이다. 또 해답은 정직하고 철저하게 즉시 토론의 장을 벌이는 것이다. 의사결정자는 최선을 다해 가능성을 판단하고 반드시 지적 성실성을 따라야 한다.

의사결정자가 인간 요소를 고려하는 또 다른 방법은 그 자신도 인간이라는 사실을 마음에 새기는 것이다. 의사결정자는 결정을 내릴 때, 자신의 마음 상태에 영향을 받는다. 그리고 그게 무슨 의미인지 철저히 고민해야 하며 의사결정에 어떤 의미를 내포하는지 생각해야 한다.

예를 들어, 우리 대부분은 심지어 확률론적 사고에 가장 열심인 사람들조차 익숙한 것을 당연시하는 경향이 있다. 바꿀 수 있는 것뿐 아니라 바꿀 수 없는 것에 대해 확신을 하고 행동을 시작하기는 쉽다. 하지만 예상치 못한 일이 발생할 수 있으며 이는 많은 사람이 인지하는 것보다 더 자주 일어난다.

그 이유를 하나 꼽아 보자면, 자신의 마음 상태에 영향을 받은 사람이 다른 사람의 결정에 어떤 반응을 보일지 예측하기란 매우 어렵기 때문이다. 골드만삭스에서 있었던 일화가 생각난다. 우리는 매우 유능한 파트너 한 명을 운영위원회에 배치했다. 그는 바로 두각을 나타냈다. 그런데 우리가 위원회에 배치하지 않은 다른 파트너가 오더니, 불쾌하다며 그만두겠다고 하는 것이었다. 첫 번째 파트너의 승진이 두 번째 파트너를 그만두게 하는 결과를 낳을 거라는 사실을 미리 알았더라면 내가 일을 다르게 처리했을지는 잘 모르겠다. 하지만 우리는 그 가능성을 적절히 고려하지 않았다. 그리고 이런 측면을 충분히 고려하지 않는 경우는 꽤 자주 일어난다. 대부분 사람은 그들의

최고의 결정

결정에 물결 효과ripple effect를 과소평가하는 경향이 있다.

나 또한 이와 관련된 문제를 목도하기도 했다. 의사결정자들은 결과의 광범위한 정도를 정확하게 예상했지만, 결과의 중요성은 크게 과소평가해 전혀 예상치 못했던 일이 벌어지기도 한다. 예를 들어, 클린턴 정부 시절 우리는 새로운 무역 협정과 기술 자동화가 큰 이익을 창출할 거로 정확히 결론을 내렸다. 동시에 우리는 무역과 기술이 지역 경제에 혼란을 가져와 많은 노동자의 임금이 낮아지고 사람들은 직업을 잃을 수도 있게 된다는 점을 인지했다. 클린턴 대통령은 무역 자유화를 지지하는 연설에서 이런 문제점들을 설명했다.

하지만 무역과 기술의 순이익이 비용을 훨씬 초과할 거라는 예상은 정확했어도, 그 비용의 규모는 예상보다 훨씬 컸다. 시간이 충분했더라면 여러 가지 방법을 통해 일자리와 임금에 미치는 부작용에 대응하려고 노력했을 것이다. 사회 안전망 확충, 최저 임금 인상, 근로 소득세 공제 확대 및 증액, 직업 훈련과 평생 학습, 직업 소개와 관련된 프로그램에 투자 확대 등의 방법을 시도했을 것이다. 행정부는 이런 문제를 해결하기 위해 상세한 제안을 개발했다. 하지만 우리가 의회통제권을 잃은 후 이런 아이디어를 실행하는 것은 더는 가능하지 않았다.

골드만삭스에서 운영위원회에 파트너를 승진시키는 것과 무역 정책과 미국의 기술 혁신의 효과를 평가하는 두 가지 사례는 매우 다른 종류의 결정이다. 하지만, 두 사례 모두에서 우리는 무언가가 앞으로도 똑같을 거라고 암묵적으로 가정했고 그 가정은 틀린 것으로 드러났다. 나는 그 어떤 것도 확실하지 않다는 것에 대해 오랫동안 생각하고 말하며 글을 써왔다. 하지만 불확실성의 보편성을 인지하는 나 같은 사람들조차도 종종 실제로 얼마나 불확실할 수 있는지 과소평가한다.

익숙한 것을 덥석 받아들이는 습관을 경계하고 자주 일어나는 예상치 못한 국면과 의도하지 않은 결과를 미리 준비하기 위한 두 가지 방법이 있다.

첫 번째 방법은 앞으로 일어날 수 있는 일을 더 잘 예상하기 위해 초기에 더 많은 준비를 하는 것이다. 회의나 그룹에서 다양한 관점을 갖는 것의 중요성에 관해 쓰기도 했지만, 그 그룹의 모든 구성원이 상상력을 발휘해 모든 잠재적인 결과를 철저히 고려했는지 자문하는 단계를 거치는 것 또한 중요하다. 대답은 가끔은 '고려했다'일 것이다. 하지만 당신의 기댓값 표가 유의미한 발생 가능성이 있는 결과를 간과했기 때문에 불완전하다는 것을 깨닫게 될 때도 있다.

예를 들어, 국민의 요구를 충족시키기 위해 미국 경제가 중대한 방식으로 바뀌어야 한다는 점에는 거의 의심의 여지가 없다. 다른 것 중에서도 기술과 세계화로 설 자리를 잃은 노동자들이 미국 경제에서 원위치로 돌아오기 위해서는 훨씬 더 좋은 프로그램이 필요하다. 또한 사회 안전망을 개선하고 노동자가 단체 협상을 선택할 수 있는 공평한 자격을 갖게 해야 한다. 그리고 소득 수준 하위 계층의 소득과 순자산을 증가시키고 상위 계층의 세금을 인상해 모은 자금으로 공공 투자와 적자 감소를 단행해 경제 불평등을 줄여야 한다.

그래도 유연한 노동 시장과 자본 시장, 기업가적 문화, 광대한 천연자원, 이민 개방성, 법치주의, 대학과 연구를 상업화하는 강한 능력, 그리고 다른 선진국에 비해 유리한 인구 통계 같은 요소들 덕분에 미국은 오늘날 매우 실제적인 문젯거리가 있음에도 역동적인 경제 문화와 바람직한 속도로 성장하는 경제만 경험했다. 우리 경제를 21세기에 맞게 개선하는 방법을 고민하면서 이러한 장점들을 당연시하지 않도록 주의해야 한다. 그렇지 않으면 장점들이 만들어 내는 경제 역동성과 성장력을 자칫 잃어버릴 수도 있다.

정책 입안자와 옹호자들은 익숙한 것을 당연히 여길 수 있다는 생각을 그냥 무시하고는 한다. 그리고 그렇게 함으로써 그들의 계획이 가져올 수도 있는 경제의 부정적인 영향을 무시하게 될 수도 있다. 많은 경우, 정책이 경제 성공을 위태롭게 할 위험은 낮은 편이다. 하지만 더 위험한 상황을 철저하게 판별함으로써 의사결정자는 결과를 받아들이거나 위험을 완화할 수 있는 방법을 찾거나 더 높은 기대 가치가 있는 다른 행동 방침을 추구할 수 있다.

비록 내가 확신하는 시스템이긴 하지만 시장 기반 경제를 신성시해야 한다고 생각하지 않는다. 사람들은 시장 기반 경제에 찬성하고 반대하는 논쟁을 자유롭고 격렬하게 벌여야 하며 그 단점을 점검하고 가능한 최고의 개혁안을 생각해 내야 한다.

이 토론의 중요성은 우리 사회의 혜택이 어떻게 불평등하게 분배되고 있으며, 얼마나 많은 사람이 뒤처지게 되었는지를 생각하면 특히 명확해진다. 하지만 그렇더라도 나는 시장 기반 경제를 증진하기보다는 해체하거나 멀어지기를 바라는 사람들은 그 전반적인 이익을 과소평가하고 있다고 생각한다.

우리는 우리 모두에게 큰 잠재력을 주는 근본적인 강점들을 잃지 않으면서 경제와 사회의 부족한 부분을 해결하는 방법을 강구해야 한다.

의사결정자가 익숙한 것을 당연히 여기는 자연스러운 경향에 대응할 수 있는 두 번째 방법은 모든 결과에 대한 가능성을 미리 판별하고 계산한 후라도, 대부분 사람이 생각하는 것보다 일은 예상대로 흘러가지 않는다는 점을 인지하는 것이다. 대개, 옐로우 노트 계산은 특정 결과마다 특정 확률을 할당하고 이러한 확률을 더하면 100퍼센트가 된다. 하지만 일부 퍼센트를 다른, 모호한 결과 즉 '다른 예외적인 경우'에 할당해도 좋을 것이다.

'다른 예외적인 경우'가 발생할 가능성은 사람들이 처음에 생각하는 것보다 더 큰 경향이 있다. 사람들이 생각하는 식은 제각각이지만 일반적으로 만약 당신이 초반에 예상하지 못한 중대한 결과가 일어날 가능성이 10퍼센트라면, 당신은 그 가능성을 과소평가하고 있다고 가정하는 것이 현명할 것이다. 왜냐하면 대부분 사람이 그렇기 때문이다. 예상치 못한 것을 예상하는 것은 모순처럼 들릴 수도 있다.

하지만 예상치 못한 일이 일어날 가능성이 더 크다고 인정하는 것은 확률론적 사고와 일관되면서 효과적인 의사결정의 핵심이다.

이런 식으로 미처 예상하지 못했던 결과와 사태를 계획하기란 쉬운 일이 아니다. 누구라도 미리, 정확히 알 수는 없기 때문이다. 하지만 그런 일이 충분히 벌어질 수 있음을 고려하면서 겸손함과 신중함으로 결정을 내릴 수는 있을 것이다.

예를 들어, 클린턴 대통령이 퇴임했을 때 미국은 막대한 흑자예산을 기록했고 앞으로도 상당 기간 흑자가 지속될 예정이었다. 한 가지 접근법은 미국의 부채를 상환하기 위해 흑자의 상당 부분을 사용하고 공공 투자를 위한 우리의 자본을 늘리고 미래의 경기 침체에 대응할 수 있는 능력을 키우는 것이었다. 하지만 그 접근법을 선택하는 대신 다음 행정부는 우리의 재정 상태가 건전하고 한동안 그렇게 유지될 것이므로 매우 큰 감세를 감당할 수 있다고 주장했다.

나의 견해는 부채를 상환하는 경제적인 주장이 감세의 주장보다 훨씬 더 강력하다는 것이었고 「뉴욕타임스」 논평에 그런 글을 쓰기도 했다. 하지만 그런 토론은 제쳐 두고라도 911테러 이후, 우리의 재정 상태는 그런 큰 감세를 시행하지 않았더라면 일어나지 않았을 방식으로 악화되었다. 행정부의 경제정책팀이 미래를 보지 못한 것을 탓할 수는 없지만 그들의 발언과 행동은 클린턴 시대의 흑자예산이 미래에도 지속될 거라고 확신한다는 견해를 드러낸 것이었다.

의사결정자가 자신의 인간 요소를 보완하는 또 다른 방법은 통계적으로 생각하기보다는 이분법적으로 생각하는 경향이 있음을 깨닫는 것이다. 어떤 면에서 통계적 사고는 단지 확률적 사고의 연장이 아니다. '네, 아니요'로 대답하는 질문은 단순하지만, 확률이나 백분율을 근거로 판단할 수 있는 방식으로 질문에 접근하는 것은 최적의 선택을 할 수 있는 가능성을 높일 것이다.

'네, 아니요'로 대답하는 질문을 하지 않는 것과 더불어 통계적 사고의 또 다른 중요한 측면은 그 숫자가 정말로 무엇을 의미하는지 신중히 살피는 것이다. 특히나 흔히 저지르는 실수는 분자에만 집중해 분모를 무시하는 것이다. 예를 들어, 코비드-19 백신이 등장하자 곧바로 "백신을 접종한 사람 중 x명이 코비드-19에 감염되었다"라는 기사가 쏟아져 나왔다. 백신을 맞은 전체 인구를 명확히 밝히지 않은 것이다. 분모가 없이 분자는 그저 데이터인 척하는 일화일 뿐이다.

자꾸 이분법적으로 생각하려는 성향을 해결하는 가장 좋은 방법은 의사결정 과정 중에 이 성향을 직접 언급하는 것이다. 만약 '네, 아니요'로 대답하는 질문을 받는다면, 정도로 답하는 질문으로 바꾸는 것이 더 생산적일 수 있는지 점검해야 한다. 그리고 누군가 논쟁을 벌이며 숫자를 언급했다면 분모가 필요한지, 다른 분모로 분자가 해석되는 방법이 달라질 수 있는지 늘 확인해야 한다. 숫자와 통계는 의사결정에 대단히 중요한 도구다. 하지만 신중하게 분석하지 않고는 결과와 가능성을 계산하는 데 유용한 정보가 아니라 거짓된 위안과 확실성을 제공하게 될 뿐이다.

최고의 결정

"유일하게 변하지 않는 건 변화다"라는 옛말이 있다. 하지만 최근 변화의 속도, 강도 및 성격은 내가 이전에 목격한 그 어떤 변화와도 다르다. 변화가 선형적으로 진행되는 때가 있었다면, 오늘날 그 점진적인 변화의 기운은 갑작스럽고 충격적인 도약으로 바뀐 거 같다.

이렇게 불안한 시대에 내가 이 장에서 논의한 질문들은 앞으로 다가올 수십 년을 형성하는 실제 문제들과는 아무 관련이 없는 것으로 간단히 치부할 수도 있을 것 같다. 사람들은 무엇에 동기 부여를 느끼나? 집단과 사회는 얼마나 합리적인가? 우리 자신의 마음 상태가 판단에 어떤 영향을 끼치나? 친숙한 것을 당연히 받아들이지 않고 통계적이 아니라 이분법적으로 생각하는 자연스러운 성향을 피하려면 어떻게 해야 할까?

심각한 위험이 넘쳐 나는 세상에서 인간 요소를 고려하는 것의 이득은 그 어느 때보다 크다. 우리는 우려스러운 수준의 문제에 둘러싸여 행동의 잠재적 결과가 심각할 수 있는 시대에 살고 있다. 최대한 기습당하지 않도록 한 걸음 한 걸음 신중히 내디뎌야 할 것이다.

개입의 근거

약 40년 전 아내인 주디와 바하마로 짧게 여행을 갔다. 여행 중에 딥워터 케이라는 곳에 들렀다. 나는 마이애미 비치에서 어린 시절부터 쓰던 낚싯대를 가져갔다. 낚시를 마치고 물에서 나오는데, 어떤 사람이 이제껏 한 번도 보지 못한 무언가로 이상한 행동을 하는 것을 보았다. 그는 물고기를 향해 미끼를 던지는 대신, 길고 우아한 줄의 고리를 물 위로 휘휘 던지고 있었다.

"저 사람 뭐 하는 거예요?" 내가 가이드에게 물었다.

"플라이 낚시를 하는 겁니다."

"아, 그거 어떻게 하는 겁니까?"

그는 들고 있던 플라이 낚싯대를 내밀더니 해보라고 했다. 나는 그때 이후로 낚싯대를 손에서 놓지 않았다.

지난 40년간, 플라이 낚시가 내 인생에서 왜 이토록 중요한 부분을 차지하고 있는지 잘 설명하지 못하겠다. 나에게는 거의 신비로운 체험에 가깝다. 겨우 이해하기 시작하는 데만도 여러 해가 걸린 플라이 낚싯줄 던지기는 예술의 한 형태일 뿐 아니라 절대 정복하지 못할 대상이다. 그뿐 아니라 송어가 있는 곳을 알아내기 위해 강의 흐름을 살피고 또 조심성 많은 바닷물고기를 찾아 바닥을 읽으면서 나는 내가 하는 행위에 완전히 녹아든다.

플라이 낚시광들이 그렇듯 나도 캐치 앤 릴리즈를 연습한다. 내가 잡은 물고기의 마릿수와 크기가 중요한 게 아니다. 대신 삶의 걱정거리, 스트레스, 결과에서 벗어나 플라이 낚시 그 자체가 하나의 세상이 된다.

운 좋게도 다양한 장소에서 낚시를 해왔지만 가장 아끼는 곳이라 하면 몬태나일 것이다. 어쩌면 그 지역의 특색과 물의 흐름이 마음에 들어서 그런 것일 수도 있고 강가 자갈밭을 따라 걸을 때의 느낌이 남달라서일 수도 있다. 어쩌면 오랫동안 다녔기 때문에, 제일 좋아하는 강에 가면 특별한 감정이 솟기 때문인지도 모르겠다.

이유가 무엇이든 25년 전부터 몬태나에서 낚시를 하기 시작했고 매 여름 빼먹지 않고 가고 있다. 하지만 2021년, 각종 자연재해가 연이어 몬태나를 덮쳤다. 다른 주에서 불어온 산불 연기와 폭염은 대단히 심각했다. 내가 방문하기 시작했던 1990년대는 상상조차 하기 힘든 수준이었다. 점점 따듯해지는 수온으로 송어는 스트레스를 받기 시작했고 때로는 죽기도 했다. 수위가 낮아지면서 몬태나주의 상징적인 강은 일시적으로 낚시를 금지하기도 했다. 25년 전 앨 고어가 사무실에서 했던 경고를 떠올리게 하는 시나리오였다. 낚시꾼에게, 더 중요한 주민들에게 그리고 그들에게 의존하는 자영업자들에게 대단히 힘든 계절이었다.

그해 여름에는 어떤 망령과도 같은 무서운 일이 벌어지고 있었다. 여러 달 동안 극단적인 날씨가 이어져 경제적 또는 개인적 결과를 뛰어넘을 정도였다. 언젠가 나는 몬태나주 환경 단체를 운영하는 친구와 그들이 겪고 있는 재해에 관해 대화를 나누게 되었다. 자연보호론자들은 본래 우리가 얼마나 많이 잃을 것인지 인지하고 있었다. 그렇다 해도 나는 그들이 불안해하는 모습을 막상 두 눈으로 보자 충격을 받았다. 그들은 몬태나에서 여름이 사라질 것인지 또는 그보다 더 중요하고 영구적인 무언가를 잃어버리게 되는 건지 알아내려고 전전긍긍했다.

내가 말했든 플라이 낚시는 그 자체로 하나의 작은 세상이다. 하지만 우리가 사는 현실 세계에서 환경 단체를 운영하는 친구와 우리는 이 특별한 장소를 잃어버릴 수도 있다는 가능성을 제기하면서 우려했던 질문을 이런 식으로 묻게 되었다. 이 문제는 일시적인 걸까? 우리는 돌이킬 수 없는 재앙을 향해 돌진하는, 빠져나올 수 없는 길로 진입해 버린 걸까?

그리고 이 세상의 운명과는 크게 관련이 없는 질문이 있고, 우리의 개개인의 입장과 더 관련이 있는 질문이 있다. 이토록 다양한 분야에서 어마어마한 문제들을 해결하려고 아등바등 애쓸 만한 가치가 있을까? 혹은 우리에게 불리한 상황의 확률이 너무 큰가? 만약 세상의 문제를 해결하고 노력하는 게 가치 있는 일이라면 우리는 무엇을 해야 할까?

호시절은 지났고 이제 쇠퇴는 멈출 수 없을 것 같다는 이 시대에 많은 이들이 이 문제에 개입하는 건 의미 없다고 결론지어 버리는 이유도 쉽게 이해가 간다. 또 다른 사람들은 단순히 절대성을 위안 삼아 불확실성을 없애 버리고 싶기도 할 것이다. 이념적 경직성은 장기적으로는 의사결정을 망칠 수 있지만, 단기적으로는 확신을 줄 수 있다.

나는 우리가 사는 그 순간을 침착하고 합리적으로 점검해 사람들을 다른 길로 이끌어야 한다고 생각한다. 우려의 원인은 그 어느 때보다 크다. 하지만 이는 또한 전 세계의 문제에 사려 깊고 지적으로 정직하게 개입해야 하는 근거가 전에 없이 강하다는 것을 의미한다.

현재 우리가 직면한 문제의 현실적인 평가는 크게 힘이 되지 않는다. 나는 지금껏 살면서 이렇게까지 많은 실제적인 위협이 동시에 우리를 위협했던 때는 기억하지 못한다. 지구는 인류에 심각하게 해가 될 수 있는 기후변화를 직면하고 있고 가장 심각한 시나리오라면 현재 지구에 사는 생명체는 종말을 맞을 수도 있다. 전 세계의 도시와 국가들은 여전히 코비드-19의 영향으로 휘청이고 있고 새로운 변이와 새로운 팬데믹의 가능성을 마주하고 있다. 핵무장 국가들과 곧 핵을 소유할 다른 국가들의 전망은 핵 분쟁과 테러리스트가 핵물질을 얻을 위협 모두를 증가시킨다. 민주주의는 전 세계적으로 공격을 받고 있다. 한때 먼 것으로만 보였던 무시무시한 일들이 이제는 정말 가능성이 있는 일들로 보인다.

이러한 실존적 위협 아래 놓인 것은 상호 관련되어 있는 일련의 정책 문제들이다. 이것은 그리 실존적이지는 않지만, 결과의 여파는 상당히 크다. 미국에서 이 문제의 목록에는 공공 투자, 의료, 빈곤, 소득불평등, 인종 불평등, 재정 상태, K~12 교육 개혁, 공공 안전 및 형사법 개혁이 포함되어 있다.

미국은 오랫동안 잘 해왔기에 이러한 국내 문제들이 특히 더 예리하게 잘 느껴질 수 있다. 많은 사람처럼 나도 말로 표현할 수 없지만, 필수적인 무언가 — 일련의 공통된 열망을 바탕으로 구축된 미국인이 진정 뭐라고 생각하는지에 대한 공통된 국가 정체성과 감각, 미국의 과거와 현재의 비극에서 잘못한 걸 알아내려는 의지, 우리가 힘을 합쳐 국민의 삶을 증진할 수 있다는 믿음 — 를 잃어버린 것 같아 염려된다.

이런 가능성은 내가 살아오는 동안 상상도 할 수 없던 일이다. 내가 자라온 세계인 제2차 대전 후의 시대에서 미국은 국민을 억압하고 빈곤하게 만든 소련과 다른 공산주의 국가들과 극명한 대조를 이뤘다. 베를린 장벽이 무너진 다음, 더 큰 번영과 널리 공유된 복지로 특징지어지는 새로운 미국의 시대를 예고하며 그 영향력이 커질 거라는 건 상상하기 어렵지 않았다.

하지만 지난 20년간 미국에 대한 사회적 통념은 변하고 있다. 사람들은 미국의 경제와 사회 전망에 대해 훨씬 더 깊이 고민하고 있다. 그리고 그건 당연한 일이다.

현재 상태의 미국이 사라진다면 미국뿐 아니라 세계에도 큰 비극일 것이다. 인간의 진보에 가장 크게 이바지해 온 많은 아이디어 ── 강력하고 효과적인 민주 정부, 시장 기반 경제, 공정한 자유 선거, 열린 토론과 표현의 자유, 강력한 국제기관 지원 등 ── 는 미국에서 기인했다. 미국이 그 자신의 이상에 부응하지 못했을 때조차 세계는 미국이 그 이상을 열망하도록 해서 도움을 받았다.

미국이 대표하는 약속 중 하나는 우리 시대의 가장 큰 사회적, 경제적, 국가 안보 문제에 직면했을 때 우리가 함께 힘을 모아 더 나은 결정을 내릴 수 있다는 것이다. 미국은 그런 약속을 이행하는 데 종종 부족한 모습을 보이기도 했다. 하지만 나는 세계 역사상 그 어떤 강대국보다 더 잘 이행했다고 믿는다. 만약 미국이 이런저런 시도를 하지 않았다고 해도 더 낫거나 더 효과적인 무언가로 대체되었을 거 같진 않다. 하지만 한 사회로서 커다란 문제에 협력하여 직면하는 미국의 능력은 점점 떨어지는 것 같다.

많은 질문처럼 "호시절은 이제 끝난 건가?"라는 질문은 그저 '예, 아니요'로 답할 수 있는 게 아니다. 대신 확률의 문제다. 우리가 가진 증거나 정보를 고려했을 때, 가장 긴급한 문제들을 이겨 낼 가능성은 얼마나 될까?

미국이 장기적으로 성공할 수 있다는 전망은 점점 더 불확실하고 복잡해졌다고 본다. 부분적으로 이는 강도의 문제다. 우리에게 닥친 위협의 강도는 내가 정부에서 일했을 때인 1990년대보다 눈에 띌 정도로 더 커졌다.

동시에 사회의 방향성을 정하는 책임이 있는 다수가 지금껏 그 어느 때보다 심각한 위협을 인지하지 못하거나 시급한 문제라는 위기의식을 갖고 해결할 의지가 없는 것으로 보인다.

이는 정부와 정책 결정에서 특히 심각한 문제지만 단지 그 분야에만 국한된 얘기는 아니다. 부유한 사람들의 상당수가 그들의 개인적 그리고 직업적인 영역을 넘어서는 문제 — 기후변화나 소득 불균형 — 가 많다는 걸 인지하고 있다. 그러나 문제의 규모에 맞게 행동하지는 않고 있다. 어떤 경우 심지어 이런 개인들은 변화의 조짐을 가져올 수 있는 좋은 위치에 있음에도 마치 이런 문제들은 다른 사람에게만 영향을 미치는 일이니 알아서 하라는 식인 듯하다.

이는 바람직한 태도가 아니라고 생각한다. 공동의 목적의식은 사회가 제대로 기능하는 데 필수지만 거스 레비가 말한 대로 재정적으로 잃을 게 가장 많은 사람에게는 장기적으로 이기적인 의식이다. 튀르키예 출신의 부유한 사업가와 나눴던 대화가 떠오른다. 그는 비즈니스계의 많은 리더가 튀르키예가 권위주의적 성향으로 하락하는 현상에 무심하다고 말했다. 그들은 본질적으로 그 결과를 개인이 겪지 않을 거라 생각하기 때문이다. 이는 많은 사람이 나중에 후회하는 태도지만 안타깝게도 너무 늦게서야 깨닫고는 한다.

나는 미국이 유사한 상황을 겪을까 두렵다. 어쩌면 전 세계의 다른 선진 민주주의 국가들도 마찬가지일지도 모른다. 현재 가장 큰 권력과 영향력을 가지고 있는 사람들은 사회가 어떤 식으로 붕괴된다 해도 그들의 권력과 영향력은 크게 영향받지 않을 거라 믿는다. 지금의 위협은 권력이 얼마나 막강하든 우리 모두에게 영향을 미친다는 사실을 그들이 진정으로 깨닫게 될 때 즈음에는 미국은 그 방향성을 수정하지 못할 수도 있다.

나는 우리의 목적의식이 다른 방식으로도 균열이 생기고 있는 거 같아 우려스럽다. 한편으로 미국이 다양화되면서 어떤 사람들은 아메리칸드림의 기회를 더 많은 사람에게 주기보다는 과거로 돌아가길 바라는 것 같다. 과거와 현재의 실패 — 노예제부터 시작해, 오늘날 미국을 망쳐 놓은 경제 격차와 인종 차별을 통해 계속해서 발생하고 있는 — 를 완전히 이해하지 못하고 우리 사회의 고질적인 병폐를 무시한다면, 현재의 문제들은 더 심각해질 것이다. 훨씬 더 위험한 것은 많은 사람이 목표를 달성하기 위해 민주적 규범과 제도를 거리낌 없이 포기하거나 더 나아가 훼손하려는 것처럼 보인다는 점이다. 이런 태도는 미국이 상징하는 것과 본질적으로 어긋날 뿐 아니라 사회적, 경제적으로 우리 모두의 이익에도 반하는 것이다.

동시에 나는 다른 사람들이 진보의 속도에는 쉽게 좌절하면서 우리가 지지한다고 말한 것과 우리가 실제로 하는 것 사이의 간극을 좁히는 데 미국이 쌓아 온 상당한 발전에 부적절한 무게를 두는 것이 걱정된다. 내가 태어났을 때 사회보장제도는 시행된 지 겨우 3년째였고 흑인을 잘 고용하지 않는 섹터에서 일하는 사람을 포함해 모든 노동자의 절반가량이 사회보장제도의 혜택을 받지 못했다. 메디케어나 메디케이드도 없었다. 앞에서도 언급했듯 나는 인종이 분리되어 교육받는 공립 학교에서 교육을 받았다. 로스쿨을 졸업하던 해에 민권법이 법으로 제정되었다.

발전하는 경제 그리고 경제 성장은 상위층뿐 아니라 모두에게 이득이 된다는 생각은 사람들이 자신의 미래를 긍정적으로 보게 하고 국가적 단합과 자긍심을 줄 수 있다. 이런 점에서도 그동안 대단한 발전을 이뤘다고 생각한다. 내가 태어났을 때 평균 가족 소득은 1,225달러, 현재 가치로 환산하면 약 26,000달러였다. 인플레이션을 감안하더라도 그 금액은 내가 살아오는 동안 세 배 증가했다. 기대 수명은 의료와 의학의 발전 덕에 12년 이상 늘어났다. 내가 대학에 입학했을 때, 미국 성인의 약 60퍼센트가 고등학교 학위를 가지고 있지 않았다. 오늘날에는 90퍼센트가 가지고 있고 대학을 졸업한 성인의 비율은 약 다섯 배 증가했다.

뒤를 돌아보면, 미국의 국가적 단합은 경제 통합이라는 생각으로 더 강화되었다고 본다. 즉, 만약 미국이 전체적으로 잘살게 되면 대부분은 더 여유롭게 살게 된다는 생각 말이다. 이는 어느 정도 여전히 사실이고 미국인이 더 높은 삶의 질을 계속해서 누리기 위해서는 경제 성장은 여전히 필수다. 하지만 성장만으로는 충분치 않다. 경제 불평등의 확대는 최근 미국의 전반적인 경제적 성공의 이득을 너무 적은 비율의 미국인만이 공유하고 있다는 것을 의미한다.

지난 수십 년간 태어난 사람 중 다수가 미국이 진행했던 다양한 실험 중 실패한 일에 집중하는 것은 놀라운 일이 아니다. 하지만 더 오래전에 태어난 사람들 다수가 미국의 실험 중 성공한 부분을 예리하게 인식하지 않는다면 마찬가지로 놀랄 일일 것이다.

이러한 의견과 관점의 차이를 십분 활용해 더 나은 집단적 결정을 내릴 수 있도록 해야 한다. 하지만 우리는 오늘날의 세대와 정당 그리고 지역에 걸쳐, 미국이 상징하는 것이 무엇인지에 대한 공유된 의견을 수용하기 위해 애쓰고 있다. 미국인이라는 의미는 과연 무엇인지 또는 우리 사회가 어떻게 개정되거나 재선될 수 있는지에 관한 기본적인 질문에 동의하기는커녕 논의조차 하지 못하는 것 같다.

우리에게 닥친 위험은 너무 규모가 크기에 오류가 있는 선택은 할 여유가 없다. 그럼에도 다양한 분야에서 선택을 내리는 프로세스는 수십 년 전보다 훨씬 퇴보한 것처럼 보인다.

다시 말해, 나는 그 누구도 정확하게 확률을 판단할 수 없다고 생각하지만, 우리가 민주주의, 국가와 지구를 보호하면서 잃어버린 것을 회복할 가능성은 줄었을지 모르고 어쩌면 크게 줄어들었다고 느낀다. 지적으로 판단하자면, 돌아갈 수 있는 길이 어느 길인지 정말 모르겠다.

하지만 이유가 무엇이든, 나는 어떻게든 우리가 도달할 거라고 계속해서 믿고 있다.

평생을 확률적으로 사고하려고 애썼다면서, 일이 어떻게든 풀릴 거라고 믿는 내 모습이 어쩌면 모순처럼 보인다는 것을 알고 있다. 그건 모순이다. 하지만 그렇게 느낀다.

이런 느낌이 드는 이유는 내가 원래 그런 식으로 사고하는 사람이라 그렇다고 생각한다. 심리적인 측면에서 나는 커다란 문제와 복잡한 이슈에 개입해야 한다. 나는 우리가 이런 문제를 해결할 건설적인 길을 찾을 거라고 생각하는 사람인 거 같다.

나아가 미국, 사회, 지구의 미래에 지나친 자신감을 갖는 것은 비합리적이지만 절망하는 것 역시 비합리적이라고 생각한다. 무엇보다도 "우린 망했다!"라는 말은 과장된 견해다.

한 가지 예로, 이 책의 전반에서 설명했듯 미국은 다른 국가들에 비해 대단한 장점을 갖고 있다. 만약 미국이 정치 기능을 재건하면서 장점을 유지할 수 있다면 앞으로 수년 나아가 수십 년을 위한 매우 탄탄한 터를 닦게 될 것이다.

나는 건전한 정책 결정과 긍정적인 결과 사이의 강한 상관관계도 목격했다. 예를 하나만 들자면, 1970년대 초기, 린든 존슨Lyndon Johnson의 위대한 사회 프로그램 후 빈곤율은 기록적으로 낮아졌다. 내가 1990년대 정부에서 일했을 때 건전한 정책 덕에 수백만 명의 사람이 빈곤에서 벗어났고 수백만 명의 아이들이 건강 보험을 받게 되었으며, 성장과 생산성을 높이기 위해 기여하고 장기적인 재정 상태를 개선하며 사람들의 삶의 수준을 높이기 위해 많은 일을 하는 걸 지켜봤다. 더 최근에는 2021년 아동 세금 공제가 확대되었을 때 아동 빈곤이 극적으로 감소했다. 그리고 안타깝게도 그 확대가 만료되었을 때 아동 빈곤은 극적으로 증가했다.

예상치 못했던 전개가 일어날 수 있고 일어나기도 한다. 의도는 좋았어도 잘못된 결정을 내릴 수도 있다. 하지만 그럼에도 불구하고 좋은 의사결정과 긍정적 결과 사이에는 인과관계가 있다. 이것이 매우 중요하다. 많은 문제를 극복하는 건 쉽지 않을 테지만, 우리는 경제 성장과 경제 불평등, 빈곤, 기후변화와 같은 문제와 관련해 상황을 실제로 개선할 수 있는 잠재력을 갖고 있다.

더 젊은 세대는 나와 동료들이 그 나이 때 하지 않았던 방식으로 공통의 목표를 수용하고 있는 듯하다. 대학생이나 최근에 졸업한 사람들과 대화를 하다 보면, — 젊은이들은 이런 문제에 무관심하다는 편견이 있지만 — 그들이 문제를 전체적으로 생각하고 고민하는 데 얼마나 많은 시간을 보내는지, 필연성과 당위성을 갖고 이런 문제에 어떻게 접근하는지를 보고 깜짝 놀라곤는 한다. 이렇게 강하게 공유된 목적의식이 증거 기반 추론에 대한 욕구 그리고 더 광범위한 목표를 위해 협상하겠다는 의지와 결합될 때 정책 수립 과정, 정치 시스템, 그리고 국가를 크게 발전시킬 수 있다.

최고의 결정

미국의 가능성이 내가 어렸을 때보다 더 많은 사람에게 열려 있다는 것은 고무적이다. 나는 백인과 남성이 아닌 사람들이 재능이나 직업의식 또는 잠재성과 상관없이 여러 부분에서 배제되는 세상에서 자랐다. 오늘날 이 상황은 많이 나아진 것 같다.

나는 우리가 이런 면에서 이룬 발전을 과장하고 싶지 않다. 경제 불평등, 빈곤, 인종 차별과 성차별, 의식적, 무의식적인 편견 그리고 많은 것들이 여전히 우리 사회에 심각한 문제로 남아 있다. 빈곤층에서 태어난 모든 인종의 아이들에 대한 전망은 지난 수십 년간 더 나아지기는커녕 몇 가지 중요한 면에서 더 나빠졌다.

하지만 세상은 불과 수십 년 전에는 상상조차 하기 힘든 방식으로 나아지기도 했다.

모든 걸 감안할 때, 나는 우리 사회가 이런 지속된 변화 덕분에 훨씬 더 잘살고 있다고 믿는다. 미국이 모든 국민에게 잠재력을 최대한 발휘할 기회를 많이 줄수록 이들이 공헌할 수 있는 이득을 더 많이 얻게 될 것이다.

이를 어떻게 가장 잘 해낼 수 있을지는 토론과 논의가 필요하지만, 노력할 만한 가치는 충분하다. 만약 성공한다면, 미국의 광범위한 사회 통합과 경제, 국민, 결과적으로 전 세계에 커다란 이점을 가져올 것이다.

국민에게 잠재력을 최대한 발휘하게 할 수 있는 기회를 더 주면 우리의 의사결정 능력이 발전할 수도 있다. 이는 현재보다 장래 세대가 더 좋은 의사결정 능력을 가질 수 있다는 희망을 엿보게 한다. 일련의 문제들이 있지만 우리가 21세기에 굴복할 것인지 성공할 것인지는 주로 우리가 내리는 선택에 의해 결정되기 때문이다. 만약 우리의 선택이 중요하지 않다면, 개입해야 한다고 주장하기 어려울 것이다. 하지만 우리의 선택은 매우 중요하다. 바로 이점이 내가 직장 생활을 하는 동안 내내 반복적으로 목격한 것이다.

그리고 이것은 60년도 더 전, 내가 라파엘 데모스 교수님의 철학 입문 수업에서 배웠던 혹은 이해하기 시작했던 커다란 무언가로 돌아가게 한다.

그 무엇도 절대적으로 확실하지 않다면 모든 게 확률의 문제이고 그렇다면, 언제나 세상에 개입해야 하는 이유가 있는 것이다. 세상의 복잡한 일들과 씨름하고 더 효율적으로 생각하려고 애쓰면서 더 나은 결정을 내릴 수 있다. 수십 년에 걸쳐 한 사람의 사고의 효율성을 향상시키는 것은 그의 인생을 바꾸는 일이며 다른 사람의 인생도 바뀔 수 있다.

나는 지금 가장 긴급한 문제를 해결할 수 있는 확률을 알고 있다고 주장하는 게 아니다. 하지만 더 많은 사람이 이러한 문제를 이겨내는 방법을 연구한다면 — 만약 우리가 우리 세계의 문제를 마치 남의 일인 양 취급하길 거부하고, 다른 사람이 우리의 깊고 사려 깊은 개입 없이도 문제를 척척 해결할 수 있다는 희망을 버린다면 — 그것은 사회에 대단한 이익이 될 것이다.

최고의 결정

"인류에 대한 기대 가치를 높이자"라는 말은 슬로건이 될 거 같지는 않다. 하지만 어쩌면 우리 각각이 개입할 수 있는 가장 근본적인 과제일 것이다. 그 누구도 세상을 구할 수는 없다. 하지만 그 확률을 유리하게 바꾸기 위해 개개인이 노력할 수는 있다.

이 책을 통해 나는 확률적으로 접근해도 명확한 답이 없는 많은 문제를 다뤘다. 하지만 종래 명확히 해두어야 할 확률적 사고의 문제가 하나 남아 있다.

우리가 사는 사회에 관심을 갖고 그 사회가 마주한 문제에 진지하게 개입하며 자신을 넘어 세상을 변화시키려고 시도하는 것이 가치 있는 것일까?

내가 보기에 답은 확실한 것에 가깝다.

어떤 면에서 이 책은 그 자체로 감사의 글이다. 콜린스 선생님과 라파엘 데모스 교수님부터 거스 베리, 클린턴 대통령 그리고 내 삶과 사고방식을 형성해 온 많은 사람에게 바치는 감사 인사이다. 그렇게 말하고 보니 이 책이 나올 수 있도록 함께 일하고 지지해 준 많은 사람이 떠오른다.

데이비드 액설로드, 실비아 매슈스 버웰, 데이비드 드레이어, 드류 파우스트, 알렉스 레비, 킴 쉔홀츠, 래리 서머스, 크리스 위건드는 원고를 여러 번 읽어주었다. 그뿐만 아니라 책이 최종본이 되기까지 소중한 피드백을 수없이 제공해 주었고 내 질문에 기꺼이 답해 주었으며 중요한 부분은 꼼꼼히 다시 생각할 수 있도록 도움을 주었다.

델리아 코헨, 케빈 다우니, 밥 프리먼, 스티브 프리드먼, 마이클 그린스톤, 리처드 하스, 마이클 헬퍼, 밥 카츠, 비크람 판디트, 척 프린스, 샤디드 월리스-스텝터는 이 책의 여러 장을 읽으면서 통찰을 제시하고 세부적인 사항에 조언해 주었다. 이들이 제시한 아이디어 덕분에 복잡한 문제를 더 잘 이해하게 되었고, 들려준 이야기 덕에 내 기억을 다듬을 수 있었다.

24년이라는 시간 동안 내 보좌관을 해준 조앤 맥그래스는 내가 하는 모든 업무를 도와주었듯 이 책을 집필하는 데도 귀중한 도움을 주었다.

5~6년 전 이 책을 처음 쓰기 시작했을 때 나는 무엇보다 그 여정이 지적인 탐험이 되길 바랐다. 거의 80년 동안 내가 개발한 많은 아이디어를 나누면서도 새로운 아이디어를 만날 기회로 삼고 싶었다. 특히 감사를 표하고 싶은 이 탐험의 동행자들이 있다.

협력자가 되어 준 데이비드 리트의 글과 생각으로 내 일생의 아이디어를 여러 장과 문단으로 잘 구성할 수 있었다. 그리고 데이비드는 내 견해를 다듬어 더 잘 설명할 수 있도록 도와주었다. 운 좋게도 23년을 같이 일한 예리한 눈의 메건 프루티는 세심하게 수십 년간의 정책 및 정치 경험을 나눠 주고 내가 다룬 이슈들이 더 잘 이해될 수 있게 해주었다. 비서실장인 찰리 랜도우는 책을 발전시킨 원동력이었다. 그가 조언자와 프로젝트 매니저의 역할을 했다는 증거는 페이지마다 찾아볼 수 있다. 내 첫 책의 공동 집필자인 제이컵 와이스버그는 편집 노하우와 뛰어난 판단력으로 꼭 맞는 단어를 적재적소에 배치하는 탁월한 능력을 보여 주었다.

로진 코헨, 스티븐 쿡, 새뮤얼 이사카로프, 래리 카츠, 멀리사 키어니, 준 킴, 조시 컬랜칙, 그리고 린다 로버트슨은 특정 사실에 전문 지식을 공유해 주었고, 앤디 영은 전체 원고의 팩트 체크를 해주었다. 엘리자 에델스테인, 첼시 그레이, 안나 로웬탈, 그리고 대니얼 야딘은 정말 고맙게도 추가 편집을 도와주었다.

유명한 밥 바넷을 시작으로 그의 동료인 에밀리 올던까지 이 책이 아이디어에서 실제 책으로 탄생하게 도와준 팀에게 감사드린다. 책을 쓰기 시작하면서 함께 일하고 싶은 에디터가 누구인지 정확히 알고 있었다. 그건 앤 고도프였다. 이 책은 앤의 비전, 격려와 사려 깊은 비평 덕에 셀 수 없는 많은 방식으로 발전했다. 수석 편집자인 윌 헤이워드는 책 전반에 걸쳐 그의 통찰력이 담긴 자세한 노트를 제공해 주었다. 펭귄 출판사 팀의 리즈 칼라마리, 케이시 데니스, 트렌트 더피, 빅토리아 로페즈, 대니엘 플라프스키는 출판 그리고 홍보 과정을 가르쳐 주고 책이 독자들의 손으로 전달되는 과정을 도와주었다. 엘리자베스 슈리브와 슈리브 윌리엄스도 이 작업을 도와주었다.

새로운 것을 배우기에 늦을 때는 없다고 생각하지만, 그 생각을 웹 디자인까지 확장하진 못했다. 그런고로 www.robertrubin.com의 리 와이팅에게 감사하고 싶다.

가장 중요한 가족에게 고마움을 전한다. 훌륭한 아들들인 제이미와 필립을 시작으로 동일하게 훌륭한 며느리인 그레천과 로런에게 감사하다. 손자들인 엘리자, 엘리너, 헨리와 밀리에게도 고맙다고 말

　　　　　　　　　　　　　　최고의 결정

하고 싶다. 가족들과 함께 하는 것은 내 인생에서 가장 중요한 부분이고 앞으로도 늘 그럴 것이다.

마지막으로 아내인 주디에게 감사를 표한다. 주디는 이 원고를 읽고 사려 깊은 제안과 다정하지만 단호한 수정을 해주었다. 그녀가 없었다면 나는 오늘날의 내가 아니고 지금까지 살아온 것처럼 살지도 못했을 것이다. 우리가 결혼한 지 60년이 되었다. 건전한 결정은 이토록 긍정적이고 지속적인 결과를 가져올 수 있다는 추가 증거다.

로버트 E. 루빈

옮긴이 박혜원

대학교에서 영어학을 공부하고 대학원에서 영어교육학으로 석사 학위를 취득했다. 삼성물산에서 회사 생활을 시작했고 고등학교에서 영어를 가르치기도 했다. 덕업일치를 위해 글밥 아카데미를 통해 번역의 길로 들어섰고, 캐나다에 살며 번역에 힘쓰고 있다. 지은 책으로『유학 영어 길라잡이』(공저)가 있고 옮긴 책으로『나는 해낼 수 있다는 믿음이 인생을 바꾼다』,『뉴스 속보! 가짜 뉴스 속에서 진짜 뉴스를 찾다!』등이 있다.

최고의 결정

1판 1쇄 **인쇄** 2023년 6월 14일
1판 1쇄 **발행** 2023년 6월 27일

지은이 로버트 E. 루빈
옮긴이 박혜원

발행인 양원석 **책임편집** 황서영
디자인 강소정, 김미선 **영업마케팅** 양정길, 윤송, 김지현, 정다은, 백승원, 김예인
해외저작권 임이안

펴낸 곳 ㈜알에이치코리아
주소 서울시 금천구 가산디지털2로 53, 20층 (가산동, 한라시그마밸리)
편집문의 02-6443-8860   **도서문의** 02-6443-8800
홈페이지 http://rhk.co.kr
등록 2004년 1월 15일 제2-3726호

ISBN 978-89-255-7633-6 (03320)